文学通信

奈良女子大学附属中等教育学校
井浪真吾
Inami Shingo

古典教育と古典文学研究を架橋する

国語科教員の古文教材化の手順

序章　古典教育の課題

第一部　教材分析の方法――『宇治拾遺物語』の表現とその位相を考える

第一章　最新研究の調べ方――説話研究と『宇治拾遺物語』研究の現在

第二章　先行研究の調べ方――『宇治拾遺物語』の表現はどう分析されてきたか

第二部　教材化の前に考えておきたいこと――古典教育の目標と古典教材を考え直す

※本書では引用に際して、原文を損なわない範囲で表記を変更、振り仮名および句読点、清濁を整えた。

序章　古典教育の課題

第一節　相互疎外状況から見える課題

「古典を勉強する意味ってあるんですか？」

中学校や高等学校の教員は、一度はこの問いを投げかけられたことがあるのではないでしょうか。目の前の生徒から、同僚の教員から、友人から、社会から、あるいは自分自身の内側から……。こうした問いをタイトルに付している本も刊行されています。[*1]

教員や研究者、社会はこれまで何度もこの問いについて探究してきました。「古典を教える意義とは何か」、「古典学習を通じてどのような生徒を育成すべきか」、「生徒の育成のために、あるいは生徒が意欲・関心をもって古典学習に取り組んでくれるために、どのような教材を用いたり、どのように古典と出会わせたりすればよいのか」など、問いを細分化したり、新たに問いを立てたりしながら……。

近年、これらの問いに対して応答する人が増えてきました。

もう十年以上前のことではありますが、平成一七年度実施の生徒質問紙調査結果において「古典嫌い」「古典離れ」の生徒が目立ち、「愛国心」育成とともにこれの解決も目論んだ現行の学習指導要領において、「言語事項」が「伝統的な言語文化と国語の特質に関する事項」へと変更されました。その際、各種国語教育誌において、「古典復活！」

（『月刊国語教育』二〇〇八年六月）、「伝統的言語文化に親しむ」（『月刊国語教育研究』二〇一〇年八月）などの特集が組まれ、古典教育の意義や生徒の「古典離れ」の解決策などがさまざまに提示されました。しかし、そこで発表されたものの大半は、テキストの表層的な内容読解に終始していたり、論者や実践報告者の古文テキスト観や古文教材観がアップデートされていなかったりするものでした。古典教育研究者や古典教育実践者である初等中等教育現場の教員（以下、小・中・高問わず教員。本書では特に中等教育の教員を指す）においては、古典テキストを生徒にどうわかりやすく、どう面白く伝えることができるか、といったことばかりが求められていました。そして、現代を生きる生徒が抱える問題との接点は見いだされず、カノン（正典）として古文テキストが差し出されることになります。

また、特にここ五年くらいの間に、現在の古典教育に対して、古典文学研究者が提言や異議申し立てをすることが目立つようになってきました。

国語学・国文学の専門誌であった『文学』第一五巻第五号（二〇一四年九月）では、「文学を教えるということ」という特集が、『国語と国文学』第九二巻第一一号（二〇一五年一一月）では、「教育と研究」という特集がそれぞれ組まれました。そこでは古典文学研究者から、主に古典テキストの読みに関して提言されています。

梶川信行編『おかしいぞ！　国語教科書―古すぎる万葉集の読み方―』（笠間書院、二〇一六年）には、編者梶川自身による異議申し立てが見られます。

ほぼ全入となった高校生の発達段階に応じた形で教材を提供すべきではないか。そう考えるようになっていたのだ。

こう言うと、「そんなことは当たり前ではないか」という声が聞こえて来そうである。しかし、実際にはどうだろうか。学生たちに聞いてみると、現在でも高校における古典の授業は文法中心で、品詞分解することが学習だと思っていた、という声をよく耳にする。教科書会社が発行している各社の教師用指導書を見ても、文法的な説明と品詞分解が大きなスペースを占めている。（中略）

やや語弊のある言い方かも知れないが、現在も多くの高校で行なわれている古典の授業は、古い常識に基づいて、間違ったトレーニング法を強制しているように見える。教科書も、それに加担しているように思われてならない。不幸なのは生徒たちである。さまざまな調査で、高校生の四人に三人は古典嫌いだという結果が出ているが、それは当然のことなのではないかと思われる。（中略）

本書は主に『万葉集』を扱っているが、これは一人『万葉集』の問題ではない。教科書の古典の教材には、どんな問題が潜んでいるのか。教材とされたものに関する研究の現状はどのようなものなのか。本書はその一部に過ぎないが、研究者の側から情報を提供し、それを世間の方々に知っていただくことで、現在のチグハグな状況が少しでも改善すればと念じている。*2

このような古典教育をめぐる状況認識、それに対する異議申し立ては古典文学研究者の多くが共有しているようで、松尾葦江編『ともに読む古典—中世文学編—』（笠間書院、二〇一七年）の中では、小助川元太が次のように述べています。

「古文が面白くないはずがない」。

こんなことを言うと、「そんなバカな」と思う人がいるかもしれません。「高校時代の古文の授業はつまらなかった」「文法を覚えさせられた嫌な記憶しかない」「古文など何の役にも立たず、勉強する意味がない」といった声が聞こえてきそうです。

でも、注意深く聞いてみると、それらは自分たちが受けた古文の授業や、自分たちの出会った古文の教材が面白くなかった、面白いとは思えなかった、あるいは、古文を勉強する意味が見いだせなかった、ということであって、「古文」すなわち古典文学そのものが面白くないということを言っているわけではありません。（中略）本書は、そうした古文＝古典文学の魅力を伝えたくてしかたのない古典文学研究者たちと、生徒たちを前にして、古文の面白さや古文を学ぶ意義を伝えようと奮闘している現場の教師たちのコラボレーションによって生まれた、前代未聞の本です。[*3]（傍点ママ）

梶川や小助川が異議申し立てを寄せた各々のテキストには、古典文学研究者による提言がなされています。ほかで発表された古典文学研究者の提言も含めてそれらの内実はどうかというと、国語教育誌に見られたものと同様に、「生徒の古典嫌い」をどう打開していくかに議論が集中しており、教科書教材の面白い読み方、教科書に採録されていない古文テキストの紹介、あるいは写本、変体仮名学習など、古典世界へのアプローチばかりが言い立てられています。ここでも〝古典世界の奥深さ〟、〝古典文学の魅力〟など、古文テキストの価値は先験的に認められ、これに「親しむこと」を目的とし、広く「人格の完成」（教育基本法）を目的とする教育の場での学習の意義との回路が明示されることはありません。

こうした古典文学研究者側からの動きは、本来は古典文学研究と古典教育との「相互疎外状況[*4]」を打開するために企図されたものでした。しかし、古典文学研究者にとって古典教育の世界は「授業作り提案と実践報告、学習指導要領解説で埋め尽くされている。結果、〈教育〉は「を」組（筆者補：教材を教える）〈研究者〉の踏み込めない世界[*5]」（傍点ママ）と映り、古典教育研究の論考や古典教育の実践を踏まえず、大学生の感想や自身の見聞する範囲でのみ古典教育を捉え、古典教育の実際とかけ離れたものになってしまっています。

一方、特に教員は、時間的な余裕を持つことができず、最近の古典文学研究をめぐる研究の細分化や領域拡張もあいまって、古典文学研究の世界は「自らとの間の連絡の切実性が未だ十分に見えない世界として懸隔がある」[*6]と感じているのか、古典文学研究の成果を積極的に古典教育に活かそうとすることがありません。

その結果、古典文学研究者の側も古典教育研究者や教員の側も、自身のプロパーから発言するのみで、両者を架橋する試みはなされず、「相互疎外状況」は一層深刻になっているように感じられます。

古典教育研究者の内藤一志は、古典教育の課題が、「指導内容としては益田勝実に代表される学習者の認識形成に深く関与させようとする指導観に基づいた授業を理想として求めながらも、古典文法の知識の徹底と現代語訳をゴールとする入試対応型の授業にとどまる」[*7]点にあると見ています。古典教育に関する論考や実践報告において、人間形成（＝「人格の完成」）は目指されているが、「入試対応」という現実的な問題がそれを妨げているというわけです。これは教員の実感とも重なるところがあるのではないでしょうか。

また、国語科教育研究の成果が総覧され、その展望や課題が述べられている全国大学国語教育学会編『国語科教育学研究の成果と展望』（明治図書、二〇〇二年）、同編『国語科教育学研究の成果と展望Ⅱ』（学芸図書、二〇一三年）では、古典教育の展望と課題について、それぞれ次のように述べられています。

①これまで分化・独立した形で展開されてきた、「古典としての古文」教育と「古典としての漢文」教育が、国語科教育の中に固有の領域を保ちながらも、「日本の古典」教育として両者を統合した教育をどのように創造するか、また、日本の言語文化の継承と創造を考えたとき、「古典（古文・漢文）」と「現代文」の総合化をどのように図るべきかは、今後の実践研究上の大きな課題である。

②言説論を生かした古典教育論の提唱を受けて、改めて、「古典」の概念及び「古典教育意義論」の検討が必

要な段階にきている。古典教育意義論史の研究と合わせて、それぞれの理論的な検討が必要である。
③「日本の古典」とは何か。益田勝実の提起をふまえて、今後、古典教材のあり方について検討するとともに、新たな古典教材の発掘に取り組むことも必要である。また、古典テキストについては、小・中・高の発達段階や学習のねらいをふまえて、どのように系統化を図るかが、理論的にも、実践的にも検討される必要がある。
④古典（古文・漢文）の読解指導においては、これまでの実践研究の成果を生かして、内容を読みとることに機能する古典語句・文法指導の展開が期待される。また、学習者の興味・関心や問題意識を生かした学習テーマ（主題）を設定して教材編成を行い、単元的展開の古典授業が実践されることも望まれる。
⑤古典教育史及び古典教育実践史の研究がさらなる発展を遂げるとともに、その研究成果が実践の場に生きるものとなるよう努めたい。[*8]

・教育意義：思考・認識の形成を目指そうとしており変化はない。現代的な教育課題に対して古典教育をどのように位置づけるか、議論を深めること。
・教育史：着実に未着手の問題を解明している領域である。教育が文化的営為であることを踏まえ、より広範な視覚をもつ研究へと展開すること。実践史研究を通し、方法の典型化と教室に生かす方途を求めること。
・教材研究・指導方法：竹村信治らの提言を受け、学習者の実態に即して方法化すること。多くの実践報告や教材研究を有効活用するためにも、現在進行的に実践知の集約とレビューを行なうこと。[*9]

ここまで見てきたことから、古典教育の現在の状況がどのようであるか、ある程度つかんでもらえたのではないかと思います。繰り返せば、古典教育研究者や教員、古典文学研究者の提言や実践報告において、古文テキストや伝統的な言語文化は先験的に価値あるものと認定され、これをどうわかりやすく、どう面白く伝えていくかばかりに議論が集中しています。そして、古典文学研究者と古典教育研究者や教員との間の相互疎外状況により、それぞれのプロパーから発言や提言がなされるだけで、古典文学研究と古典教育とを架橋する試みは見られません。古典教育はまだまだ課題を抱えています。

それらを踏まえ、特に取り組むべき課題であると筆者が考えているのは、次の二点です。

一点目は古文テキストや伝統的な言語文化に対する捉え方の再考です。古典観、言語文化観の捉え直し、とも言い換えられるでしょう。ここまで繰り返し述べてきたように、古典教育研究者の提言や教員の実践報告、古典文学研究者の提言などにおいて、古文テキストや伝統的な言語文化はアプリオリに価値が認められていました。これは現行の学習指導要領や新学習指導要領においても同様で、中等教育で扱われる「言語文化」は「文化的に高い価値」があるとされています。[*10] それゆえ、古文テキストや伝統的な言語文化は教養として伝えられるだけで、それらがどのようなテキストで、どのようなモノやコトが語られているのかなどについて読まれることがありません。言い換えれば、テキストに記された、人間、社会、自然に対する書き手の対話過程や、テキストの継承過程などに目を向けて、それらを動的に捉えようとする試みはほとんど見られない、ということです。こうした言語文化観がはらむ問題について、竹村信治はすでに次のように指摘しています。

> 諸表象を文化（言説）共同体の言表群として束ねようとする議論に欠落しているのは、表象生成の現場への眼差しである。それぞれの表象は、むしろ言説共同体との拮抗をその生成過程にもつ。しかも、表象主体（わたし）が語っているのは、その語りの現在（いま・ここ）における拮抗の最中での世界との対話の、個別的なあり様である。[*11]

誰かが何事かについて語るとき（書くとき）、一からすべてを創造するわけではありません。書き手の多くは複数の共同体に属しています。共同体においては、ある語りの様式が流通していたり、権力をもっていたり、制度化されていたりします。わたしたちはそれを獲得して語れるようになるのです。そして実際に語るに至り、ある語り方を選択する、どの語り方も選択せずに自らが創造する、あるいはこうした語りの過程に気づかずに語りを再生産するなどして、何事かを語ります。ここではかなり単純化してしまっていますが、[*12]こうした語り（表象）のダイナミズム、そこで起きている、人のことばを介した社会や自然、人間との関係の取り結びといったことに目を向けず、「言語文化」として均質化し、「古人のものの見方や考え方」などのように一般化してしまうことの危険性を竹村は指摘しているのです。

竹村の指摘を踏まえれば、古典教育において、古文テキストの価値を先験的に認めるのではなく、テキストをその歴史的社会的状況において捉え直して批評する必要があるということです。これは、竹村をはじめとして古典文学研究者がこれまで行ってきたことでもありますし、国語科教育の中でも近現代の文学テキストを用いた文学教育において、当たり前のように議論されてきたことでもあります。この点において、古典文学研究と古典教育とが架橋されることになるのです。

二点目は「現代的な教育課題」を踏まえた「古典教育意義論」の検討、これと関連した「古典教材のあり方について」の検討です。これも前に見たように、学習指導要領では、古典は教養として伝えられることが目指されていました。また、教養を身につけることを通じて、生徒たちが「思考・認識の形成」をすることが目指されていますが、こうした考え方は新学習指導要領においても顕著です。高等学校の新科目である「言語文化」や「古典探究」の「1　性格」には、それぞれ次のように述べられています。

急速なグローバル化が進展するこれからの社会においては、異なる国や文化に属する人々との関わりが日常的になってくる。このような社会にあっては、国際社会に対する理解を深めるとともに、自らのアイデンティティーを見極め、我が国の一員としての責任と自覚を深めることが重要であり、先人が築き上げてきた伝統と文化を尊重し、豊かな感性や情緒を養い、我が国の言語文化に対する幅広い知識や教養を活用する資質・能力の育成が必要である。[*13]

時代がいかに変わろうとも普遍的な教養があり、かつてはその教養の多くが古典などを通じて得られてきた。これらの教養は、先人が様々な困難に直面する中で、時代を越えた「知」として蓄積されてきたものであり、そのようにして古典は文化と深く結び付き、文化の継承と創造に欠くことができないものとなってきた。国際化や情報化の急速な進展に伴って、未来がますます予測困難なものになりつつある中、社会でよりよく生きるためには、我が国の文化や伝統に裏付けられた教養としての古典の価値を再認識し、自己の在り方生き方を見つめ直す契機とすることが重要である。[*14]

古文テキストに記された「普遍的な教養」を生徒たちが身につけることで、議論されてきた「予測困難な」「社会でよりよく生きる」といった「現代的な教育課題」の解決が目指されています。しかしそれは果たして可能なのでしょうか。新学習指導要領には、「教育水準の国際比較、現代のグローバル資本主義への対応を基軸に置きながら、それがもたらすだろうひずみを、表層的で観念的なナショナリズムのイメージによって上書きしていく[*15]」側面がないでしょうか。また、古文テキストには「普遍的な教養」など書き込まれておらず、時代ごとに価値を付与されて

「古典」とされたことはすでに指摘されている通りです。[*16]

こうしたことに目を向けず、現場の教員が古文テキストに書き込まれた「普遍的な教養」から「現代的な教育課題」の解決への道筋を具体的に描くことに邁進すれば、古文テキストは誤読、曲解されてしまうことになるでしょう。それがどのような問題を引き起こしたかは、歴史がすでに教えてくれています。とすればこうした新学習指導要領の古典教育構想とは別に、これまで発表されてきた古典教育に関する論考、実践報告などから古典教育の意義や目標を検討する必要があります。

竹村は、先に挙げた引用に続けて、次のように述べています。

そこ（筆者補、諸表象）にあるのは、「我が国の言語文化の特質」としての「ものの見方、考え方」ではなく、「ものを見る」「考える」その営みの具体的個別的な局面である。とすれば、「言語文化」は言語をもってした世界との対話のアーカイブスと読み替えることができる。国家、歴史、社会、自然、生、存在、性、心、愛、欲、言葉……。古典テキストはそれらの問題領域をめぐる対話の一々を今に伝える。この言語アーカイブスを教材化し、学習指導を構想することはできないか。そうした個別の対話過程を主題化することこそが、流通する諸言説に取り巻かれながら世界との対話を個別に重ねている学習者にとって必要なことなのではないか。[*17]

古文テキストに書き込まれているのは「「ものを見る」「考える」その営みの具体的個別的な局面」であって、「我が国の言語文化の特質」としての「ものの見方、考え方」、ここまで述べてきたことで言えば、「普遍的な教養」が書き込まれているのではない、ということが指摘されています。とすれば、古典などを読むことで、先人が何を感じて何を考えたのか、いかに生きたのかということを知ることができる。古典に表れている、人間、社会、自然などに対する、ものの見方、感じ方、考え方には、現代と共通するものや、現代とは異なる古文特有、あるいは漢文特有のものもある。古典の学習を通して古典の豊かな世界に触れるとともに、古典についての解説や評論なども必要に応じて参考にしながら、それらの様々なものの見方、感じ方、考え方に、主体的に関わることを通して、思考力や想像力を伸ばし、豊かな感性や情緒をはぐくむことで、社会人としての資質の形成に資することをねらいとしている。このような力を育成して、生徒が自分の思いや考えを広げたり深めたりすることを目指している。[*18]

といった新学習指導要領で新設される「古典探究」の目標は、「普遍的な教養」を伝えるのではない方法で目指していく必要があります。その方法が竹村では、「言語アーカイブス」の教材化とそれに応じた古典学習の構想です。生徒たちを取り巻く社会の問題、自然の問題、人間の問題、これらは取りも直さず生徒たちが抱える「現代的な教育課題」です。こうした「現代的な教育課題」の解決として、生徒たちが、それらの問題と言葉を介して自らをどう関係させていくのかを考える時に、各々の問題に対する言葉を介した自己の関係のさせ方が記された「アーカイブス」（資料）として、古文テキストを用いることが提案されているのです。そして、「言語アーカイブス」の「具体的個別的な局面」のあり様を明らかにしてきたのが、いうまでもなく古典文学研究です。これまで発表されてきた古典文学研究の論考から、古文テキストに記された語りの現在がどのようであったか、言い換えれば、書き手を取り巻く歴史的社会的文脈はどのようであったか、そこでは何事かを語るときにどのような語りが様式化、制度化されていたか、それらと対話しながら書き手は何をどのように語っているのか、を探っていくことが必要となります。

古典教育研究や実践報告から古典教育の目標や意義を探り、古典文学研究から古文テキストの語りの現在を探り、それらと生徒たちの現在とを突き合わせていくことで、古典文学研究と古典教育とが架橋された新しい古典教育を構想することが可能になるでしょう。

そこで本書では、『宇治拾遺物語』（以下、『宇治拾遺』）を一つの手掛かりとして、古典文学研究と古典教育の架橋を試みたいと思います。『宇治拾遺』は中等教育において戦後から教材として採録されてきました。特に現代の高等学校国語科教科書においては、単元目標を「古文の世界に親しむこと」とともに「説話のおもしろさを味わうこと」と設定し（明示していないものもありますが）、「古文入門」の単元に『宇治拾遺』を出典とする説話を採録する「国語総合」の教科書が多く見られます。ほかの説話集テキストも含めて、『宇治拾遺』が古典入門教材として採録されている理由は、「おそらく、そこに収められている説話が短くかつ完結していること、話の内容が現代人にも親しみやすく古典的教養をそれほど必要としないこと、そして、何よりも笑い話などが多く面白いと見なされている」[*19]からでしょう。

しかし、これまでの『宇治拾遺』研究、特に80年代以降の『宇治拾遺』研究においては、『宇治拾遺』は表層的な読みやすさとは裏腹に、事象や語のモティーフ性、話型、さらには流通する人物像や逸話を援用しつつ、それをずらしたりして説話を語り、批評性に富む複雑な表現性を有した説話集として語られてきました。古典教育で語られる教材としての『宇治拾遺』と、説話研究で語られる説話集テキストとしての『宇治拾遺』との間には大きな懸隔が認められるのです。こうしたテキストを対象として、古典文学研究が明らかにしてきた「具体的個別的な局面」を生かし、古典教育研究や古典教育実践が明らかにしてきた古典教育の意義や目標と照合し、現在の古典教育をめぐる状況を踏まえながら教材化を試みることで、古典文学研究と古典教育との架橋の一つの例を示してみたいと考えています。

第二節　本書の方法

本書は以下の通りに論述していきます。

第一部では、「教材分析の方法」として、『宇治拾遺』の表現分析の方法や観点を整理し、分析の実際を示します。まず、『宇治拾遺』を取り巻く研究の状況、説話研究や『宇治拾遺』研究の現在において、何が議論されているのかを整理します。

次に、『宇治拾遺』の表現を分析するための手法を、『宇治拾遺』の先行研究の成果から探ります。80年代以降の『宇治拾遺』の研究では、物語内容（何が語られているのか）のみならず、『宇治拾遺』の物語言説（どう語られているのか）や物語行為（語ることで何が成し遂げられようとしているのか）、言い換えれば、『宇治拾遺』の「対話過程」の「具体的個別的な局面」が明らかにされてきました。これらの研究に目を向け、『宇治拾遺』の表現のあり様や、それを分析する際の観点を整理・検討します。

そしてこれらを踏まえ、実際に『宇治拾遺』のいくつかの章段の表現を分析してみます。

最後に、『宇治拾遺』の表現は、『宇治拾遺』が営まれた空間において、どのような位相にあるとみることができるのかを示してみたいと思います。これは『宇治拾遺』の先行研究ではあまり試みられなかったことでもあります。[*20]

第二部では、「教材化の前に考えておきたいこと」として、古典教材や古典教育実践の現状を示し、古典教育の目標や意義の検討を行います。

最初に、中等教育の国語科教科書において、どのようなテキストがどのような教材として採録され、生徒たちにどう差し出されてきたのかについて、中等教育国語科教科書を対象とし、教材本文やそれに付随する解説、学習の手引きなどを調査し、考察します。本書では『宇治拾遺』を対象としているため、テキストについては、説話集テキストに限定し、論述の都合上、『宇治拾遺』は第三部で取り上げます。

次に、国語教育誌で発表された古典教育実践報告や提言の調査と考察を行います。すでに指摘されている通り、テキストの本文や教科書の教材本文、それに付随する解説や学習の手引きが、そのまま教育内容として生徒たちに差し出されるわけではありません。[*21] そこで、古文テキストがどう差し出されているのか、また差し出されようとするのかを探るために、国語科教員が目にすることが多い、国語教育誌上で発表された実践報告や提言に目を向けます。それらに注目し、国語科教員は、どのような教育内容のために、どのような古文教材を用いて、生徒たちにどのように古文テキストを差し出してきたのか、あるいは差し出そうとしているのかを、調査、考察します。

最後に、益田勝実の古典教育論を検討します。益田は、国語教師として、あるいは国語教育研究者として、国語科教科書編集委員として、国語教育に関する実践報告や論考、提言などを発表しています。一方で、益田は優れた文学研究者でもあり、文学研究においても数多くの成果を遺しています。こうした多彩な相貌をもつ益田が、どのような古典教育論を展開しているのかを検討し、現代における古典教育の目標や意義を検討する上での手掛かりを得ます。

第三部では、「教材化の構想」として、第一部、第二部を踏まえた『宇治拾遺』の教材化を試みます。

まず、『宇治拾遺』が中等教育国語科教科書で、どのようなテキストとして差し出されてきたのか、また差し出されようとしているのかを、中等教育国語科教科書や、『宇治拾遺』教材化にかかわる提言などから探ります。

次に第一部、第二部を踏まえて、古典教育の目標や意義をどのように考えて、それを達成するために『宇治拾遺』をどのように教材化することが必要かについて考えを述べます。

そして最後に、『宇治拾遺』の教材化の具体を提示します。

こうした展開で本書は『宇治拾遺』の教材化を提案するわけですが、この手順は古典文学研究と古典教育とを架橋した形で古文テキストを教材化する際の手順でもあります。テキストの何がどのような手法で明らかにされているのか、それと生徒たちとの接点をどこに見いだすのか、そのテキストは古典教育ではどのように扱われてきたのか、古典教育の目標や意義をどこに見いだすのか、それらを踏まえた上でテキストをどう教材化するのか。これが本書の手順です。もちろん、いつもここまで詳細にできるわけではありませんし、本書での「教材化」から実際の授業での「教材化」に至るには、ほかにも考慮すべき要素はあります。[*22] とはいえ、歩み寄ろうとしながらも「相互疎外状況」が深刻化している古典教育の現状を打破するために、本書の手順はモニタリングする際の観点の一つとして使っていただけるのではないかと考えています。本書を起点に、古典文学研究と古典教育との架橋の試みがこれまで以上に行われるようになり、少しでも読んでいただいている皆様の役に立つことができたならば、これほど嬉しいことはありません。

こうした願いや期待を抱きながら、教材化の試みを始めていきたいと思います。

（補注）

本書で「表現」という語をどのような意味合いで用いているのかについて、ここで述べておきたいと思います。本書では、「表現」という語を、物語言説や物語行為までも視野に入れて用いています。物語言説や物語行為については、G・ジュネット著、花輪光ほか訳『物語のディスクール—方法論の試み』（書肆風の薔薇、一九八五年）で述べられている次の区分、

私としては——以下の術語の選択については明白な理由があるのだが、それを強調することは差し控えておく——、意味されるもの《シニフィエ》、すなわち物語の内容を、物語内容 histoire（この場合、たとえその内容が劇的緊張を欠き、

出来事性に乏しいとしても差し支えはない）と命名し、次に意味するもの《シニフィアン》・言表・物語の言説すなわち物語のテクストそれ自体を、固有の意味で物語言説récitと名付け、そして最後に、物語を生産する語る行為と、広い意味ではその行為が置かれている現実もしくは虚構の状況全体を、語りnarrationと呼ぶことを提案する。（17頁。傍点ママ）

また、これに関する、G・プリンス著、進藤健一訳『改訂　物語論事典』（松柏社、二〇一五年）の中の「discourse 1　物語言説／2　言説」項の以下の解説、

> 物語（narrative）の内容（content）面である物語内容（story）に対立する物語の表現（expression）面を言う。物語の「なに」ではなく「いかに」。物語られるもの（narrated）に対立する物語るもの（narrating）。（リカルドウの用語では）フィクション（fiction）に対立する叙述（narration）を言う。
>
> 物語言説は質料（substance）、つまり、顕現（manifestation）の媒材となる音声、文字、映像、動作などを持つとともに、形相（form）を持つ。形相は、物語内容を陳述する一連の物語陳述（narrative statement）によって構成される。より具体的には、状況・事象の順序（order）、状況・事象の提示を支配する視点（point of view）、物語の速度（speed）、解説（commentary）の種類などを決定している互いに関連する一連の物語陳述によって構成される。（51頁）

さらに、石原千秋ほか編『読むための理論―文学・思想・批評』（世織書房、一九九一年）の中の「語り」項（石原千秋執筆）、頭注2で展開される次の解説、

ジュネットは、物語を、ディスクールとして具体的にあらわれる局面（テクストそれ自体）を物語言説、そこから第二次的に抽出される物語世界内部のことを物語内容、物語の外で語る行為が行われている領域を物語行為と区分した。

この考え方は、物語の記号表現として物語言説を位置づけ、その記号内容として物語内容を位置づける点では記号論的だが、記号表現としての物語言説から、記号が伝達される伝達回路＝コンタクトの在り方を物語行為として抽出する点においては、ディスクールの言語学の立場にある。E・バンヴェニストの言う、言説（ディスクール）から、言語行為の主体と言表の主体を分離し、受け手の像を明確にする操作が必要となる。（95頁）

を踏まえています。

また、テキストを「発話」として捉え、人間の、言葉を介した世界との関係の取り結び方を問題にしようとする、M・バフチンのテキスト分析姿勢や方法を参考にしています。具体的には、M・バフチン著、佐々木寛訳「テキストの問題」（M・バフチン著、新谷《あらや》敬三郎ほか訳『ミハイル・バフチン著作集⑧　ことば　対話　テキスト』新時代社、一九八八年）の中の、

人文科学におけるテキストの問題。人文科学は、人間という特殊な存在についての学問であって、もの言わぬ物質や自然現象についての学問ではない。人間という特殊な存在は、つねに自己を表現する（語る）、つまりテキストを創造する（たとえ潜在的なものにせよ）。テキストを抜きにして人間が研究される場合、それはもはや人文科学ではない（解剖学、生理学その他である）。（201頁）

といった記述や、M・バフチン著、佐々木寛訳「ことばのジャンル」（M・バフチン著、新谷敬三郎ほか訳『ミハイル・

バフチン著作集⑧　ことば・対話・テキスト』新時代社、一九八八年）の中の、

学問ならびに芸術の種々のジャンルにみられる、複雑な構成をもった専門化した作品は、あらゆる点で対話のことばとはちがっているにもかかわらず、本質においては、やはり言語コミュニケーションの単位なのである。（中略）作品――それは言語コミュニケーションの連鎖の一環なのである。作品は、対話のことばと同じく、他の作品――発話――とむすびついている。返答される方の作品［先行の環］とも、返答する方の作品［後続の環］ともむすびついている。しかも作品は、対話のことばと同じく、ことばの主体がつくりだす絶対的な境界によって他の作品とは隔てられている。（143～144頁）

話者の発言の意思はなによりもまず、一定のことばのジャンルの選択というかたちで実現される。この選択を規定するものは、所与の領域の言語コミュニケーションの特質、対象意味内容（テーマ）の面、言語コミュニケーションの具体的状況、言語コミュニケーションの参加者その他である。ついで、個性や主観性をそっくりもった話者の発言の意思がこの選択されたジャンルに適応し、一定のジャンル形式のなかでかたちづくられ展開されるのである。それらのジャンルは、なによりもまず、口頭による日常のコミュニケーション（ごく無遠慮なそれも親密なそれもふくむ）のきわめて多様な領域に存在する。

われわれは一定のことばのジャンルでもって話す。つまり、われわれの発話はすべて、［発話の］全体を構築するための比較的に安定した一定の類型的形式をもつ。われわれは話しことば（ならびに書きことば）のジャンルの豊かなレパートリーをもつのである。（148頁）

どんな発話も、所与の領域の先行する発話への返答と見なすことが、まずもって必要なのである（「返答」という言葉をここでは最も広い意味に解する）。というのも、その発話は、先行の諸々の発話を反駁する、是認する、補足する、それらに依拠する、それらを既知のものとみなす、という具合に、なんらかのかたちでそれらを念頭に置いているからである。そもそも発話とは、所与のコミュニケーション領域で、所与の問題にかんして、所与の用件その他で、なんらかの一定の立場を占めることなのである。他の諸々の立場との兼合を抜きにその立場を決定することは不可能である。それゆえにどんな発話も、所与の言語コミュニケーション領域の他の諸々の発話への、種々の返答の反応に満ちている。その反応はさまざまなかたちをとる。すなわち、当の発話のコンテキストに他者の発話がそっくりそのまま導入されることもあるし、［他者の］全一な発話を代表する個々の語や文のみが導入されることもある。その場合、全一な発話や個々の語は、その他者の表情をそのまま保つこともあるし、（イロニー、憤慨、恭敬その他のかたちに）アクセントを変換されることもある。また、他者の発話を、さまざまな程度に再認識して要約することもできるし、他者の発話を、話し相手が十分承知しているものとしてそのまま引き合いに出すことも、あるいは暗黙のうちに前提とすることもできる。また、返答の反応が、話者自身のことばの表情——言語的手段やイントネーションの選択——にしか現れないこともある。その選択を規定するのは、自身のことばの対象ではなく、その対象についての他者の発話である。このケースは典型的なものであり、重要である。非常にしばしば、われわれの発話の表情は、その発話の対象意味内容によってだけでなく——時にはそれよりもむしろ——同じテーマをめぐる諸々の他者の発話によっても決定されるからである。（173〜174頁）

といった記述に見られるテキスト分析の姿勢や方法です。本書ではこれらを踏まえて、テキストを言語行為主体の発話として捉え、ある問題領域において、「他者の発話」と対話し、「ことばのジャンル」(=言説)の豊かなレパートリーからどのような「ことばのジャンル」を選択し、どのように応答(返答)し、それをいかに語っているのかといった、言語行為主体の言語行為の全過程のあり様を「表現」としています。「人文科学」の一分野である古典文学研究と古典教育との架橋は、この点においてこそ果たされるべきでしょう。

なお、本書は古典教育の中でも、古文領域に限定して論を進めていきます。漢文領域については、今後の課題とします。

注

1 土方洋一編『古典を勉強する意味ってあるんですか? ことばと向き合う子どもたち』(青簡社、二〇一二年)。
2 梶川信行編『おかしいぞ! 国語教科書—古すぎる万葉集の読み方—』(笠間書院、二〇一六年)、4〜6頁。
3 小助川元太「「古文は面白くない」って本当ですか?—本書を手にとってくださったあなたに」(松尾葦江編『ともに読む古典—中世文学編—』笠間書院、二〇一七年)、5〜7頁。
4 竹村信治「研究者が国語教育を考えるということ—「言説の資源」をめぐる」(『リポート笠間』第五七号、二〇一四年一一月)。また、「教育と研究」という特集が組まれた際の『国語と国文学』(第九二巻第一一号、二〇一五年一一月)の「編集後記」には、次のように述べられています。

中等学校(中学校・高等学校)における国語教育と、国語学・国文学の研究とは、本来不即不離の関係にあったはずである。ところが、現在両者は不幸にして乖離《かいり》しがちである。中学・高校の教員はさまざまな校務に追われ、新しい研究の成果を取り入れる時間的な余裕がなかなか持てない。そして、いわゆる研究職にある人々は、専門性を深めることに専心するあまり、その研究の意義や面白さを平易に語る努力が、かつてより少なくなってきている。(160頁)

5 前掲注4、竹村論文、5頁。

6 中村春作「竹村信治著『言述論─ for 説話集論』を「読む」こと」(『Problématique』第五号、二〇〇四年七月)、81頁。中村は日本思想史を専攻する研究者。引用は中村の「中世の思想・文化」に対する印象で、文学研究の外側から文学研究の世界がどのように見えているかが端的に述べられています。今では文学研究の外側に存在することになった古典教育研究者や教員にも、同様に古典文学研究の世界が映っているのではないでしょうか。

7 内藤一志「古典」(高木まさきほか編『国語科重要用語事典』明治図書、二〇一五年八月)、137頁。

8 世羅博昭「古典領域における実践研究の成果と展望」(全国大学国語教育学会編『国語科教育学研究の成果と展望』明治図書、二〇〇二年六月)、291頁。

9 内藤一志「古典領域における実践研究」(全国大学国語教育学会編『国語科教育学研究の成果と展望Ⅱ』学芸図書、二〇一三年三月)、214頁。

10 例えば、現行の『高等学校学習指導要領解説 国語編』には次のような文言が見られます。

「言語文化」とは、我が国の歴史の中で創造され、継承されてきた文化的に高い価値をもつ言語そのもの、つまり文化としての言語、また、それらを実際の生活で使用することで形成されてきた文化的な言語生活、さらには、上代から現代までの各時代にわたって、表現、受容されてきた多様な言語芸術や芸能などを幅広く指している。(中略)言語文化に対して広くかつ深い関心をもつことが、高等学校における目標となる。(文部科学省『高等学校学習指導要領解説 国語編』教育出版、二〇一〇年、10頁)

11 竹村信治「〝伝統的な言語文化〟の摑み直し(下)─『伊勢物語』初段、『今昔物語集』「馬盗人」などを例に─」(『論叢国語教育学』第八号、二〇一二年七月)、(20)頁。

12 竹村信治『言述論─ for 説話集論』(笠間書院、二〇〇三年)は、M・バフチンやM・フーコーらの議論を参照し、古典文学研究の成果を踏まえながら、表象の現場の複雑さをできる限りそのまま提示しようとしています。

13 文部科学省『高等学校学習指導要領(平成30年告示)解説 国語編』(東洋館出版社、二〇一九年)、109頁。

14 前掲注13、246頁。

15 五味渕典嗣「高等学校国語科が大きく変えられようとしています(7)」(http://note.mu/ngomibuchi/n/ndc974a7e1ba3、

二〇一八年八月)。

16 そのあり様を示した代表的なものとしてハルオ・シラネほか編『創造された古典―カノン形成・国民国家・日本文学』(新曜社、一九九九年)があります。

17 前掲注11、(20)~(21)頁。

18 前掲注13、247頁。

19 前田雅之『古典論考―日本という視座』(新典社、二〇一四年)、23頁。

20 〈中世〉という言語場から『宇治拾遺』の表現性を問い直そうとする数少ない試みの一つとして小峯和明『宇治拾遺物語の表現時空』(若草書房、一九九九年)が挙げられます。小峯はその著書の中で、〈猿楽〉という表現時空から『宇治拾遺』の表現性を捉え直すことを試みています。

21 難波博孝『母語教育という思想―国語科解体/再構築に向けて―』(世界思想社、二〇〇八年)では、次のように述べられています。

国語科で大事なのは、何でしょうか。教科書の文章でしょうか。もちろん違います。大事なのは、「教育内容」です。もちろん教科書の文章関係者にとっては、教科書の文章というのは、大きな関心事であるでしょう。しかし、通常、国語科の授業には、文章関係者はからんで……くるんですねえ、これが。

まあそれはそれとして、国語科の授業にとって大事なのは「教育内容」です。それを教えるための道具として「教科書の文章」つまり「教材」があるのです。(300頁)

22 日本教材学会編『教材事典―教材研究の理論と実践―』(東京堂出版、二〇一三年)の中の「教材研究」項(宮本友弘執筆)には、国語科における教材に限らず、教科全般における教材開発について次のように述べられています。

教材開発の過程は、「教材構成」とも呼ばれ、教材の構想から授業への導入に至るまでに、検討すべき事項と行うべき作業が定式化されている。

まずは、①意図対応性(学習指導の目標に対応しているか)、②典型性(学習内容を典型的に反映しているか)、③問い誘発性(子どもの好奇心・探究心を喚起するか)、の三つを検討する。これらは教材構成の原理である。

次に教材分析を行う。①一般的分析（実生活でどんな意義や効用をもつのか）、②専門的分析（各教科領域等の基盤となる学問の内容・方法をふまえているか）、③教育的分析（子どもの成長・発達にどんな寄与を果たすのか）、の三つを行う必要がある。

また、教材分析と関連づけて、適切な素材の選択（教材選択）を行う。①目標論的観点（学習目標を達成・接近できるか）、②心理学的観点（子ども興《ママ》味や疑問を喚起するか）、③価値論的観点（子どもにとって重要な意義が認めれ《ママ》るか）、の三つの観点から選択の根拠や理由を明確にする。

実際の教材を構成するにあたっては、

①上から下への方法（演繹的構成：教育内容の設定後、適切な教材を選択する）

②下から上への方法（帰納的構成：教材の選択後、教育内容と擦り合わせる）

③生成源からの方法（発生的構成：原理や法則の発見過程を追体験できるように教材を構成する）

の三つの方略がある。

最終的には、教材を使用する学習活動が、①習得型（明示された習得の目標を効果的に達成するように教師が子どもの活動を直接的に指導して学習させていく方式）、②探究型（子どもたちが目標や課題を自分たちの力で調べ探究するように教師がその道筋や場面等の整備を配慮しながら子どもたちの活動を助成する方式）のどちらに重きを置いているかを見極め、教材を柔軟に位置づける。（20頁）

第一部

教材分析の方法

——『宇治拾遺物語』の表現とその位相を考える

第一章　最新研究の調べ方——説話研究と『宇治拾遺物語』研究の現在

本章では、『宇治拾遺』を取り巻く研究の状況、説話研究や『宇治拾遺』研究の現在において、何が議論されているのかを整理しておきたいと思います。

説話研究の現在については、説話文学会設立50周年の際に行われた記念シンポジウムに寄せられた趣意文に、簡にして要を得た説明がなされています。

第一節　説話研究の現在

一九五〇、六〇年代に発足した日本文学系の学会が近年あいついで五十周年を迎え、学会や研究状況を見つめ直す恰好の機会となっています。とりわけ説話研究は戦後の民主主義路線に拠る民衆・庶民重視の潮流に乗って進展してきた分野で、一九六〇年代は説話研究の第一次の高揚期といってよく、その情勢から学会も設立されました。（中略）その後、七〇年代には講座『日本の説話』（東京美術）が刊行され、ほぼ研究の市民権を獲得、八〇年代の知と学の変動期にさらに活性化し、九〇年代の『説話の講座』（勉誠出版）であらたな集約を見、そこから全面展開をみせて二十年が経過したことになります。（中略）

説話研究は、当初は説話がいかに文学であるかを立証するための研究に邁進《まいしん》し、主に説話集に特化される作品論が中心になりました。この学会が「説話」ではなく、「説話文学」を名乗ったところに何よりその趣意が明らかで、まさに説話集という文学ジャンルが発見され、国文学の領域として認知されてきたわけです。しかし、八〇年代に入ると、先鋭的な作品論の一方で、おおきく言説研究に移行していったとみることができます。説話集の作品論・テクスト論から、説話の言説論へ舵を切ったといえるでしょう。『説話の講座』はまさにその転換点を象徴するものとなっています。いわば、ジャンルとしての説話からディスクールとしての説話への転換で、学問・注釈、唱導、中世神話、寺社縁起、絵解き、口頭伝承、言談《げんだん》、偽書、キリシタン、琉球、朝鮮等々、思いつくまま近年にいたるまで焦点になったテーマをあげてみれば、その動向は顕著であり、それらすべてに説話が中心的な問題群としてかかわっていることが明らかになりました。

説話の領域が拡大、拡張するにつれ、説話は説話集形態のテクストのみにとどまらず、あらゆるジャンルや媒体にかかわることが自明となりました。もはや説話はジャンルではなく、メディアであり、言説（言述）として、時代社会をつらぬいてあまねく偏在しており、あらゆる領域を対象としなければならない全面展開の時代になったといえます。それが今日の説話研究のありようではないでしょうか。*1

説話文学会発足当初の説話研究は、「研究の市民権を獲得する」までは「説話がいかに文学であるかを立証する」ことが目標として据えられ、説話集テキストの個性（文学性？）の発掘・認定に重点が置かれていました。しかし、〈知〉の変動と合わせて説話研究も一変します。テキストの個性の発掘・認定から「先鋭的な作品論」へ、そして「言説論」へと「舵を切」ることになります。

また、これより前に、竹村信治は説話研究の動向を次のように整理しています。

> 上記二著書（筆者補、小峯和明『今昔物語集の形成と構造』、森正人『今昔物語集の生成』）はそうした説話集研究時代の視点と方法を集約した業績として画期をなす。と同時に、〈文学〉の発掘認定を主題化したそれまでの研究から脱して、説話と説話集をそれが語られ書かれ編まれた時代情況において捉え、表現世界や生成の機構を情況と向き合う主体による世界解釈、世界像構築へむけた言語的営みに即して読み解こうとする新たな方向性を示した点で、もう一つの画期をなす。説話研究は説話集の〈文学〉研究の果てに、こうして説話の生態、機能、表現性、表現機構をめぐる社会学的思想的言語論的考察へと転回しはじめたのである。*2

ある時代の言語場に立つ書き手の「世界解釈、世界像構築へむけた言語的営み」を読もうとする「先鋭的な作品論」が推し進められた結果、説話研究は、「言説論」、「社会学的思想的言語論的考察」へと転回することになる、というわけです。

では、どのような成果が積み重ねられてきたのでしょうか。小峯和明は90年代において、当時の説話研究の展開や動向を、「説話概念の検証、資料の発掘、領域の拡張、方法論の回転《（ママ）》」*3の四つの観点から整理しています。以下、この四つの観点に従って、現在の説話研究を整理してみたいと思います。

まず、「説話概念の検証」です。最もよく知られている説話概念は、益田勝実によって規定された「口承の文学である説話と文字の文学との出会いの文学*4」でしょう。ここを出発点とし、諸テキストに記された「説話」という語の歴史を点検しながら、説話概念の検討、規定などが図られます。代表的なものとしては、前近代のテキストにおける「説話」という語の意味するところを点検した小峯和明『説話の言説—中世の表現と歴史叙述』（森話社、二〇〇二年）や近代のテキストにおける「説話」に注目した竹村信治「説話体作家の登場」（『国文学』第四六巻第一〇号、二〇〇一年八月）などがあります。

次に「資料の発掘」です。これについては、説話文学会設立50周年記念シンポジウムの第二セッション「説話と資料学、学問注釈―敦煌・南都・神祇」の中で、司会の千本英史がほかの学会でのシンポジウムなどを参照しながら総括しています。以下の「資料の発掘」に関する記述はこれに大きく負っています。[*5]

「何か面白い資料は」、「知られていない重要な資料は」といった新出の資料に対する関心から寺院資料調査が行われるようになりました。その出発点には、恐らく、説話が伝承される動態を明らかにしたい、説話集の編纂過程を明らかにしたい、説話とは何であったのかを明らかにしたい、などの目的があったのでしょう。そして調査が進められる内に、次第に書物の移動の動態や文庫に収められた蔵書確認など、資料を取り巻く状況をも考察対象とし、当時における〈知〉のあり様をも明らかにしようとする動きが見られるようになります。その成果としては、阿部泰郎ほか編『守覚法親王《しゆかくほつしんのう》と仁和寺御流《ごりゆう》の文献学的研究』（勉誠出版、一九九八年）、『真福寺善本叢刊』（臨川書店、一九九八年〜二〇一九年）、『日本古典偽書叢刊』（現代思潮社、二〇〇四年〜二〇〇五年）、『天野山《あまのさん》金剛寺善本叢刊』（二〇一七年〜二〇一八年）などが挙げられます。

そしてこれに伴って、説話研究が対象とする「領域の拡張」がなされることになります。従来は説話集で事足れりとされていたのが、注釈、唱導、儀礼などに関するテキスト、偽書、未来記、学問そのものなど、説話研究が対象とするテキストや領域が拡張されていくことになります。これは日本の内での「領域の拡張」ですが、日本の外にあるテキストにも目が向けられるようになります。朝鮮や琉球、ベトナムなども含めた東アジアのテキスト、キリシタン関連のテキストなどがそれにあたります。勉誠出版が刊行している『アジア遊学』の諸特集（「東アジアの文学圏―比較から共有へ」、「〈予言文学〉の世界―過去と未来を繋ぐ言説」、「「偽」なるものの「射程」―漢字文化圏の神仏とその周辺」、など）や、三谷邦明ほか編『中世の知と学―〈注釈〉を読む』（森話社、一九九七年）、錦仁ほか編『「偽書」の生成―中世的思考と表現』（森話社、二〇〇三年）、小峯和明編『東アジアの今昔物語集―翻訳・変成・予言』（勉誠出版、二〇一二年）などを見れば、どのようなテキストが俎上にあげられるようになったのか、説話研究（者）がどれほどの領域をカバーしているかがわかると思います。

最後に「方法論の回転《（ママ）》」です。従来の説話研究では出典関係や表現の細部に関する考察が多かったのですが、80年代から90年代にかけて説話研究の方法が大きく様変わりします。それをよく伝えているのが90年代に刊行された『説話の講座』（勉誠社、一九九一年～一九九三年）です。小峯にならって、『説話の講座』の各巻のテーマと、それ以前に刊行されていた説話の講座テキストである『日本の説話』（東京美術、一九七三年～一九七六年）のそれとを対照してみるとその様子がよくわかります。

『説話の講座』

1、説話とは何か
2、説話の言説―口承・書承・媒体―
3、説話の場―唱導・注釈―
4、説話集の世界Ⅰ―古代―
5、説話集の世界Ⅱ―中世―
6、説話とその周縁―物語・芸能―

『日本の説話』

1、原点と周辺
2、古代
3、中世Ⅰ
4、中世Ⅱ
5、近世
6、近代
7、言葉と表現

小峯は、『日本の説話』は「時代割りを基調とし」ているのに対し、『説話の講座』は「言説・場・周縁といった基底から問いなおそうと[*6]」しているところに大きな異なりがあると述べています。また、竹村は先に整理した説話研究の動向について、旧稿を著書に収める際に、「〝説話の生態〟研究ともよぶべきこの動向には、説話の表現を、話題性（種類・性格）においてではなく、話題が語られた局面においてこそみとめ、見さだめようとする主張がふくまれていると観察される」と述べています。[*7]竹村自身、言語行為のあり様を探究した『言述論—for説話集論』（笠間書院、二〇〇三年）を上梓しています。

以上、小峯の観点に従いながら説話研究の現状について整理しました。新出資料を発掘したり、これまで注目されなかった資料に注目することによって、説話研究が扱うテキストも領域も拡張され、それに伴って方法論や「説話」概念が見直され続けてきました。そして、説話集テキストだけを対象とするのではなく、諸テキスト、諸領域に目配りしながら、社会的事象、文化的事象、思想などについて、それが語られる局面、その動態、そのあり様を示すことが、現在の説話研究には求められているのです。[*8]

第二節　『宇治拾遺物語』研究の現在

次に『宇治拾遺』研究の現状を整理していきます。

『宇治拾遺』の研究史については、小峯が『宇治拾遺物語の表現時空』（若草書房、一九九九年）の中で、次のように簡潔にまとめています。

八〇年代後半の研究状況は、ちょうど脱構築の思想機運が高まっている折りで、『宇治拾遺物語』はその恰好の対象になり、若手研究者のすぐれた論考があいついで公表された。説話研究にも本格的な読みの時代が到来したかのように思われた。しかし、個々の研究者はいずれも論文を数本集中的に書くと、潮がひくように

『宇治拾遺物語』から離れていった（すくなくともそのようにみえた）。考えてみれば、『宇治拾遺物語』単独の論文集は今までなかった。まとまった論著の出現をはばむような何ものかが『宇治拾遺物語』にはあるのだろうか。脱構築にかなう性向とは研究の大成への指向をも解体させてしまうものなのであろうか。そもそも単一の作品を単一に論じてことたれりとする時代ではなくなったわけで、本書も今さらながらの気もしないではないが、『宇治拾遺物語』単独の論著をめざしてひとまずまとめをつけることとした。[*9]

『宇治拾遺』に関しては、荒木浩や佐藤晃が先駆的な論考を発表し、その後、主として『今昔物語集』（以下、『今昔』）の研究を行っていた小峯、竹村、森正人らも『宇治拾遺』の「先鋭的な作品論」を発表していきます。しかし、これらがまとめられ、『『宇治拾遺物語』単独の論著」として上梓されることはありませんでした。近年では、竹村が『言述論― for 説話集論』（笠間書院、二〇〇三年）に、荒木が『説話集の構想と意匠―今昔物語集の成立と前後―』（勉誠出版、二〇一二年）に、森が『場の物語論』（若草書房、二〇一二年）に、それぞれ旧稿をまとめて収録しています。これらの代表的なものについては後ほど見ることとします。

小峯の著書が刊行されて以降は、廣田収が『『宇治拾遺物語』表現の研究』（笠間書院、二〇〇三年）、『『宇治拾遺物語』「世俗説話」の研究』（笠間書院、二〇〇四年）を立て続けに上梓し、『宇治拾遺』の説話と昔話とを「話型」という観点で比較し、民俗学の成果を取り入れながら、新たな見解を提出しています。また、野本東生《とうせい》は「宇治拾遺物語第九九話「大膳大夫以長前駆之間事」考―古侍の路頭礼」（『東京大学国文学論集』第四号、二〇〇九年三月）や「宇治拾遺物語の清仲・武正―許された者の話―」（『（中央大学）文学部紀要　言語・文学・文化』第一一五号、二〇一五年三月）などを発表し、それまでの論考で取り上げられていなかった説話をどう読み解くことができるのかを示しています。長谷川奈央は「内閣文庫蔵『宇治拾遺物語抜書《ぬきがき》』解題と翻刻」（『立教大学大学院日本文学論叢』第一〇号、二〇一〇年八月）、

「名古屋大学小林文庫蔵『宇治拾遺物語書抜《しょばつ》』解題と翻刻」（『立教大学大学院日本文学論叢』第一一号、二〇一一年八月）、「『宇治拾遺物語』と『白癡《はくち》物語』――「宇治拾遺体」の発見」（『立教大学日本文学』第一一一号、二〇一四年一月）などを発表し、『宇治拾遺』の近世における受容の様相を探っています。さらに近年では、伊東玉美が『宇治拾遺物語のたのしみ方』（新典社、二〇一〇年）や『NHKカルチャーラジオ　文学の世界　むかしがたりの楽しみ　宇治拾遺物語を繙く』（NHK出版、二〇一三年）、『ビギナーズ・クラシックス　日本の古典　宇治拾遺物語』（KADOKAWA、二〇一七年）など一般向けの解説書を、高橋貢は増古和子とともに『宇治拾遺物語（上）（下）全訳注』（講談社、二〇一八年）といった注釈書をそれぞれ上梓しています。

こうして『宇治拾遺』は「先鋭的な作品論」が提出され、『宇治拾遺』に収録される各々の説話が語られるその局面や、近世における受容の様相などが明らかにされてきました。特に80年代以降に提出された「先鋭的な作品論」においては、『宇治拾遺』の表現を分析するにあたって、どのようなところに注目すべきか、『宇治拾遺』の表現とはどのようなものか、などを示しており、これ以降の『宇治拾遺』研究では必ず参照されるものとなっています。

第三節――これからの『宇治拾遺物語』研究にむけて

ここまで説話研究や『宇治拾遺』研究の現在について確認してきました。説話研究においては、新出資料の発見、扱うテキストや領域の拡張などにより、「社会学的思想的言語論的考察」へと向かっていました。しかしこれに問題がないわけではありません。例えば、前田雅之は次のような危惧を表明しています。

これ（筆者補、80年代から90年代にかけての文化状況）は、文学研究においては、文学テクストの特権性が剥奪《はくだつ》されて、あらゆるテクストを価値的に等価と見ていく傾向となって現れ、説話研究に限定すれば、説話集テクストの読解に文学的思い入れが欠落した類いが増加するとともに、これまで対象ともならなかったテクスト類（歌学書・仏書・神祇書・聖教《しょうぎょう》など）が説話集と等価の位置づけで浮上してくるという結果を招いた。ほぼ同時に、近代の大きな物語＝思想の終焉と共に拡大していったのが、極度の専門分化の進行である。今や、国文学内でも対象が異なると、何のことか分からない発表や論文が多くなってきている。[*10]

こうした結果、説話研究は、外からは「そこと自らとの間の連絡の切実性が未だ十分に見えない世界として懸隔がある」[*11]世界として映ることになります。

しかし一方で、拡張され細分化された説話研究の成果を整理し、系統化や体系化などが図られるようになってきました。例えば、小峯は『中世法会文芸論』（笠間書院、二〇〇九年）を上梓し、「法会文芸」という概念を用いて、中世の言語事象や文化事象をとりまとめようとしています。また、新たに発掘された寺院資料調査の成果を整理しながら、宗教を中心とした中世の言語場の一端を示したものとして、伊藤聡『中世天照大神信仰の研究』（法藏館、二〇一一年）、同『神道とは何か―神と仏の日本史』（中央公論新社、二〇一二年）、同『神道の形成と中世神話』（吉川弘文館、二〇一六年）、原克昭『中世日本紀論考―註釈の思想史―』（法藏館、二〇一二年）、阿部泰郎『中世日本の宗教テクスト体系』（名古屋大学出版会、二〇一三年）、同『中世日本の世界像』（名古屋大学出版会、二〇一八年）、小川豊生『中世日本の神話・文字・身体』（森話社、二〇一四年）などがあります。さらに、拡張された領域の全体像を示したり、それとそれまでの文学研究との接点を見いだそうとするものとして、説話文学会員が編集を担当した『中世文学と隣接諸学』（竹林舎、二〇一〇年～二〇一四年）、小峯和明監修『シリーズ日本文学の展望を拓く』（笠間書院、二〇一七年）などがあります。これらを踏まえれば、説話研究は、領域が拡張されながら、専門分化が進行した諸論考をまとめ、中世言語場の状況を更新する段階に至ったということができます。

また、『宇治拾遺』に関しては、80年代以降に「先鋭的な作品論」が発表され、それらが参照されながら、今まで注目されなかった『宇治拾遺』内の説話の解釈が提出されてきました。しかし、それらをもとに『宇治拾遺』がどのような説話集テキスト、あるいはどのようなメディアであったのか、『宇治拾遺』のような表現を産出することが可能であった当時の言語場とはどのようなものであったのか、またその言語場から『宇治拾遺』の表現を捉え直してみると、どのような位相にあるものと見定められるのか、などはまだ探られていません。そもそも『宇治拾遺』が、『今昔』のように世界認識や世界像構築の全体像を結ぶことが容易ではなく、「研究の大成への指向をも解体させてしまう」説話集テキストであるので、こうした取り組みは容易ではありません。しかし、『宇治拾遺』が表現において極点にある説話集テキストであると定められ、中世における特異な一点として把捉されている現状を踏まえれば、取り組んでみる価値はあるでしょう。

『宇治拾遺』という単一の説話集テキストを一つの窓として、説話研究の中で更新されてきた中世言語場の風景を観察し、さらにそこから『宇治拾遺』の表現を捉え直してみること、それが『宇治拾遺』研究「大成」への足がかりになるのではないでしょうか。

注

1 説話文学会五十周年記念事業委員会（文責・小峯和明）「五十周年記念シンポジウムに寄せて」（説話文学会編『説話から世界をどう解き明かすのか—説話文学会設立50周年記念シンポジウム［日本・韓国］の記録—』笠間書院、二〇一三年）、

14～15頁。

2　竹村信治「説話研究の現在」（『国文学』第四〇巻第一二号、一九九五年一〇月）、134～135頁。

3　小峯和明「説話研究の現在」（『説話文学研究』第二九号、一九九四年六月）。

4　益田勝実著、鈴木日出男ほか編『益田勝実の仕事1　説話文学と絵巻』（筑摩書房、二〇〇六年）、47頁。初出は益田勝実『説話文学と絵巻』（三一書房、一九六〇年）。

5　「第二セッション　説話と資料学、学問注釈―敦煌・南都・神祇」（説話文学会編『説話から世界をどう解き明かすのか―説話文学会設立50周年記念シンポジウム［日本・韓国］の記録―』笠間書院、二〇一三年）、142～146頁。

6　以上、前掲注3、14頁。

7　竹村信治『言述論― for 説話集論』（笠間書院、二〇〇三年）、16頁。

8　なお、それぞれの成果については、前掲注2、注3にも詳しく述べられています。

9　小峯和明『宇治拾遺物語の表現時空』（若草書房、一九九九年）、328～329頁。

10　前田雅之「説話研究の現在」（『国文学』第四六巻第一〇号、二〇〇一年八月）、128頁。

11　中村春作「竹村信治著『言述論― for 説話集論』を「読む」こと」（『Problématique』第五号、二〇〇四年七月）、81頁。

第二章　先行研究の調べ方――『宇治拾遺物語』の表現はどう分析されてきたか

第一節　転回した説話研究

本章では、先行研究から、『宇治拾遺』の表現分析の観点や手法を整理したいと思います。『宇治拾遺』に関する研究は、明治・大正ではあまりなされず、戦前にもわずかにいくつかの論考が見られる程度でした。本格的に研究がなされるようになるのは、渡辺綱也・西尾光一校注『日本古典文学大系27　宇治拾遺物語』（岩波書店、一九六〇年）が刊行されてからのことです。[*1] ここではその中でも、80年代～90年代に発表された先行研究に注目します。

戦後の『宇治拾遺』に関する論考としてまず注目すべきは、西尾光一、益田勝実、三木紀人《すみと》らの一連の論考です。[*2] その中でも特に益田が「中世的諷刺家のおもかげ――『宇治拾遺物語』の作者――」（『文学』第三四巻第一二号、一九六六年一二月）の中で提唱した、「連想の糸」、「〈巡り物語〉」、「主体の批評の眼の複眼化」はその後の『宇治拾遺』研究に大きな影響を与えました。それを継承し、80年代から90年代にかけて、『宇治拾遺』の表現について思索が深められてきました。それらの研究の手法について竹村信治は次のように概説しています。

作品を「一個の自律的な表現体」「所与のエ、ク、リ、チ、ュ、ー、ル、」として読み解くことを「一先ず」の方法とするとの、いくぶん戦略的な物言いは、かような宇治拾遺ひいては説話集研究の方法論的な閉塞状況についての判断を前提とし、直接的には、昭和五十年代の小峯和明・森正人両氏による今昔物語集研究の方法論の開拓とその成果に学んだものと観察される。[*3]（傍点、筆者）

従来の説話研究では、説話の伝承過程をたどったり、同話や類話と比較して異なりを発見したり、「王朝文学」や「仏教文学」に見られない民俗性や庶民性を発見したりすることに議論が集中していました。これらのことは、説話伝承の動態を明らかにしようとするものであり、「研究の市民権を獲得する」ために「説話がいかに文学であるかを立証する」[*4]ことを目的に行われていたことでもありました。そうした中で、小峯和明『今昔物語集の形成と構造』（笠間書院、一九八五年）、森正人『今昔物語集の生成』（和泉書院、一九八六年）を嚆矢《こうし》とし、説話集を「一個の自律的な表現体」、「所与のエクリチュール」として読み解く説話集研究が行われるようになります。その研究の流れが、80年代において『宇治拾遺』研究にも到来します。つまり、『宇治拾遺』においても、静的に捉えられるのではなく、動的に捉えられるようになった[*5]ことを、竹村は述べているのです。また、こうした方法で『宇治拾遺』を読み解いている代表的な論者として、竹村は荒木浩、小峯和明、佐藤晃、森正人の四者を挙げています。そして彼らの手法について言及し、自身も『宇治拾遺』のいくつかの章段を読み解きながら、『宇治拾遺』の表現のあり様を提示しています。以下、これらの論者の表現分析の手法、彼らが指摘する『宇治拾遺』の表現について整理していきます。

第二節　佐藤晃——説話排列、相対化

最初に、いち早く『宇治拾遺』に注目した佐藤晃の『宇治拾遺』研究を見ていきます。

佐藤は「『宇治拾遺物語』の説話配列における表現方法」（便宜上、（a）とします）の中で、益田の論の重要性を次のように述べています。

益田氏は、一見何のつながりも存在しないように思われる各説話の間に、微妙な連想の展開があり、『宇治拾遺物語』は、この「連想の糸」によって、自由奔放にさまざまな内容の説話を配列させていったものである、と述べられたのである。

しかし、この益田氏の論が画期的であったのは、各説話間における「連想の糸」を発見したところにのみ存するのではない。それならば、すでに矢吹氏（筆者補、矢吹重政）の論にその発端が見られるのである。益田氏は、この「連想の糸」による説話配列を、「角度を変えては、物語る話をつかみ直し、見直しして、次の話を呼び起こしていく手法」と呼ばれた。そして、この「手法」において、「主体の批評の眼も複眼化し、より自由なものに成長していった」ような精神性を、編者＝表現主体に付与しておられる。実は、この点にこそ氏の論の重要性はあったのである。つまり、説話の配列とともに流動し、変容していくような編者＝表現主体の精神のありようを、この「手法」の中に据えられたということがそれである。[*6]

説話を排列しながら、「角度を変えては、物語る話をつかみ直し、見直しして、次の話を呼び起こし」、「批評の眼」が「複眼化し、より自由なものに成長してい」くという『宇治拾遺』の表現過程に益田は注目していました。この点において、佐藤は益田の論の重要性を見いだしています。

こうした益田の論に学びながら、佐藤は『宇治拾遺』の表現を読み解いていきます。「『宇治拾遺物語』の和歌説話―主題の相互関連性の視点から―」（便宜上、（b）とします）は（a）よりも前に発表された論考ですが、ここでは益田の論に学びながら、和歌に関する説話が排列されている第40段〜第43段、第146段〜第150段の排列を分析しています。そして次のような結論に至ります。

すなわち、『宇治拾遺』におけるこれらの和歌説話においては、和歌という題材に対する正と負との方向性を持った主題化がなされた説話が、相互の説話間での価値の転倒といった、主題の相互関連性を重視する視点から配列されているということであり、そこでは、正から負へといった価値の相対化による説話相互の動態性が意識されているのではなかろうか、ということである。[*7]

『宇治拾遺』は同一の話題を扱った説話を排列しながら、「正から負へといった価値の相対化」を図っていたのではないか、という感触を佐藤はつかみます。

そして（a）では、仏教に関する説話が排列されている第136段〜第145段に注目し、（b）の論を次のように発展させます。

つまり、編者の目は、一話一話において、話の中心的・主題的な部分から周辺的な部分へとずらされ、また、時として中心的な部分にとどまってもいるのである。このような一話ごとに見られる視点の流動と一時的な停止は、同時にまた、説話の配列の流れにおいては、説話の中心的・主題的な部分を横目で睨みながらも、周辺から周辺へと連想をつなげていき、時として、中心的な部分へと還ったりもするような、きわめて変化に富んだ往復運動を生み出しているといえるのではないだろうか。[*8]

> 益田氏の論は、『宇治拾遺物語』の説話配列における表現方法を、先に引用したような「手法」としてとらえ、そこにおける編者の視点の「複眼化」（ここで用いた言葉でいえば、中心的な部分から周辺的な部分への逸脱）による権威の相対化や、配列における、いわばはぐらかしの方法をとらえたものと考えられる。しかしながら、『宇治拾遺物語』の編者の視点は、そこだけに流動しているのではなかったのではないだろうか。すなわち、一見単なる類纂的に見える説話群において、編者は、同じ題材に対して意味づけられていく説話の主題的な部分においても、これを横目で睨み据えながら説話を配列させていき、一群の説話における主題の相互関連性の中に、価値の相対化をなしとげてもいたのではないかと考えられるのである。*9（傍点ママ）

『宇治拾遺』は、ある話題に対して肯定的な評価を下す説話と否定的な評価を下す説話とを排列したり、説話内容の中心部だけでなく周辺部でも関連する説話同士を排列したりすることによって、「価値の相対化」を果たす、これが佐藤によって明らかにされた、『宇治拾遺』の説話排列という表現です。

これ以後、佐藤は「『宇治拾遺物語』が、その細部においてどのような語りの志向性を持っているのかを探ってみる必要があると思われる」*10と、説話の語られ方に目を向けるようになります。「『宇治拾遺物語』における言語遊戯と表現」では、登場人物の機転の利いた言い回し、同じ語が何度も繰り返される説話の語られ方、登場人物の滑稽な動きのかたどられ方などを見つけ出し、それを「言語遊戯」とし、次のように述べています。

> こうした言語遊戯そのものへの志向が、さらに細部における言語遊戯を誘発し、語りを活性化していく表現の生成過程には、語られる話を一律に秩序づけることとは無縁な精神性が見られるように考えられる。つまり、このような語りの活性化においては、その語りの主体たるものが、語られる話を受け入れると共に、その話に

引きずられ、もとの語りから不断にズレを起していくのである。自らの志向において話を受け入れつつも、実は、話に引きずられ、自らを移動させていく、いわば戯れる主体とでもいうべきものが、このような語りの主体なのである。[*11]

「価値の相対化」、「視点の流動」と述べられていたものは、「一律に秩序づけることとは無縁な精神性」とされ、そうした精神性をもつ『宇治拾遺』の表現主体（書き手）を「戯れる主体」とします。

さらに、佐藤は同話関係や類話関係にある説話と各章段を比較しながら、各章段の登場人物の語られ方や話の進められ方などに注意を向けていくようになります。そして、身体動作に関する描写や、登場人物のやりとりによって話が進められることに注目します。それについて言及したのが、「演ずる主体―『宇治拾遺物語』の表現機構―」で、そこで佐藤は次のように述べます。

演ずる主体は、自らが寄り添う出来事や人物の言語・身体動作等と相即的に戯れる。しかし、そこには、それらをより効果的に際立てるような仕掛けによってなされる語りの行為があるのである。すなわち、語られる話に参入し、これと戯れることによって、その戯れる対象の面白さがより興味本位的、かつ没主体的に提示されるのである。『宇治拾遺』の表現に立ち現れる主体の逸楽的な態度は、こうした特異な演戯性によって特徴づけられるであろう。話の内容を意味づけによって枠にはめて提示するのではなく、その話が語り（＝読み）の過程で放射するであろう作用に溶け込みつつ、これをより効果的に再現し読者に提示する、それが『宇治拾遺』なのである。[*12]

『宇治拾遺』は、説話の読みにおける享楽性を追求した説話集といえるであろう。それは、説話集形成の力学についての方法的自覚に基づいていると思われる。自由な連想と一義的な意味づけの拒否、それらは、説話集の形成に（多かれ少なかれ）伴う編纂と叙述の連携における相剋を、むしろ逆手に取った態度である。説話集形成の裏を突いた機構によって、読者に演戯を提供する「物語空間」、それが『宇治拾遺物語』であるといえよう。[*13]

こうして佐藤は、「没主体的」に、「自らが寄り添う出来事や人物の言語・身体的動作等と相即的に戯れ」、「効果的に際立てる」という表現の特徴を見いだし、『宇治拾遺』に享楽性を認めます。

ここまで見てきた通り、佐藤は、益田の論考による学びから始まり、同話や類話との比較もしながら、説話排列、説話の語られ方を分析していました。そこから佐藤が見いだした『宇治拾遺』の表現や『宇治拾遺』というテキストのあり様は、次のように整理することができます。同じ話題を扱った説話では対極的な方向性を持つ説話を排列したり、異なる話題を扱った説話では説話内容の中心部だけでなく周辺部でも関連する説話を排列したり、別の説話集テキストでは異なる説話として語られているものを一つの章段として語ってしまったりもする「自由な連想」のもと、「話の内容を意味づけによって枠にはめて提示するのではなく、その話が語り（＝読み）の過程で放射するであろう作用に溶け込みつつ、これをより効果的に再現し読者に提示する」語り方や説話排列をしながら、これらの「連携における相剋」により、「一義的な意味づけ」を「拒否」し、「価値観の相対化」を引き起こし、「説話の読みにおける享楽性を追求した」説話集テキスト、これこそが『宇治拾遺』であった、というわけです。

第三節 ― 荒木浩 ―― 読書行為

次に注目するのは荒木浩の論考です。荒木は「異国へ渡る人びと―宇治拾遺物語論序説―」の中で、第91段と第170段について、読み手が一方を読みながらもう一方を想起するであろうこと、また、両章段の表現の類似箇所から、書き手の側もそれを目論んでいたであろうことを、次のように指摘しています。

説話自体の連想と『宇治拾遺』の形成した表現により、読者は、二つの説話を一つの出来事のように、或いは、全くの別話ではない、類話として把握し、両者のイメジを重ね合わせて読むことになる。二つは相隣して並べられているのでは無く、物語の中で遠く離れた場所に位置しているから、それはあくまで、遠い思い出のように幽《かす》かに憶《おも》い起こされて、次第に重ね合わされる。[*14]

さらに、ほかの章段の分析を通じて検討を加え、次のように述べます

数十話離れた二つの説話が、今まで見てきた様なかたちで接合して意識されるのであれば、読者は、その間にあった数々の説話がばらばらに存在していたり、もしくはいくつかの固まりを成して点在しているのではなく、ある設定された時間、『宇治拾遺物語』という世界の中で連続した統一体を形成している、というかんじを抱くのではないだろうか。[*15]（傍点ママ）

前節では、佐藤による『宇治拾遺』の連続する説話同士の関連について確認しましたが、ここで荒木が取り上げ

ているのは、『宇治拾遺』内で離れて置かれる説話同士の関連についてです。遠く離れた説話でも、表現の類似や登場人物の関連などからそれらを関係づけて読んでしまうことを荒木は指摘するのですが、そのもとになるのは荒木の『宇治拾遺』における読書体験です。以後の記述では、こうした荒木自身の読書体験が単なる感想にとどまらないことを、『宇治拾遺』のほかの章段の分析を通じて論証しています。そしてこれを『宇治拾遺』の表現という視座から捉え直し、『宇治拾遺』の表現やそれを読み解く上で必要なことについて次のように述べます。

これまでの読解から浮び上がる『宇治拾遺物語』の方法とは、予定された調和を無意識裡に望み、それまでに読み経験してきた物語世界、具体的には、一つ一つの説話の展開の論理、に沿ってつづく説話を読み、結末を予想しようとする読者に対して、或る種の挑戦を繰り返すことであった。そのためには逆に連想を喚起するような説話を連続して配列し、微妙な表現の歩調を合わせることも敢て行い、それを達成していった。

よって『宇治拾遺』を読み解くためには、一話一話の説話的背景を正確におさえていくことと同時に、一説話を一つの価値観に固定せず、比喩を以て言うなら、数多くの読みを繰り拡げて派生した横糸を、『宇治拾遺』が提示する物語世界の流れのいくつかの縦糸との交叉する点で把握していく、といった困難な作業がある。[*16]

各章段の「説話的背景」（説話に語られる歴史的背景や人物背景、説話が語られた背景など）をよく知る読み手が、『宇治拾遺』を読み進めていく内に、各章段の表現に敏感に反応し、そこから章段同士の関係を読んでは、統一した物語世界を構築してしまったり、時には予想を裏切られてしまったり、読み返してみて再構築してみたり、といった読みの往還を経験するように『宇治拾遺』は表現を仕組んでいる、というわけです。また、「宇治拾遺は才ほど読む。読者の才に応じて多彩な風貌を覗かせる『宇治拾遺』[*17]」というように、『宇治拾遺』は一つの物語世界を達成しようとしたり、説話に一義的な意味を付与しようとするのではなく、読み手の知に応じて自由な解釈を許す、読み手の読みを試す説話集テキストであると述べられます。

この『宇治拾遺』観をもとに、荒木は続けて論考を発表していきます。「宇治拾遺物語の時間」では、類似した話柄の章段同士や、同一の登場人物に関する章段同士、登場人物に関係が見いだせる章段同士、末の三つの章段に注目し、『宇治拾遺』の物語世界の時間が、「終末へ確実に進行」[18]していると述べ、「『宇治拾遺』の根幹には、一貫して、たくましい笑いの精神が横溢しているのだ」[19]と述べます。これは佐藤が述べていた『宇治拾遺』観にも通じています。

また、「ひらかれる〈とき〉の物語──『宇治拾遺物語』の中へ」では、伴善男に関係する章段（第4段、114段）を中心に取り上げ、『宇治拾遺』の表現について次のように述べて、論を結んでいます。

この作品の、まさに巡り移り消え行く文脈の推移は、巡り物語的な奔放な場の連想の方法を、十分にくみ取りつつ、しかし一方で『宇治拾遺』は、すでに色々な形で指摘が進みつつある、全体を視野に置いた周到な作意の下、書かれたテクスト─エクリチュールとして、たとえば、すでに読み通してきたテクストを踏まえ、振り返るような──いくどか再読することをも含めて──読書行為を前提として「書かれ」ているのではないか。『更級日記』作者のような、孤としての個人の、暗記してしまうほどの丹念な、黙読を許容するところまで。[20]

以上のように、荒木は『宇治拾遺』を読むということがどういうことかを常に考えながら、それを『宇治拾遺』の書き手の立場から捉え直し、表現について言及していました。それによれば、あらゆる読み手（現代における古典の初学者にも！）にひらかれながらも、才のある読み手、〈知〉を有する読み手を想定した説話集テキストであること、そうした読み手がどのように〈読み〉を構築していくのかを知った上で表現を仕組んでいること、そして「ある設定された時間」、「連続した統一体」、「物語世界」などを読みとろうとする〈読み〉を構築させては破壊させ、破壊させては再構築させるといった読みの往還を読み手が経験するように表現している、ということでした。『宇治拾遺』は、読み手の積極的な参加を前提にしたテキストであったというわけです。

第四節　森正人、小峯和明、竹村信治——言語行為、言語場

最後に、『今昔』研究の論考はもちろんのこと、『宇治拾遺』研究においても参照され続けている森正人、小峯和明、竹村信治の論考を見ていきます。ここでは、各々の論考を摘記していきます。

まずは森の論考です。森は自身の提唱した説話集テキスト分析の手法、「編纂行為・説話行為・表現行為」の水準で説話集テキストの表現を分析するという手法[*21]を用いて、『宇治拾遺』の表現を分析します。その中で、あたかも〈巡り物語〉であることを宣言しているかのような序文、連想・対比・転換といった説話排列、各章段に見られる韜晦的な説話の語られ方[*22]、説話内容と話末評との不整合、同語・同音異義語・語形の類似する語の反復使用といった言語遊戯による意味の減殺や重層化、それによって引き起こされる読み手の視線の分散[*23]を指摘します。そして、「宇治拾遺物語は、説話を意味や価値から解放し、編纂主体の立場をことさら消去し、韜晦することによって成り立っている説話集であった[*24]」、「宇治拾遺物語は読者に読まれ批評されるだけでなく、逆に読者は読まされてしまい、その読むあるいは読まされる行為を宇治拾遺物語が批評する関係にあるのではないか[*25]」と、佐藤や荒木の成果を採り入れながら、『宇治拾遺』がどのような説話集テキストであるかを述べます。森の一連の論考は、佐藤や荒木によって述べられていたことを一層深め、分析の観点などを精緻にしました。

次に、小峯の論考です。小峯は中世に特有の語である「ひしめく」という語に注目し、それが『宇治拾遺』にもしばしば見られることから、『宇治拾遺』にも中世の同時代的な表現志向が認められることを指摘します。[*26] そしてそれを出発点として、それまで述べられてきた『宇治拾遺』に見られる「享楽性」、「遊戯」、「意味や価値からの解放」などが、同時代の芸能である猿楽《さるがく》と相同性が認められるとし、『宇治拾遺』の表現を「方法としての〈猿楽〉」[*27] と名づけます。さらに、〈偽悪〉譚や〈狂惑《おうわく》〉譚が多く見られること、話型や伝承を模倣しては意味をずらしたりひっくり返したりする説話語りが見られることから、『宇治拾遺』の表現を〈もどき〉として捉え直します。[*28] このように『宇治拾遺』の表現を同時代の表現時空において再考した点で小峯の果たした役割は大きいといえます。これに加えて、論考をまとめ、初の『宇治拾遺』単独の論著と成したことも特筆すべきことでしょう。[*29]

最後に竹村の論考です。竹村はまず、ここまで見てきた四氏の『宇治拾遺』論が益田の提唱した「連想の糸」「〈巡り物語〉」を継承し、それぞれの視点で論を展開したことを次のように述べています。

四氏の表現論は、益田氏の論の影響下にありながらも、そこからの展開に種差を示している。もちろん、四氏の論は相互に関連しあい、また、他者の論点をも視野にいれた行論となっているけれども、稿者の理解によれば、相対的な特徴として、佐藤氏は表現形成の機構そのもの、及び表現形成と表現主体とのかかわりを、小峯氏は作品の表現性と時代の表現時空とのかかわりを、森氏は作品の語り（編纂と説話叙述）における表現のしくみと作品の表現性を、そして荒木氏は表現のしくみとともにそこから統合的に読み取りうる作品表現の中身を、それぞれの関心の所在としていると観察される。

かようにして、四氏の表現論は、それぞれ独自の観点から論を構成するものと認められるが、宇治拾遺の表現性として注目するところはほぼ共通している。すなわち、「読者を眩惑し、はぐらかし、煙にまく、したたかな〈語り〉」と戯笑性がそれである。これは、あらためて指摘するまでもなく、益田氏が編者の「批評精神」として析出したものにほかならず、四氏の論考は、これを表現性の問題に据えなおして深めつつ、その形成、表現のしくみを説明しようとしたものということになろう。*30

ここを出発点とし、竹村は「宇治拾遺の表現性の成立するところとは、享受者の〝読み〟が生成されるところ」とし、〝読み〟が「成立する条件、前提といったことをあらためて考え、そこから作品の表現位相を窺おう」*31とします。そして竹村はいくつかの章段に注目し、読み手がモノ・コトのモティーフや話型、文体などに関する〈知〉を持ちこんで『宇治拾遺』を読むことによって、各章段において新たな層が見え、この層までの〈読み〉が成立するように『宇治拾遺』が表現を仕組んでいたことを例証していきます。こうした『宇治拾遺』の表現が、同時代の諸テキストの表現と相同性を認められることについても言及した後、次のように『宇治拾遺』の表現についてまとめます。

宇治拾遺の視野にある表現世界は広く、仕組まれる差異はこれら一つ一つへの理解に基づいている。既成の表現世界に差異をもってつらなる様態は、たしかに〝作者の批評精神〟を窺わせ、〈もどき〉〝パロディ〟への志向を思わせもする。しかし、差異の表現へのかかわり方は一様ではない。差異を仕掛ける〝複眼的な視点〟が価値の相対化を前提としていることはもちろんだが、これを〝批評精神〟〈もどき〉〝パロディ〟と名付けうるほどには視線は固定されておらず、むしろ作品は自己確定を保留しつづけているかのようにさえ見える。しかも、相対化は宇治拾遺に限らない。宇治拾遺とは、相対化を目的化したような表現世界の形成を背景に、多線化した意味の系列を上述の手法をもって作品に仕掛け、意味系列間の懸隔、つまり差異を往還する〝読み〟とその興趣をこそ物語空間に実現しようとしたものではなかったか。[*32]

竹村は後にバフチンなどを援用しながら、「説話の言述—『宇治拾遺物語』から—」という論考を発表します。これは著書『言述論—for説話集論』に「I　説話の言述—説話語りの言語過程」として収録されています。その著書の中で竹村は、フーコーの言説論やバフチンの発話のジャンル論など、「実に多様な現代思想への思索をコンテクストとし」[*33]、テキストの表現分析を、「「まとまったことがらを伝達する」過程における、「話し手を世界の現実へとつねに新たに結びつけ直す」物語行為＝発話行為＝言表行為＝言語行為の「一回限り」の行為性、出来事性」[*34]をめぐる「言述」分析としており、これまで見てきた諸論を「言述論」の視座から改めて整理、検討しています。説話集テキストに限らず、テキスト全般の表現を「言述論」として捉え直した点は、テキストの対話過程、テキストの表象の現場という点で古典文学研究と古典教育とを架橋しようとする本書が大いに学んだ点です。

第五節　先行研究を整理する

以上、『宇治拾遺』の表象の現場を明らかにしようとする諸氏の論考を取り上げ、『宇治拾遺』の表現がどのように分析され、どのようなテキストとして述べられてきたかについて見てきました。ここではそれをまとめてみようと思います。当たり前のことですが、それぞれの論考は、各々の論者の関心に従って述べられたものであるので、[*35]それをひとまとめにしようとすることはやや乱暴かもしれません。しかし、竹村も総括していたように、ここで取り上げた諸氏の論考は、益田が析出した「批評精神」を表現の問題として据え直し、その表現のあり様を示そうとした点で重なりが見られるものでした。この点を踏まえて、『宇治拾遺』の表現について、ほかの論考も参照し、説明を加えながら、次のように整理してみます。

『宇治拾遺物語』の表現志向

○「『宇治拾遺物語』の言述は、「世界」に流通している複数の〝ことば〟を「鋭敏な聴覚」をもって認知する〈発話主体〉が、伝えられる〈他者のことば〉、また、それをめぐる「他者の言葉」、〈読者〉や場の返答として予期される〝ことば〟などへの応答として彼の〝言葉のパレット〟からそのそれぞれの〝ことばのジャンル〟（＝言説性）を認知、選択し、これらを展開させ、その展開の全体を発話行為の現在に捉え直すことで彼の現在にかかわる問題領域を開いていく、そうした過程としてある[*36]」。

○「選択された〝ことばのジャンル〟のいちいちがこれに適応（＝一体化）してみせる〈語る主体〉たちを介して演じられ、その演技をつうじて語りが生成、展開[*37]」。

「選択といい、一体化する演技（＝〝適応〟）といい、しかしそれらの応答の様態は、対象やそれをめぐる「他者の言葉」の〝ことばのジャンル〟性（＝言説性）への親和的な同化、予期される〈読者〉や場の返答の〝ことばのジャンル〟性（＝言説性）への相即的な随順としてあるばかりではない。（中略）すなわち、応答しての発話は、認知選択された〝ことばのジャンル〟に一体化して語られているように見えながら、それと相即的に同化するばかりではなく、演技の内に別の視点、違和異義反論を含んだものとしても行為されているのである[*38]」。

説話行為、言語行為

（Ⅰ）「没主体的」に、登場人物の問答や行動によって話が展開し、「面白さがより興味本位的」になる語り。

（Ⅱ）ヒト・モノ・コトのモティーフ性を響かせたり、文体を模倣したりしつつ、一方でそれらとの落差を仕組む語り（＝〈もどき〉）。

(Ⅲ)「同語・同音異義語・語形の類似する語の反復使用」といった言語遊戯による「意味の減殺や重層化、それによって引き起こされる読み手の視線の分散」。

(Ⅳ)説話の読み直し、読み深めを図る説話内容と話末評との齟齬。

(Ⅴ)戯笑による意味のはぐらかし。

編纂行為

(Ⅵ)『宇治拾遺』内の「既に記された説話を想起させ」、「説話の中心的・主題的な部分」や「周辺」的な部分との「連想、対比、転換」により、「眼前に読み進めている説話の読みを刺激し、動揺させて」、「より拡がった説話世界を形成」。

(Ⅶ)説話同士の「連想・転換・対比」などにより、「『宇治拾遺物語』という世界の中で連続した統一体を形成している、というかんじ」を読み手に与えたり、それを裏切ったりする（＝「一義的な意味づけの拒否」）。

(Ⅷ)上記のことを達成するために、説話内容、表現の類似、読み手が連想しやすい説話の『宇治拾遺』への収録、説話分布の工夫。

また、これを『宇治拾遺』の表現を分析する際の観点としてまとめ直せば、次のように整理できます。

『宇治拾遺』のテキスト観

・「宇治拾遺は才ほど読む。読者の才に応じて多彩な風貌を覗かせる」。

・「「読者を眩惑し、はぐらかし、煙にまく、したたかな〈語り〉」と戯笑性」。

・「『宇治拾遺』は、説話の読みにおける享楽性を追求した説話集」。
・「語られる話を一律に秩序づけることとは無縁な精神性」。

同話・類話との比較

・ヒト、モノ、コトにおいて違いは見られるのか。
・『宇治拾遺』収録話にしか見られない表現はどのようなものか。
・同話、類話にしか見られない表現はどのようなものか。
・同様の内容を表しながら、表現がどのように異なっているか。
・同話、類話との文体の一致度はどのようであるか。
・同話、類話はどのように意味づけようとしているか、あるいは意味づけを拒もうとしているのか。また、それは成功しているのか、失敗しているのか。これらを同話、類話の話末評、説話排列、収録された巻、語り方などから探れるのか。

説話の語られ方

・説話全体の語られ方はどのようであるか。
・話末評はどのようであるか。また、それは説話内容と齟齬をきたしているのかどうか。
・ヒト、モノ、コトのモティーフ性はどのようであるか。また、事実関係に照らしてどうであるか。
・同話や類話との異なりはどのようなことが起因しているのか。逆に異なりが見られないのはなぜか。
・模倣している話型や文体はあるのか。あれば、それとの異なりはどのようなところに見られるのか。
・言語遊戯はあるのか。あれば、それはどのようなことを実現しているのか。

説話排列、説話の位置

・説話排列はどのようであるか。また、それらによるどのような「連想・対比・転換」が起こり、各章段にどのような読み替えが起こるのか、あるいは起こらないのか。

・『宇治拾遺』内に類似する説話内容や類似する表現をもつ章段はあるのか。あれば、それらとどのような「連想・対比・転換」が起こり、各章段にどのような読み替えが起こるのか、あるいは起こらないのか。

各章段の言述

【同話・類話との比較】、【説話の語られ方】、【説話排列、説話の位置】で確認してきたことを通して、どのような問題領域をめぐって、どのような言説と対話し、どのように応答しようとしているのか。

以上のように整理しましたが、こうした表現分析の観点は『宇治拾遺』や説話集テキストにしか適用できないというわけではありません。細かなところで違いはありますが（説話集テキストに特徴的なものを除いたり別のジャンル特有のものを付け加えたりするということ）、古文テキスト全般において、こうした観点で表現を分析することが可能であることを、ほかの論考が教えてくれています。

例えば、山藤夏郎は中世における古文テキストの間テクスト性について次のように述べています。

「中世」のリテラシーは、古典の再現前（再編集）を実践規範とするものであったため、書かれたもの《エクリチュール》は、（明示的に注釈という形態をとっていないものであったとしても）顕在的—潜在的に古典世界と必ず連結《リンク》したものであって、一個の作品として独立したものではありえなかった。いかなる作品であれ、古典の間《インター》テクスト構造の内部において組織されることで初めて作品としての「意義」が（仮構的に）発生するのであって、作品は自らの経験の反照でなければならない必然性はなく、むしろ乖離していることが通常であった。「中世」において、古典を読むということは古典世界を読むということであって、決して一個の作品、一人の作家、一つのジャンルを読むことではなかった。この点において、古典を全く必要とせず、自らの経験に依拠しつつ「個性」を重んじた「近代」のリテラシーとはその基本的性格を大きく異にするものであったと言える。*39（傍点ママ）

また、前田雅之は次のように述べています。

前近代に作られ構想された、文学・歴史・宗教にかかわる言説や思想を前にして、われわれは、気がつけば、主題・要約・線的論理を基軸にしたパラダイム、近代要約主義と言ってよいかと思いますが、そのような姿勢で臨んでいるのではないでしょうか。実証主義と合理主義とが近代的学問の主要な構成要素であり、疑問から説き起こし解決に至るまでの道筋を実証と論理によって固めていくことで論文は作られますから、対象を分かりやすく要約し、そこから主題を抽出した上で問題に取り組むことは、ごく自然な振舞いであることには違いありません。

しかしながら、われわれが研究対象としている古典テクストや古典絵画といったものは、必ずしも主題・要約・線的論理といったパラダイムとは縁をもっておらず、むしろ想起・記憶・連想といったものによって作られています。たとえば、歌枕である「おいその森」がいつのまにか「老い」と結びついて和歌で詠まれていったように、共同の記憶から呼び出された言説が相互に響き合うことで古典テクストは構築されている。それは、和歌や連歌といった韻文に限らず、散文や注釈などでも同様でしょう。このような、記憶から想起・喚起され、連想とアナロジーによって肉付けが施され、創造性が発動する原基ともなった思考・認識システムを、いま仮に「古典知」と命名しておきたいと思います[*40]。

古文テキストの表現が他テキストとの対話を経た応答であること、記憶・想起・連想という〈知〉のあり方が古文テキストの前提であることなどが述べられていますが、これは『宇治拾遺』の表現をめぐってここまで見てきたことでもあります。とすれば、『宇治拾遺』の表現分析の観点は、ほかの古文テキストの表現を分析する際においてもやはり有効であると思われます。ここを出発点として、ほかのジャンルやテキストにおいても、先行研究を整理しながら表現分析の観点を見定めること、この点において古典文学研究の成果を古典教育にいかすことができるのではないでしょうか。

注

1 藤本徳明「今昔・宇治享受研究史」(三木紀人編『今昔物語集・宇治拾遺物語必携』學燈社、一九八八年五月)によりました。

2 西尾光一『中世説話文学論』(塙書房、一九六三年)、益田勝実「中世的諷刺家のおもかげ―『宇治拾遺物語』の作者―」(『文学』第三四巻第一二号、一九六六年一二月)、三木紀人「背後の貴種たち―宇治拾遺物語第一〇話とその前後―」(『成蹊国文』第七号、一九七四年一二月)などがあります。

3 竹村信治「宇治拾遺物語論―表現性とその位相―」(『文芸と思想』第五五号、一九九一年二月)、2頁。

4 説話文学会五十周年記念事業委員会(文責・小峯和明)「五十周年シンポジウムに寄せて」(説話文学会編『説話から世界をどう解き明かすのか―説話文学会設立50周年記念シンポジウム[日本・韓国]の記録―』笠間書院、二〇一三年)。

5 例えば、森正人『今昔物語集の生成』(和泉書院、一九八六年)には次のような発言が見えます。

こうして問われているのは、今昔物語集の組織的一貫性ではなく、言語の主体の作家的同一性ですらなく、言語表現の成立する根拠、また作品の生成していくしくみである。（中略）説話集という作品を、生成する言語の世界としてとらえ、かつその生成の根拠をたずねようとする立場に立つとき、改めて編纂行為、説話行為、表現行為のしくみと、それらの関係が検討さる《（ママ）》べきである。（255～256頁。傍点、筆者）

6　佐藤晃「『宇治拾遺物語』の説話配列における表現方法」（『日本文芸論叢』第三号、一九八四年三月）、26頁。

7　佐藤晃「『宇治拾遺物語』の和歌説話―主題の相互関連性の視点から―」（『日本文芸論叢』第二号、一九八三年三月）、26頁。

8　前掲注6、30頁。

9　前掲注6、30～31頁。

10　佐藤晃「『宇治拾遺物語』における言語遊戯と表現」（『日本文芸論叢』第四号、一九八五年三月）、34頁。

11　前掲注10、37頁。

12　佐藤晃「演ずる主体―『宇治拾遺物語』の表現機構―」（『文芸研究』第一一九号、一九八八年九月）、48～49頁。

13　前掲注12、51頁。

14　荒木浩「異国へ渡る人びと―宇治拾遺物語論序説―」（『国語国文』第五五巻第一号、一九八六年一月）、8頁。

15　前掲注14、9頁。

16　前掲注14、15頁。

17　前掲注14、17頁。

18　荒木浩「宇治拾遺物語の時間」（『中世文学』第三三号、一九八八年六月）、76頁。

19　前掲注18、77頁。

20　荒木浩「ひらかれる〈とき〉の物語―『宇治拾遺物語』の中へ」（『国文学』第四〇巻第一二号、一九九五年一〇月）、87頁。

21　森正人「編纂・説話・表現―今昔物語集の言語行為序説―」（『説話文学研究』第一九号、一九八四年六月）。なお、佐藤も自らの論考である、『宇治拾遺物語』の表現機構」の中で注に引いており、森の論考から表現分析の手法を学んだことがうかがえます。

22　以上、森正人「場の物語としての宇治拾遺物語」（『日本文学』第三六巻第二号、一九八七年二月）。

23　以上、森正人「宇治拾遺物語の本文と読書行為」（有精堂編集部編『日本の文学　第五集』有精堂、一九八九年五月）、同「宇治拾遺物語の言語遊戯」（『文学』第五七巻第八号、一九八九年八月）。
24　前掲注22、57頁。
25　森正人「宇治拾遺物語の本文と読書行為」、115頁。
26　小峯和明「宇治拾遺物語の表現時空―ひしめくもの―」（『国文学研究資料館紀要』第一五号、一九八九年三月）。
27　小峯和明「宇治拾遺物語と〈猿楽〉」（水原一ほか編『伝承の古層―歴史・軍記・神話―』桜楓社、一九九一年五月）。
28　小峯和明「宇治拾遺物語論―〈もどき〉の文芸―」（『国文学研究資料館紀要』第一六号、一九九〇年三月）。
29　小峯和明『宇治拾遺物語の表現時空』（若草書房、一九九九年）。
30　前掲注3、7頁。
31　前掲注30と同。
32　前掲注3、25頁。
33　荒木浩「書評　竹村信治著『言述論―for説話集論』」（『説話文学研究』第四〇号、二〇〇五年七月）、162頁。
34　竹村信治『言述論―for説話集論』（笠間書院、二〇〇三年）、6頁。
35　例えば、荒木は前掲注33の中で次のように述べています。

　バフチンで『宇治拾遺』を再読する小峯和明氏の方法への、私の感触としてかつて記したように（前掲書評）（筆者補、荒木浩「書評　小峯和明著『宇治拾遺物語の表現時空』」（『立教大学日本文学』第八六号、二〇〇一年七月））、バフチンのカーニバル的開かれた空間と多声（ポリフォニー）に対し、個としての黙読をイメージしてしまう私にとってのバルト的『宇治拾遺』（163頁）

36　前掲注34、75頁。また、〈他者のことば〉、「他者の言葉」については次のように述べられています。

〈他者のことば〉：説話は出来事や事柄とその意味付けを他者の発話に由来するものとして示しているので、以下、物語内容＝話題をこう呼ぶ（50頁）

「他者の言葉」：〈他者のことば〉としてのそれではなく、〝ことばのジャンル〟としてのそれ（66頁）

37　前掲注36と同。〈語る主体〉については次のように述べられています。

〈語る主体〉：〝演ずる主体〟をいま仮に、〈他者のことば〉を語るその行為性にそくして〈語る主体〉と名づければ、こうした言語行為の実際は、『宇治拾遺物語』の言述についての議論に〈発話主体〉と〈語る主体〉との区別の必要を要請することになる。と同時に、両者の関係をめぐって、表現機構にかかわる次の推論をみちびく。すなわち、〈発話主体〉は〈語る主体〉を発話のなかに用意し、これを対象と同化させ（一体化）、またその「際立て」を演じさせ、もってその演戯の全体を発話行為の現在に据え直しているのではないか、と。（58頁）

38　前掲注34、76頁。

39　山藤夏郎『〈他者〉としての古典―中世禅林詩学論攷―』（和泉書院、二〇一五年）、25頁。

40　三田村雅子ほか「座談会　古典知―想起する力」（『文学』第七巻第三号、二〇〇六年五月）、2頁の前田の発言。

コラム❶ 文学研究の成果を知るために

文学研究といっても、時代やジャンル、テキストによってさまざまです。そこでここでは、本書の関心に従って、『宇治拾遺』を例として、その成果の調べ方や研究状況の把握の仕方を説明したいと思います。

論考をインターネット上で調べるためには、CiNiiや国文学研究資料館の論文データベース、J-STAGEが便利です。まずはCiNiiを使って、どのような論文があるかをおおむね把握し、興味をもった論文でそのまま読めそうなものは読んでみるとよいでしょう。J-STAGEは、近年『日本文学』や『中世文学』なども登録されているので、優れた論考に出会えると思います。ただ、CiNiiに比べると検索しにくいことがありますので、登録されている雑誌の目次を見ていく方が、意外と発見があるかもしれません。論文によっては閲覧できないものもあるかもしれません。さらに詳しく研究の成果を知りたいということでしたら、国文学研究資料館の論文データベースに進むとよいでしょう。これまでに発表されたものはほとんど網羅されていますので、どのような論考が発表されているのかを知るためには最も役に立ちます。これらは『宇治拾遺』に限らず、どのテキストにおいても有効かと思います。

『宇治拾遺』に関して、現在の研究にも影響を与えているとされる論考は、日本文学研究資料刊行会編『日本文学研究資料叢書　説話文学』（有精堂出版、一九七二年）、小峯和明編『日本文学研究資料新集6　今昔物語集と宇治拾遺物語―説話と文体―』（有精堂出版、一九八六年）などに収められています。また、『宇治拾遺』を研究する上で知っておくべきことについては、三木紀人編『今昔物語集宇治拾遺物語必携』（学燈社、一九八八年）に記されています。これらのシリーズは、教科書に採録されるような古文テキスト（『源氏物語』や『徒然草』など）に関するものも出版されていいます。ただし、これらはすでに絶版ですので、図書館などで閲覧する必要があります。

『宇治拾遺』は中世の説話集テキストですが、説話研究や中世文学研究で現在どのようなことが議論されているかについては、説話文学会編『説話から世界をどう解き明かすのか―説話文学会50周年シンポジウム［日本・韓国］の記録』（笠間書院、二〇一三年）、中世文学会編『中世文学研究は日本文化を解明できるか―中世文学会創設50周年記念シンポジウム「中世文学研究の過去・現在・未来」』（笠間書院、二〇〇六年）を見るとわかります。説話研究については、本田義憲ほか編『説話の講座』（勉誠社、一九九一年～一九九三年。6巻）、説話と説話文学の会編『説話論集』（清文堂出版、一九九一年～二〇一〇年。18集）もあります。中世文学研究については、小峯和明監修、諸氏編『シリーズ日本文学の展望を拓く』（笠間書院、二〇一七年）、諸氏編『中世文学と隣接領域』（竹林舎、二〇一〇年～二〇一四年）があります。ただし、これらは専門的な議論がなされている、高価である、絶版のものもある、書店に売っていないものがほとんど、という点でとっつきにくいかもしれません。小峯和明『岩波セミナーブックス　中世説話の世界を読む』（岩波書店、一九九八年）、同『説話の森―中世の天狗からイソップまで』（岩波書店、二〇〇一年）、同『叢書物語の冒険　説話の声―中世世界の語り・うた・笑い―』（新曜社、二〇〇〇年）、同編『日本文学史』（吉川弘文館、二〇一四年）、同編『日本文学史―古代・中世編』（ミネルヴァ書房、二〇一三年）などは読みやすいですが、絶版になっているものがほとんどです。

『宇治拾遺』研究の基盤には、『今昔』研究で積み重ねられた成果の数々があります。この点において、小峯和明編『今昔物語集を学ぶ人のために』（世界思想社、二〇〇三年）、同『今昔物語集の世界』（岩波書店、二〇〇二年）などは、読みやすく、説話（集テキスト）の表現を読み解く際のヒントを得ることができます。

各々の研究がどう展開したかについては、今はもう休刊となって久しいですが、『国文学　解釈と鑑賞』（至文堂、二〇一一年休刊）、『国文学　解釈と教材の研究』（学燈社、二〇〇九年休刊）で折々になされていた学会時評、研究史整理と展望などに、簡にして要を得た説明がなされています。

ここでは、『宇治拾遺』を例にとりましたが、ほかのテキストにおいても同種のものは出版されていたり、発表されていたりするでしょう。こうしたものを用いると、研究状況を把握したり、研究のヒントを得たりすることができると思います。

わたしが最も情報を得ているのは、Twitterからです。Twitterはさまざまな研究者や教員、予備校の講師、企業、団体、書店などがアカウントを持っているため、それをフォローしているだけでかなりの情報を得ることができます（その分、見たくない、聞きたくない情報も入ってくるのですが……）。それぞれの興味関心に従って、講座や研究会などの情報がツイートされます。それらを追い、元サイトに進んでいくと、さらに情報を得ることができます。ただし、そうしたことを悪巧みに用いようとする人もいるので、この辺は各自の責任で行ってください。

文学通信のアカウントもさまざまな情報を紹介していて、とても役に立ちます。文学研究に関して、最新の研究の成果や話題になっていること、ニュース、無料で読める論文、学会や各種講座の開催予定などを知るには、このアカウントをフォローし、ホームページを見るといいでしょう。

各種講座や講義などの情報は大学や研究施設、学校、予備校、市町村、企業、団体などのホームページに載っていますので、定期的に見ると、新しい情報を得ることができます。

また、教科書を発行している出版社では、開催予定の研究会やセミナーなどに関する情報をまとめてくれたりしているものもありますので、それらも活用できるでしょう。

各種教員は、公開授業や研究会に関して、全国規模のものから所在地の各市町村で行われているものまで、学校を介して、広く情報を手に入れられると思います。これらの中には、学生や一般の方が普通に過ごしていて手に入る情報でないものもあると思います。ただし、公立、私立、大学附属などの種別によって入ってくる情報に異なりはありますし、所属している学校がどのような学校で、他校などとこれまでどのような関係を構築してきたのか、所属している教員がほかのところでもどう活躍しているのかなどによっても入ってくる情報は異なります。自分でほかのものも調べながら情報を得るといいでしょう。

これらの情報の大半は、自分の興味関心に従って手に入れる情報だと思います。しかし、自分のものの見方や考え方を広げるためにはこれだけでは足りないこともあります（もちろん、十分なこともあります）。そのときに、情報との偶然の遭遇がわたしたちを助けてくれることがあると思います。これを実現するには、書店や古書店、図書館などに出かけたり、同僚や友人と会話したりすることだと思います。これらは時間がかかることですが、そこで出会った情報が新しいヒントをくれたり、研究状況を把握したりするのに役立つことがあります（個人的な体験に過ぎませんが……）。

これらを実際すべて行うと、今度は情報過多になってしまい、結局、何も動けないということがあるかもしれません。そうしたときは、遠慮なく情報を捨てていけばよいと思います。自身の状況に合わせて、情報を取捨選択していきましょう。

第三章　表現を分析する――『宇治拾遺物語』の表現の実際

第一節　他者の言葉への懐疑

本章では、前章での先行研究の整理をもとに、『宇治拾遺』の表現を実際に分析していきたいと思います。ここでまず取り上げるのは第17段です。

第一項　第17段と百鬼夜行譚

今は昔、修行者の有けるが、津国までいきたりけるに、日暮て、りうせん寺とて、大なる寺の古りたるが、人もなき、有けり。これは人やどらぬ所といへども、其あたりに、又やどるべき所なかりければ、如何せんと思て、負、打おろして、内に入てゐたり。

不動の呪をとなへゐたるに、夜中斗《ばかり》にや成ぬらんと思程に、人〳〵の声、あまたして来る音す也。見れば手ごとに火をともして、人、百人斗、此堂の内に来つどひたり。近くて見れば、目一つきたりなど様〳〵なり。人にもあらず、あさましき物どもなりけり。或は角おひたり。頭もえもいはずおそろしげなる物ども也。おそろしと思へども、すべき様もなくてゐたれば、をの〳〵みな居ぬ。ひとりぞ、また所もなくて、え居ずして、火を打ふりて、我をつら〳〵と見ていふやう、「我居るべき座に、あたらしき不動尊こそ居給たれ。

今夜斗は外《ほか》におはせ」とて、片手して、我を引さげて、堂の軒の下にすへつ。

　さる程に、暁になりぬとて、此人〳〵、のゝしりて帰ぬ。「実《まこと》にあさましく、おそろしかりける所かな、とく夜の明よかし、往なん」と思ふに、からうして夜明たり。うち見まはしたれば、ありし寺もなし。はる〴〵とある野の来《こ》しかたも見えず。人の踏み分たる道も見えず。行べきかたもなければ、あさましと思てゐたる程に、まれ〳〵馬に乗たる人どもの、人あまた具して出来たり。いとうれしくて、「こゝは、いづくとか申」と問へば、「などかくは問給ぞ。肥前国ぞかし」といへば、あさましきわざ哉と思て、事のやう、くはしくいゑば、此馬なる人も、「いと希有の事かな。肥前の国にとりても、是は奥の郡なり。是は御館へ参るなり」といへば、修行者、悦て、「道も知候はぬに、さらば、道迄も参らん」といひて行きければ、是より京へ行べき道など教へければ、船たづねて、京へのぼりにけり。

　さて、人どもに、「かゝるあさましき事こそありしか。津の国のりうせん寺といふ寺にやどりたりしを、鬼どもの来て、「所せばし」とて「あたらしき不動尊、しばし雨だりにおはしませ」といひて、かきいだきて、雨だりについすゆと思しに、肥前国奥の郡にこそゐたりしか。かゝる浅猿《あさまし》き事にこそあひたりしか」とぞ、京に来て、語けるとぞ。

※『宇治拾遺』の本文は三木紀人・浅見和彦校注『新日本古典文学大系41　宇治拾遺物語・古本説話集』（岩波書店、一九九〇年）によります。ただし、読解の便宜上、表記などを私に改めたところもあります。以下、本書での『宇治拾遺』の引用はこれによります。

ある修行者が摂津国に行き、泊まるところがなかったので、「りうせん寺」という誰もいない大きくて古い寺に泊まります。そしてそこで不動の呪を唱えていると、百鬼夜行が寺にやって来、いつも鬼が座る場所に修行者（鬼には不動尊に見えている）がいたため、鬼は修行者を別の場所に移します。そして鬼たちが去り、夜が明けたところ、修行者はもといた「りうせん寺」とは違う場所にいるようで、出会った「馬に乗たる人」にここがどこか尋ねると、肥前国の奥の郡であるとの答えが返ってきます。一晩の内に、鬼によって摂津国から肥前国まで移動させられてしまったことにここで初めて修行者は気づきます。その後、都に戻り、修行者自身がこの不思議な話を語ったと一話は結ばれます。諸本間で表記や助詞の有無などの異同は見られますが、解釈が変わるような大きな異なりはありません。

第17段はほかのテキストに同話関係と認められる説話は見られません。それゆえ、同話や類話との比較を通じて、異なるところを見いだし、そこから考察を出発させることはできません。ほかの手掛かりを見つけて、表現の分析を始めることになります。

そこで第17段の目録題に注目すると、「修行者、逢百鬼夜行事」とあります。これによれば、第17段は百鬼夜行譚の一つと見なすことができそうです。注釈書においても、「百鬼夜行の話は、当時の夜の暗黒の深さへの恐怖から生れた怪談で、『大鏡』や『打聞集』『今昔物語集』など諸書に採録されている」[*1]、「「百鬼夜行」に遇うというめずらしい体験譚」[*2]と、ひとまずは百鬼夜行譚として認めようとしています。ここで「ひとまずは」というのは、諸注釈書が第17段を百鬼夜行譚として認めがたいことを同時に表明しているからです。直前に引用した注釈書はそれぞれ続けて、

本話では、しかし、その恐怖感というよりは、むしろ他界者の行為に示される超大さへの驚異が強調され、修行者の不動明王の呪文のもたらす威力を大きく上回る不思議として語られる。[*3]

これらの話（筆者補、諸テキストに見られる百鬼夜行譚）はいずれも尊勝陀羅尼《だらに》の験力によって鬼難を免れたものであるが、本話は鬼の世界の不思議と不動の呪の不思議な験力を語るものであろう。不動の呪を唱えるものはそのまま不動明王と同体になるという驚くべき体験談である。また鬼という異界のもののスケールが人間界のそれと大きく違う驚きである。（中略）異界と人間界との相違を語る一つの型である。（中略）本話は不思議と驚きを語るところに重点があり、あまりこわさを感じさせない。[*4]

と、従来の百鬼夜行譚で語られる怪異や恐怖ではなく、不思議やスケールの違い、それに対する驚きが語られているると述べています。また、三木紀人・浅見和彦校注『新日本古典文学大系42　宇治拾遺物語・古本説話集』（岩波書店、一九九〇年）では、

不動の呪に関する霊験譚。百鬼夜行に遭遇しながら、陀羅尼の力によって身を全うする話は例が多い。語られる多くは平安京の事件であるが、本話は摂津と肥前にまたがる異色の一篇である。鬼とかかわった時の距離と現実のそれとの差。その差によって辺境に至ってしまった修行者。彼を護りつつも移動には力を貸していない不動の立場がやや奇蹟としては中途半端でもあるが、それがかえって現実感を与える。体験者自身の談にもとづくという結末が、その感を深めよう。[*5]

と、百鬼夜行譚としても、不動の呪の霊験譚としても、不完全であることを指摘しています。そして、その不完全さと修行者自身の語りであることが、霊験譚通りにはいかない「現実感」を説話に与えていると結論づけています。果たして、第17段は現実に近い霊験譚を語ろうとしたのでしょうか。

まず、諸テキストに見られる百鬼夜行譚はどのようであるか、第17段とそれらとはどう異なるのかについて確認します。これは、同話との比較ができないので、同様のモティーフをもつ類話と比較して異なりを見いだそうという試みです。

ここでは『今昔』に収められている百鬼夜行譚、巻一四42を挙げます。『今昔』巻一四42で百鬼夜行に遭遇するのは、藤原良相の子である常行《つねゆき》です。常行は好色で、夜歩きすることを両親から止められていましたが、その時熱を入れていた女のもとに、小舎人童と馬の舎人だけを連れて出かけていきます。二条大路を歩き、美福門の前のあたりに差し掛かった時、東大宮大路の方から百鬼夜行がやってきます。常行はとっさに神泉苑に隠れ、その前を百鬼夜行が通り過ぎていきます。その場面は次のように語られています。

其ノ時ニ、火燃《ともし》タル者共《ども》過グ。「何者ゾ」ト戸ヲ細《ほ》ソ目ニ開テ見レバ、早ウ、人ニハ非《あら》デ鬼共也ケリ。様〻ノ怖《おそろ》シ気ナル形也。此レヲ見テ、「鬼也ケリ」ト思フニ、肝迷《まど》ヒ心砕《くだけ》テ、更ニ物ノ不思《おぼえ》ズ。目モ暮テ□臥タルニ、聞ケバ、鬼共過グトテ云《いふ》ナル様《やう》、「此ニ気《け》ハヒコソスレ。彼レ搦《から》メ候ハム」ト云テ、者一人走リ係テ来《きたる》ナリ。

（□は意識的欠字）

ここでは、「肝迷ヒ心砕テ、更ニ物ノ不思ズ」と、百鬼夜行と遭遇した常行の恐怖が語られています。そして次のように続きます。

「我ガ身、今ハ限リゾ」ト思フニ、近クモ不寄来《よりきたら》ズシテ走リ返ヌナリ。亦音《こゑ》有テ、「何ゾ不搦《からめ》ザル」ト云ヘバ、此ノ来《きたり》ツル者ノ云ク、「否不搦得《えからめえ》ザル也」ト云フニ、「何ノ故ニ不搦ザルゾ。慥《たしか》ニ搦メヨ」ト行ヘバ、亦他ノ鬼走リ来ル。亦前ノ如ク近クモ不寄来ズシテ走リ返ヌ。「何ゾ。搦タリヤ」ト云フニ、「尚、不搦得《からめえ》ザル也」ト云ヘバ、「怪キ事ヲ申スカナ。我レ搦メム」ト云テ、此ク俸《おき》ツル者走リ係テ来ルニ、始ヨリハ近ク来テ、既ニ手係《かか》ク許《ばか》リ来ヌ。「今ゾ限リ也ケル」ト思フ間ニ、亦走リ返ヌ。「何《いか》ニ」ト問フナレバ、「実ニ不搦得ザル、理也ケリ」ト云ヘバ、亦、「何《いか》ナレバ然ルゾ」ト問フナレバ、「尊勝真言ノ御《おはし》マス也ケリ」ト云フニ、其ノ音ヲ聞テ、多ク燃タル火ヲ一度ニ打消ツ、東西ニ走リ散ル音シテ失ヌ。中〻、其ノ後、頭ノ毛太リテ物不思《おぼ》エズ。

乳母が常行の衣に籠めた尊勝陀羅尼のおかげ（＝「去年、己レガ兄弟ノ阿闍梨《あざり》ニ云テ、尊勝陀羅尼ヲ令書《かかしめ》テ、御衣《おんぞ》ノ頸ニ入レシガ、此ク貴カリケル事。若《も》シ不然《しからざら》マシカバ、何《いか》ナラマシ」）で、鬼難から逃れることができたと語られています。ただ、鬼難から逃れた後も、「其ノ後、頭ノ毛太リテ物不思エズ」と恐怖が絶えなかったこと、家に帰ってからも常行はしばらくの間、熱病に悩まされたこと（＝「曹司ニ行テ、心地極テ悪シケレバ、弱《やを》ラ臥ヌ。身ニ暑ク成タリ」）が語られています。そして一話は、

此ヲ思フニ、尊勝陀羅尼ノ霊験極テ貴シ。然レバ、人ノ身ニ必ズ可副奉《そへたてまつるべ》キ也ケリ。若君モ其ノ尊勝陀羅尼衣《きぬ》ノ頸ニ有リト云フ事不知給《しりたまは》ザリケリ。

其ノ比《ころほひ》、此ノ事ヲ聞キ及ブ人、皆尊勝陀羅尼ヲ書テ守《まぼり》ニシテナム具シ奉ケリトナム語リ伝ヘタルトヤ。

と結ばれ、尊勝陀羅尼の効験を称揚する説話として語られることになります。これは「法華経および諸経・陀羅尼の霊験譚[*6]」である巻一四に収録されていることからも裏づけられます。

ほかにも『大鏡』師輔《もろすけ》伝では、周囲は気づきませんが、師輔のみ百鬼夜行に遭遇したことに気づいた途端、ひた

すらかしこまり（＝「御下簾《したすだれ》うるはしくひき垂れて、御笏《さく》とりて、うつぶさせたまへるけしき、いみじう人にかしこまりまうさせたまへるさまにておはします」）、尊勝陀羅尼を読誦することで（＝「尊勝陀羅尼をいみじう読みたてまつらせたまふ」）、難から逃れます。類聚本『江談抄』第三では、小野篁《たかむら》と藤原高藤《たかふじ》が百鬼夜行に遭遇した説話が語られています。そこでも遭遇したことに気づいた高藤はかしこまり（＝「於朱雀門前遇百鬼夜行之時、高藤下車」）、『今昔』同様、乳母が高藤の衣の中に籠めた尊勝陀羅尼（＝「夜行鬼神等、見高藤、称尊勝陀羅尼云々。高藤不知、其衣中ニ乳母籠尊勝陀羅尼之故云々」）によって難から逃れることができます。このように、百鬼夜行譚においては、百鬼夜行と遭遇した恐怖や尊勝陀羅尼の験力による除難が共通して語られています。尊勝陀羅尼は「仏陀の特徴を示した三十二相のうちの頭頂の肉髻《にっけい》を仏格化した仏頂尊の功徳や境地を讃える内容で、滅罪・延命・厄除に効験があると伝え」[*7]られており、厄除の効験を喧伝するものとして百鬼夜行譚はあったとも考えられます。ともあれ、百鬼夜行譚で語られるモティーフはこの通りです。

　では、これらと第17段との異同はどうでしょうか。修行者が百鬼夜行と遭遇した場面では、「人にもあらず、あさましき物どもなりけり」、「或は角おひたり、頭もえもいはずおそろしげなる物ども也」と、恐ろしい鬼の様子が繰り返し語られ、「おそろしと思へども、すべき様もなくてゐたれば」と、恐怖でどうすることもできない修行者の様子が語られています。これらはほかの百鬼夜行譚と共通する点です。

　そして不動の呪を唱えていた修行者は、鬼に「片手して、我を引さげて、堂の軒の下にすへ」られるわけですが、先に見た通り、肥前国にまで移動させられていました。その後、修行者は都に戻り、自身の体験を語るところで一話は結ばれていました。百鬼夜行遭遇とは無関係に不動の呪を唱えていた点、鬼が修行者に触れることができた点、修行者が肥前国まで移動させられていた点、こうした一連の体験を都に戻り修行者自身が語る点、以上の四点において、ほかのテキストに記された百鬼夜行譚とは異なっています。諸注釈書において、「恐怖感というよりは」「不思議として語られる」、「不思議と驚きを語る」、「異色」、「奇蹟としては中途半端」と言われるゆえんです。では第17段は百鬼夜行譚としてではなく、最初に確認した通り「不思議と驚きを語る」説話、あるいは「不動の呪に関する霊験譚」として語られているのでしょうか。次項では、ほかの百鬼夜行譚との比較から見いだせたこれらの異なりについて見ていきます。

第二項　修行者の語り／騙《かた》り

まず、修行者が不動の呪を唱えていた点に注目します。

「不動の呪」とは、「不動明王を念ずるときの呪文[8]」、「不動明王の加護を祈る呪文[9]」のことです。不動明王は、大野晋編『古典基礎語辞典』では、「『大日経』は不動を大日如来の使者とするが、教化しがたい衆生を救うために、大日如来が忿怒《ふんぬ》の姿をとったものと説く経典もある[10]」と説明されています。また、こうした不動に対する信仰について、次のように説明が続けられています。

> 不動信仰は、日本には九世紀初めに空海によって伝えられたらしい。その恐ろしげな姿が強い呪術力を連想させるためか、国家を鎮護し、信者を悪霊や危難から守る仏として幅広い信仰を集めた。特に修験道で重視され、山伏たちの活動を通じて、不動信仰は全国各地に広がった。不動は単独でも信仰されるが、降三世《ごうざんぜ》明王や大威徳明王などと共に五大明王を形成し、その中尊として祭られることもある。

これによれば、「仏道修行のために寺におらず、回国行脚を続けている真言僧、または山伏[11]」である修行者が「不動の呪」を唱えていたのは当然のことでした。それは修行のためなのか、危難を逃れるためなのかは判然としませんが、「其あたりに、又やどるべき所なかりければ、如何せん」と思いながら、「大きなる」「古りたる」「りうせん寺」に泊まっていることを踏まえれば、「不動の呪」を唱えた目的は後者だったのかもしれません。いずれにせよ、不動の呪を唱えていた修行者は百鬼夜行に遭遇し、摂津国から肥前国まで移動させられてしまいます。この点も、難を逃れたとは断言しにくい、「奇蹟としては中途半端」なところです。

また、肥前国に関する次のような地名譚が『肥前国風土記』に記されています。

朝廷勅、遣肥君等祖健緒組伐之。於茲健緒組奉勅、悉誅滅之、兼、巡国裏、観察消息。（中略）其夜、虚空有火、自然而燎、稍之降下、就此山燎之。時健緒組見而驚恠。参上朝廷、奏言、（中略）更、挙燎火之状、奏聞。天皇勅曰、「所奏之事、未曽所聞。火下之国、可謂火国」（中略）因曰火国。後分両国而為前後。

健《たけ》緒《お》組《くみ》が天皇からの勅命で征伐にいったところ、大空に火があり、それがだんだんと降りてきて、白髪山に届き、燃え広がるという不思議な出来事に遭遇します。それを天皇に奏聞したところ、火の国と命名され、後に肥前と肥後になったとあります。このように、「肥前国」は「火」に由来する名称としてありました。「火炎を背に」[*12]する図像をもつ「不動」、その呪を唱えていた修行者が移動させられた「肥前国」は、本段の出来事の展開とは関係なく、「火」を媒介にして「不動」と関連することになります。

これについて、竹村信治は次のように述べています。

第一八話は敦賀を異界に見立てた異界訪問譚だが、前話の第一七話「修業者、逢百鬼夜行事」は、百鬼夜行が現出させる異空間に紛れ込んだ修行者が異界たる肥前国に移された話題。「京から地方への突然の移動」で両話はつらなる。本話題の興趣は、不動呪を唱えた修行者が、不動となって津の国から肥前まで動かされたこと、或いは不動（火界）咒・不動―火焔（第三八話「絵仏師良秀、家ノ焼ヲ見テ悦事」）―火の国（肥前国風土記）―肥前、の語の連関といったあたりにありそうだが、[*13]（傍点ママ）

「不動の呪」を唱えた修行者が、「動かない」ことを意味する「不動」となって、「火」の連関である「肥前国」（火の国）に動かされてしまう、といった面白さを指摘しています。

また竹村は、これに続けて本段の表現に関する重要な指摘をしています。

一方で、一話は、蘇生譚としての形態をたもち、そこに相応の表現を成立させていると見ることができる。移された場所が「はる〲とある野の、きしかたもみえず、人のふみ分たる道もみえず、行べきかたもなければ」とあるのは炎魔庁に至る道中の景に対応しているし（第四五話「因幡国別当、地蔵菩薩作差事」でも蘇った専当法師の〝冥途の物語り〟に「大なる鬼二人きたりて、我をとらへて、追いたて〱、ひろき野に行に」とある）、また修行者が京の人々に語ったとして示される出来事は一話前半に語られるところと重複するもので、蘇生譚の〝冥途の物語り〟を模倣したとする以外に繰り返しの意図が見出せない（なお、前半部分も、地の文に「我をつら〱みていふやう」「我を引さげて」とあるなど、〝冥途の物語り〟の気味がある）。さらに、本話の一つ前、すなわち第一六話は「尼、地蔵奉見事」であった。地蔵が冥界衆生の救主として蘇生譚につらなっていること、例示の必要もない。（中略）かくして第一七話は、前話と一話中の叙述との連絡に蘇生譚をイメージさせる。そして、蘇生譚は話題に重層する。しかし、本話の場合の修行者は、不動咒を唱えながら鬼に動かされて肥前国（肥の国―火の国―火炎地獄）の奥に迷い込み、地蔵ならぬ「馬に乗りたる人」に救われて一命をとりとめ、独力「船たづねて京へのぼりにけり」とある。重ねられる蘇生譚との間に、いくぶん差異が見出されるというべきか。（中略）「知恵なき」修行者の「あさましき」失敗譚。あるいは、京での〝冥途の物語り〟に焦点を合わせれば、これを不動咒霊験の体験として騙る修行者の〝狂（抂）惑〟ぶりが視野に入ってくることとなる。

やや長い引用になりましたが、竹村によれば、『宇治拾遺』は、第17段を読む読み手が蘇生譚を想起し、それを重ね合わせながら読むように表現を仕組みます。そして一方で蘇生譚との差異も設け、「不完全」な蘇生譚を語る／騙る修行者の〝狂惑〟に焦点が合わされることになります。

丹念な読み込みに何も付け加えることはありませんが、ここでは修行者の語りにこだわってみたいと思います。というのも竹村も指摘する通り、話末で語り手の語りが再演されるのは、ほかに例があまり見られないからです。例えば『宇治拾遺』では、

いみじかりし人の有様也と、捕へられてのち、（袴垂ガ）かたりける。（第28段）

「我身ながらも、かれに、よに恥ぢがましく、ねたくおぼえし」と、平中、みそかに、人としのびて、語りけるとぞ。（第50段）

俊宣がまさしう語りし事也。（第163段）

と、一話が結ばれるのが一般的です。とすれば第17段の眼目は、やはり話末における修行者の語りの再演でしょう。

修行者は自身が体験したことを次のように語っていました。

さて、人どもに、「かゝるあさましき事こそありしか。津の国のりうせん寺といふ寺にやどりたりしを、鬼どもの来て、「所せばし」とて「あたらしき不動尊、しばし雨だりにもおはしませ」といひて、かきいだきて、雨だりについすゆと思しに、肥前国奥の郡にこそゐたりしか。かゝる浅猿き事にこそあひたりしか」とぞ、京に来て、語けるとぞ。

一方、僧が百鬼夜行に遭遇した場面は次のように語られていました。

（鬼ガ）「我居るべき座に、あたらしき不動尊こそ、居給たれ。今夜斗は外におはせ」とて、片手して、我を引さげて、堂の軒の下にすへつ。

この二つの語りを比較してみると、わずかながら異なりが見られます。

異なりの一つ目は、鬼が修行者に対して「所せばし」と述べたとする点です。遭遇の場面では、鬼がいつも座っている場所に修行者がおり、座る場所の確保のために鬼が修行者を軒の下に出したと語られていました。それを「所せばし」と語ったとするのは、大きな鬼たちが数多くやってきたことを聞き手に推し測らせる、修行者の語りの詐術を感じさせます。

異なりの二つ目は、修行者に対する鬼の待遇表現です。遭遇の場面では、鬼には修行者が不動尊として見えているため、「おはせ」と尊敬語が用いられています。一方、修行者の語りではこれが「おはしませ」と別の語が用いられています。とはいえ、「おはす」も「おはします」も辞書的には「いらっしゃる」という同じ意味を有しており、「おはす」が「おはします」に変わっていても、内容に大きな異なりはありません。しかし、これは改めて述べるまでもないですが、「オハスは、上代の最高級の敬語であるオホマシマス（大坐します、神仏や天皇を遇する）が変化したオハシマスのマスを省いた形として成立したと考えられ、オハシマスよりオハスのほうが敬意は低い」[*14]という違いがあります。従って修行者の語りでは、鬼が不動尊となった修行者を丁重に扱ったことがより一層強調されることになります。

異なりの三つ目は鬼の修行者に対する動作です。鬼は修行者を「片手」で「引さげて」外に出していますが、これを修行者は「かきいだきて」「雨だりについすゆ」と語り変えています。鬼にやや乱暴につまみ出されたことは遭遇の場面でも修行者の語りでも同じですが、「かきいだきて」とすることで、鬼が片手だけではなく両手を使ったことになり、遭遇の場面の語りよりも、修行者が軽く外に出されたのではないことを印象づけるようになっています。

このように、同じような内容をわずかに語を変えながら語ることで、修行者の語りは実際に遭遇した状況と異なる印象を与えています。そうした印象の異なる二つの語りを提示している第17段は、印象を変えながら自身への尊崇の念を抱かせようとして、「不思議」の体験を語る修行者の騙りを暴露しているといえるでしょう。そもそも不動に現ずるということ自体、高僧として認められることでもありました。このことは『十訓抄』に収録されている次の説話がよく伝えてくれています。

僧には、横川の慈恵《じゑ》大僧正、広沢僧正寛朝《くわんてう》などおはしけり。大内にて五檀の御修法つとめられけるに、慈恵は不動尊となり、寛朝は降三世と現じて、すこしも本尊にかはらざりけり。残りの僧はさもなかりけり。

（一ノ二十一）

比叡山の高僧である良源、寛朝に関する説話ですが、ともに御修法をしていると、それぞれ不動、降三世に現じたとあります。そしてほかの僧は現じることがなかったと付け加えられ、良源、寛朝の高僧ぶりが際立てられます。こうした「他者の言葉[*15]」が流通する都に住む人々にとって、不動に現じたことを語る第17段の修行者は高僧と映ることでしょう。

自身を高僧として語ろうとする修行者の語りは、実は、百鬼夜行に遭遇したことを語っている前半部分でも暴露されていました。不動に現じ、百鬼夜行が修行者を不動として扱うところでは、「我をつら〳〵と見ていふやう」、「我を引さげて」と、修行者の一人称の語りになっており、不動に現じたことを自ら都の人々に語ろうとする修行者の様子がかたどられています。一方、肥前国での出来事を語る場面では、「修行者、悦て」など、三人称の視点で修行者を対象化した語りがなされています。つまり第17段は、前半部においては、不動に現じたことを語る修行者自らの語りがかたどられ、話末においては、それをより一層強調するかのような修行者の語りが対象化されることで、自身への尊崇の念を集めようとする修行者の騙りが暴かれるという始末なのです。そういえば、前段の第16段では、尼を騙る博打が語られ、次段の第18段では、五位を騙る有仁が語られていました。こうした説話排列からも、第17段の眼目は修行者の語り／騙りにあったと言えるでしょう。

第三項　語り／騙りに潜む欲望の暴露

ここまで見てきたように、第17段は修行者の語り／騙りを暴露する章段としてありました。

いかに高徳の僧であるかを証立てる語り／騙り、これは『宇治拾遺』成立期に流通する、仏教に関する「他者の言葉」の一斑です。僧の奇特さを語る「他者の言葉」は枚挙に遑がありませんが、これを過剰にしたものとして、竹村が指摘する〝狂惑〟の法師の騙りがちょうど『宇治拾遺』第5段にみられます（＝（山伏ガ）「日比、白山に侍つるが、みたけへ参りて、今二千日候はんと仕候つるが、時料尽きて侍り。まかりあづからんと申あげ給へ」といひて立てり、＝侍、問て云様「その額の疵は、いかなる事ぞ」ととふ。山臥、いとたうと〳〵しく声をなして云やう「これは随求《ずいぐ》陀羅尼をこめたるぞ」とこたふ）。この狂惑の法師の騙りが示唆するように、高僧の証立ては世俗的な欲望の充足と結びつきます。都で一度高僧と称されれば、貴族や皇族は彼らを取り込み、禄や位階を授けます。こうしたことをよく伝える記事として、以下のものが挙げられます。

そのたびの御悩み（筆者補、道長の病悩。『栄花物語』巻第七は長保三年〈一〇〇一〉のこととする）には、よき験者どものありしかばこそ、いと頼もしかりしか。長谷の観修僧正、観音院の僧正（筆者補、勝算）などは、なべてならざりし人々なり。観修僧正は、やがて殿の内にさぶらひたまひしに、僧都なりしを、この御悩みおこたらせたまひたりとてこそは、一条院、僧正になさせたまへりしか。

（『栄花物語』巻第一五「うたがひ」）

此日、請法然房上人源空。中宮有御受戒事。先例如此上人、強不参貴所之由、有傾輩云々。

（『玉葉』建久二年〈一一九一〉九月二九日条）

前者は道長と並々ならぬ厚誼があった観修に関する記事で、ここで観修は道長の病悩を除いた褒美として僧正の位を授かっています。後者は、「法然が宜秋門院（後鳥羽天皇中宮・九条兼実娘）に病悩平癒の授戒をした」[*16]ことが記されています。法然のような当時無名の僧を貴族の許に呼び寄せることは異例で、兼実は謗りを受けたとあります。

これは裏返せば、高僧になって初めて貴族の許に呼び寄せられることを伝えてくれます。

ここまで見てきた通り、高僧を証立てる語り／騙りは、世俗的な欲望の充足と結びつきます。これを厭う偽悪の聖たちが出現することからもそれは明らかでしょう。[*17]『宇治拾遺』の編述主体は、こうした仏教に関する「他者の言葉」に取り巻かれながら、「他者の言葉」の欺瞞性、そしてそれに張りついている世俗的な欲望に気づいていたのでしょう。それゆえ、第17段において修行者が実際に体験したことと、修行者自身の語りとを比較できるように一話を語り、登場人物である修行者の騙りを暴露したのだと考えられます。そして、こうした修行者の語りを暴露しながら、編述主体が暴いてみせたのは、仏教に関する「他者の言葉」の欺瞞性、それに潜む世俗的な欲望だったのです。このように『宇治拾遺』の編述主体は、「他者の言葉」の欲望に敏感で、それに懐疑的な眼差しを向ける主体だったのです。[*18]

第二節　〈他者のことば〉との対話（1）――〈歴史〉をめぐって

第一項　読み手の〈知〉への呼びかけ

本節では、第61段を取り上げます。

> これも今は昔、業遠朝臣《なりとほあそん》、死る時、御堂の入道殿、仰られけるは、「いひをくべき事あらむかし。不便の事なり」とて、解脱寺《げだつじ》の観修《くわんじゆ》僧正を召して、業遠が家にむかひ給て、加持する間、死人、忽《たちまち》に蘇生して、要事をいひて後、又、目を閉てけりとか。

新日本古典文学大系『宇治拾遺物語』の校注者の一人である三木紀人は、『宇治拾遺』第10段「秦兼久（兼方）、向通俊卿許、悪口事」をめぐる論考の中で、「実名の人物が登場する話のすべてに該当する事であるが、この第一〇話を面白がるには一寸した予備知識が必要である」[*19]と述べています。第10段は、『後拾遺集』入集を期待して撰者藤原通俊のもとを訪れた秦兼方が、自賛歌への通俊の言いがかりめいた歌評に憤って悪口《あっこう》放言に及んだ話題です。この章段の読み手に「必要」な「一寸した予備知識」、また、それを介した「面白」味について三木はその一端を次のように説きます。

兼方が歌ったのは（筆者補「こぞ見しに色もかはらず咲きにけり花こそものは思はざりけれ」）、ある年、ある場所でふと眼にした花ではない。場所は後三条院の勅願寺たる洛西の円宗寺、院の時代の記憶が濃厚にただよっていたであろう大寺院の庭である。そして、時は院の崩御の翌年の春、つまり延久六年、諒闇の期間がまだ明けぬ頃である。

とすると、兼方の歌った情景は、ほかならぬ通俊の眼には、痛烈な皮肉として映ったのではないか、という空想が可能である。故人後三条院はいうまでもなく白河院の父君である。その識見の高さなどをうたわれる天皇だが、在位わずかに約四年、譲位後半年にして世を去られた。その継承者白河院の側近として、いわば、後三条院の早い退場によってめざましく浮上していったのが通俊である。（中略）兼方の諷刺した「花」の中に、通俊がおのれの姿を見なかったとしたら、彼はよほど鈍感な人物という事になる。（中略）

いずれにせよ、通俊はその立場上、この歌の巧拙にかかわらず、ほめるわけにはいかなかったはずである。彼は、いわば、美学的にではなく政治的に、けちをつけざるをえない。[*20]

そして論考は次のように結ばれます。

　以上、憶測を加えつつ、もっぱら第一〇話とその前後に焦点をしぼって宇治拾遺の方法の一端を見ようとした。同じような手口が可能な部分はまだ他にも存するが、それについては他日を期したい。いずれにせよ、小論で見たような、舞台の前面からはにわかに見えぬ「糸」があるのだとすれば、この作品世界の解明は、想像以上に厄介のようである。*21

　本節では、この三木の「手口」を範として、「舞台の前面からはにわかに見えぬ「糸」」を操る「宇治拾遺の方法」を第61段に探り、もって「作品世界の解明」を試みたいと思います。『宇治拾遺』は本話題をめぐってどんな「予備知識」を語りの背後に仕組み、いかなる「面白」味を提供し、どのような眼を読み手に開こうとしているのでしょうか。

第二項　道長愛顧憐憫の物語り

　第61段と同話関係として認められる説話が、『古事談』（建保三年〈一二一二〉以前成立、記録文体）、『真言伝』（正中二年〈一三二五〉成立）に見えます。『宇治拾遺』の依拠資料の一つと目されている前者では、本話題は「第三僧行」の巻に高僧霊験譚の一つとして収載されています（第252段）*22。また、真言密教の高僧伝である後者では、「大僧正智静」（「諱観修」）条に、『宇治拾遺』、『古事談』とほぼ同文で本話題が語られています。そしてその末尾には、「彼禅閤（筆者補、道長）コトニ此僧正ノ護持ヲ憑《たの》ミ玉フ。不思議ノ法験ヲ施スコト十一箇度ト云ヘリ」との評が加えられています（巻第五・19）。これらは、本話題が「有験で知られる観修の逸話*23」として理解され語られたことを教えてくれます。

一方、『宇治拾遺』は「業遠朝臣蘇生事」を目録題としています。本章段は「業遠朝臣」を主語としてその蘇生遺言の逸事を一文で語っています。この構文に従い、「観修」ではなく「業遠」に焦点を合わせ、いわば本話題の「舞台の前面」（業遠蘇生遺言の物語り）を正確にトレースしたのがこの目録題である、と言うことができます。

こうして本話題をめぐっては、「観修」「業遠朝臣」のいずれに焦点を合わせるかによって、伝承過程に異なる理解が生じていたことが確認できます。では、この「実名の人物が登場する話」は、その始まりにおいていかなる話題として語られていたのでしょうか。以下、『宇治拾遺』の「実名の人物が登場する話のすべて」に「必要」とされる「一寸した予備知識」を史料にうかがい、それを手掛かりにいささかの「憶測」も加えながら検討したいと思います。

まずは「業遠朝臣」についてです。高階業遠（九六五～一〇一〇）は、『御堂関白記』に「三十講。提婆品日也。仍有捧物事。有酒肴。業遠朝臣」（長保六年〈一〇〇四〉七月十五日条）を初めとした道長（九六六～一〇二七）への奉仕ぶりが記されています。また、寛弘四年（一〇〇七）八月の道長金峯山参詣への同行[*24]や死の直前の除目での丹波守重任推挙[*25]など、業遠に対する道長の「愛顧」[*26]も確かめられます。藤原実資《さねすけ》も、業遠死後の『小右記』寛仁二年（一〇一八）一二月七日条に「業遠者大殿無雙者也」と述べており、道長と業遠との並々ならぬ関係は、周辺の人物の記憶に永くとどまる事柄としてあったことがわかります。

次に「観修」についてです。観修僧正（天台寺門派、大僧正、九四五～一〇〇八）は『続本朝往生伝』1（一条天皇）に「有験之僧」の一人として名が挙げられています。先の『真言伝』記事にもあるように、道長との厚誼にはこれまた並々ならぬものがありました。『栄花物語』巻第一五「うたがひ」には、長保二年（一〇〇〇）四月から六月末に及んだ道長の大病を祈禱《きとう》して平癒せしめ、同年八月に一条帝によって大僧正に任ぜられたと伝えられています。[*27]さらに、『元亨釈書』巻第四には、信任を得て道長の昇進を祈った話題[28]、道長に命ぜられて「許多瓜子《そこばくの》」から毒蛇の潜む一瓜を選別した逸事[29]も取り上げられています。また、道長自身、自らの病を押して、臨終間際の観修を直々に見舞ったことを『御堂関白記』に記しています[30]。

こうした人間関係を「予備知識」としてもつ者にとっては、本話題中の道長の発言、「いひをくべき事あらむかし」は生前の業遠「愛顧」の道長像と重なり、「不便の事なり」もこれに由来する憐憫の情（「不便」＝不憫）の発露として聞かれることでしょう。加持僧の同道についても、ほかならぬ観修の召喚は、道長の業遠への憐憫の情の深さを確かめさせるはずです。加えて、その観修の奉仕も、『続本朝往生伝』1（一条天皇）における院源・慶円話題[31]にもある典型的な蘇生加持譚、『日本書紀』巻第一一仁徳天皇条の太子菟道稚郎子、『日本霊異記』下巻第30縁の老僧観規以来の伝統的モティーフである蘇生遺言譚と同趣です。いずれのモティーフも、「有験之僧」観修にふさわしく、道長の信任に応える観修の加持霊験として、一話に語られる出来事の〝本当らしさ〟を感取させます。

こうして、「一寸した予備知識」は、本話題を道長をめぐる業遠愛顧憐憫の物語りと理解させます。そしてそれは、本話題が当初、そうした衆人周知の「予備知識」を前提とした道長の物語りとして語られたことを考えさせます。『宇治拾遺』の諸注が「業遠と道長との関係の細やかさ[32]」、「道長の部下に対する心やさしい配慮[33]」の評を本章段に与えているのも、ゆえのないことではないのです。

第三項　「高倉殿」の物語り

こうして本話題は、道長をめぐる物語りとしてあります。業遠にかかわる「いひをくべき事」（『古事談』「遺言事」、『真言伝』「遺言スベキ事」）、「要事」（『古事談』「遺言要事等」、『真言伝』「要事等」）の中身について言及がないのは、この物語りにとってはそれが要件ではないからでしょう。しかし、蘇生遺言譚は遺言を主題とするものです。従って、本話題の享受の間にはそこに関心を寄せる者もいたことでしょう。「業遠の思いには何かわけがあろうが、その内容不明のため、釈然としない」[34]――『宇治拾遺』の編述主体もそうした享受者（『古事談』読者）の一人だったと思われます。

「要事」とは何か。この問いに引き寄せられた者の内には、話中の「業遠朝臣死る時」（『古事談』「業遠朝臣卒去之時」）、「御堂の入道殿」（同「入道殿」）、「業遠が家」（同「業遠之宅」）から、「高倉殿」[35]に想到した者もいたことでしょう。なぜなら、そこはもともと「業遠宅」であって、業遠の死後に道長家の所有に帰し、息頼通以降代々の摂関家に伝領されていたからです。

『宇治拾遺』編述主体も想到した者の一人。それは、この「予備知識」への回路、すなわち「糸」を、直前の第60段「進命婦清水寺詣事」の末尾に周到に編み込んでいるところに確かめられます。

第60段の末尾は次のようにあります。

　其後、この女房、宇治殿に思はれ参らせて、はたして京極大殿、四条宮、三井の覚円座主を生みたてまつれりとぞ。

『宇治拾遺』が前後章段との間に連関を仕組み、いわば編述とも称すべき語りを構成することはこれまで見てきた通りです。[36]一話は頼通の子孫繁栄の由来を語る話題として語り終えられていますが、ここに出る「宇治殿」は次話第61段（本章段）の「業遠が家」との連関を通じて、頼通邸たる「高倉殿」を読みに賦活させる仕掛けでもあったのです。

ところで、道長が業遠邸を取得する経緯は、源経頼（九七六～一〇三九）による『左経記』長和五年（一〇一六）三月二三日条に次のように記されています。

二十三日、丁卯、参内。（中略）及暗帰参内。左府令渡給故業遠朝臣出御内宅。件宅彼後家転左府已畢。而依為吉日、今度始渡給也。但饗饌用意等、参御共。即帰参内。

もっとも、これより先、『日本紀略』長和三年（一〇一四）三月二〇日条には「皇太后宮［彰子］遷御権大納言頼通卿高倉第」とあり、また、『栄花物語』（巻一二「たまのむらぎく」）長和五年一〇月二日の枇杷殿焼亡の件りにも、「宮の御前（筆者補、妍子）も、この枇杷殿いと近き所に、東宮亮業遠といひし人の家、大将殿（筆者補、頼通）に奉りたりしにぞ、まづ渡らせたまひぬる」と語られています。

道長なのか、頼通なのか、御堂家への伝領の時期や経緯には詳らかではない点が残ります。[37] しかし一方、道長は寛弘五年（一〇〇八）の数日に及ぶ滞在など、[38] 業遠の存命中から土御門第に近接した[39]「業遠宅」を自在に利用しており、業遠没後の長和四年（一〇一五）にも、皇后娍子の申し出を承けて御読経の場所を同邸に移す[40]などしています。『左経記』長和五年三月二三日条に記された「件宅彼後家転左府已畢。而依為吉日、今度始渡給也」は、こうした御堂家による利用が続く中、「彼後家」による「左府」への「転」（委譲）[41]をもって所有関係に決着がついたことをいうのでしょう。

さてこのように見てくると、『宇治拾遺』第61段は、第60段の「宇治殿」をもって説話排列に「糸」として埋め込まれた「業遠が家」＝「高倉殿」の文脈に従って読めば、長和五年の後家による高倉第委譲の由縁、ひいては「高倉殿」の由来を語った物語りということになります。そして、それはほかならぬ業遠の蘇生遺言、愛顧報恩の遺志によることだった、というわけです。

第四項　道長像の変貌――暴露の語り――

こうして『宇治拾遺』は、本話題を「業遠が家」委譲の「要事」遺言の物語りとして語り直しています。問題は、そうした「要事」への問いが生み出した物語りが本話題の理解に何を引き起こすかですが、そこでは恐らく当初の〝道長をめぐる業遠愛顧憐憫の物語り〟は破綻します。

「いひをくべき事あらむかし」――、それは「委譲」を念頭においての発話ではなかったでしょうか。「不便の事なり」――、「不便」は不憫ならぬ「便なし」、つまりは不都合の意ではなかったでしょうか。[*42] さらに観修の召喚は、道長の業遠への憐憫の情に出るものではなく、御堂家にとっての文字通り〝要〟の一言、つまり「委譲」の語を引き出すためのもので、観修はこれに加担したということではないでしょうか。

こうして、道長像は業遠愛顧憐憫の者から業遠宅横領掠奪の徒へと変貌することになります。

変貌する道長像。しかし、こうした道長像は、次のようなエピソードを「予備知識」として備える者にとっては、かえってわかりやすいものとしてあったことでしょう。

業遠没後の寛仁二年（一〇一八）の一二月のこと、業遠息男の長門守高階業敏が国人「鑄銭司判官土師為元」との確執の中で愁訴を受けた事件で、為元の訴えは認められ、業敏は公卿定も法家勘申も無いままに解却されました。これについて、『小右記』の実資は次のように解却の背景をうかがい、驚きを表明しています（七日条）。

件為元、是大殿（筆者補、道長）毎年献上牛者也。国司与為元遞成大乱。而無被定是非、偏依為元申所被解却、如何。業敏者故［高階］業遠朝臣子、業遠者大殿無雙者也。死後被解却子官、万人有所言歟。

毎年牛を献上する為元の肩をもって審理を差し止める道長。先に道長が業遠を愛顧しているさまを示すのに引いた「業遠者大殿無雙者也」に続くのは、「死後被解却子官、万人有所言歟」との言でした。亡父業遠の功を顧みず、現今の佞者に左袒して遺児業敏の国司解却に及ぶ道長像は、生前奉仕の業遠の邸宅について、没後にその委譲を後家に迫り、もって自家の門地拡張を図る道長像が重なります。

実資の言う「万人有所言歟」が現実のものとなったかどうかは確かめられません。しかし、この一件はそうした声とともに人々の記憶にとどまり、道長の酷薄な実像を伝えるものとなったことでしょう。『宇治拾遺』が語りなした「要事」の物語りもまた、こうした記憶や伝承と響き合いつつ「万人有所言歟」の声を誘い、実資と同様に道長なる人物への視界を開きます。そしてそれこそが、「要事」への問いから「高倉殿」に想到し、そこへの回路（「糸」）を編述に仕組む『宇治拾遺』の企図するところであったと思われるのです。

ところで、『宇治拾遺』はこうして、「要事」に言及しない〝道長をめぐる業遠愛顧憐憫の物語り〟から「要事」追究への回路を仕組んで暴く〝道長をめぐる欲望の物語り〟へと話題性の転換を図っていますが、編述主体の暴くのは道長の欲望ばかりではありません。そのことをうかがわせるのは業遠・観修の没年にかかわる齟齬、というより、原話以来のその齟齬[*43]の踏襲です。業遠は寛弘七年（一〇一〇）四月十日の卒去（『権記』同日条。四十六歳）、観修は寛弘五年七月八日の寂（『元亨釈書』巻第四。六十四歳）です。従って観修は業遠蘇生加持の任を果たすことはできないのです。

この齟齬は『古事談』、『真言伝』の同話にもあり、諸注は「何らかの誤伝または仮托[*44]」としています。しかし、「舞台の前面からはにわかに見えぬ「糸」」を仕組み、取り上げてきた「予備知識」の数々を前提に「要事」の物語りを構成する『宇治拾遺』の編述主体が、依拠資料（『古事談』）に残されたこの齟齬を見逃すでしょうか。もしこの齟齬もまた「糸」を手繰る糸口として残されたのだとすれば、それは「要事」を要件としない本譚原話に潜められた語りの欲望への視界を開く仕掛けであったということができるでしょう。

見てきた通り、観修加持の話題は、道長と「有験之僧」観修との関係をめぐる「予備知識」を背景に、信任厚い観修の召喚を語って道長の業遠への憐憫の情の深さを印象づけます。けれどもそこに嘘が構えられたとわかれば、露わになるのは「作為」です。愛顧憐憫する道長像の捏造（「業遠と道長との関係の細やかさ」、「道長の部下に対する心やさしい配慮」）に向けた作為。そしてそこに見透されるのは、語り（騙り）の欲望です。あえてする齟齬の踏襲はこの作為、従って欲望への眼差しを読者に開く糸口としてあったのです。

この欲望は道長賛嘆を志向する歴史語りのものですが、この欲望への視界を開く『宇治拾遺』は、そうした歴史語りのあり方をメタ化し批評する位相にあるものと言うことができるでしょう。

第五項　『宇治拾遺』の歴史批評の位相

鶴見俊輔はその漫画論の中で、パロディとは「いくらかちがう様式」としてのバーレスク（「何かの原作の形だけをまねて、それをおかしいものにして見せる方法」）を取り上げ、アイザック・ディズレーリ『文学の珍談集』（一七九一年）の次の一節を引いてその起源を紹介しています。

> ホーマーの詩を口ずさみながら町から町へとさまよって行った吟遊詩人たちのすぐあとから、べつの一隊のさまよいびとがつづいていた――それは道化師たちであって、（先に行った吟遊詩人の）おごそかなしらべをもじったり、茶化したりすることによって見物人をよろこばせたのである。[*45]

また、漫画家・富永一朗をバーレスク詩人と見なして、次のようにも述べています。

大衆が、新聞やラジオからおくりつけられる紋切り型の言葉で、考え方のわくをつくられるという側面は、ウォルター・リップマンの『世論』（一九二二年）このかた言われて来たものだが、その紋切り型の言葉を用いてしかも自分の意見を言わず、しかも相当程度まで新聞・ラジオの送り手とはちがう意見を同じ紋切り型をとおして言い得ている場合もある。新聞やラジオやテレビを、ホメーロスの時代の吟遊詩人に見たてるならば、そのあとにくっついて歩いて、前に行った人たちの言ったことをひっくりかえしてうらの意味をあきらかにするバーレスク詩人たちの一行もまた同じマスコミの一隅をかりて営業がなりたつ。[*46]

『宇治拾遺』の編述主体が、原話以来の『古事談』本文をほぼそのまま踏襲しつつ、「舞台の前面からはにわかに見えぬ「糸」」を操って行っているのは、このバーレスクであると言えるでしょう。道長称賛の物語の「紋切り型の言葉」を用い、「舞台の前面」では「自分の意見を言わず」、「一寸した予備知識」を賦活しうる者に向けて依拠資料とは「ちがう意見を同じ紋切り型をとおして言い得ている」、しかも「前に行った人たちの言ったことをひっくりかえしてうらの意味を明らかにする」『宇治拾遺』。相手取っているのは藤原道長をめぐる「世論」＝〝英雄詩〟（『大鏡』世継の語り、『栄花物語』など）、すなわち「イーリアス」「オデュッセイア」同様の歴史語りでした。その「原作の形だけをまねて」「おかしいものにして見せる」『宇治拾遺』の歴史批評の位相は、この「バーレスクの詩人」とも「道化師」とも称される人々のそれに相同するといえるでしょう。

第三節　〈他者のことば〉との対話（2）――〈信〉をめぐって

第一項　霊験譚らしからぬ霊験譚

本節では第16段を取り上げます。

今は昔、丹後国に老尼ありけり。地蔵菩薩は暁ごとにありき給といふ事を、ほのかに聞きて、暁ごとに、地蔵見奉らんとて、ひと世界をまどひありくに、博打のうちほうけてゐたるが見て、「尼公《あまぎみ》は寒きに、何わざし給ぞ」といへば、「地蔵菩薩の暁にありき給なるに、あひ参らせんとて、かくありく也」といへば、「地蔵のありかせ給ふ道は、我こそ知りたれ。いざ給へ。あはせ参らせん」といへば、「あはれ、うれしき事哉。地蔵のありかせ給はん所へ、我をいておはせよ」といへば、「我に物をえさせ給へ。やがていて奉らん」といひければ、「此着たる衣、奉らん」といへば、「さは、いざ給へ」とて、隣なる所へいて行く。尼、悦て、いそぎ行に、そこの子に、地蔵といふ童有けるを、それが親を知りたりけるによりて、「地蔵は」と問ひければ、親、「遊びにいぬ。今、来なん」といへば、「くは、こゝなり。地蔵のおはします所は」といへば、尼、うれしくて、つむぎのきぬをぬぎて、取らすれば、ばくちはいそぎて、取りていぬ。尼は、地蔵見参らせんとてゐたれば、親どもは心得ず、などこの童を見んと思らんと思程に、十ばかりなる童の来たるを、「くは、地蔵よ」といへば、尼、見るまゝに、是非も知らず、ふしまろびて、拝み入て、土にうつぶしたり。童、すはへを持て、遊びけるまゝに来たりけるが、そのすはへして、手すさみの様に、額をかけば、額より顔のうへまでさけぬ。さけたる中より、えもいはずめでたき地蔵の御顔、見え給。尼、拝み入て、うち見上げたれば、かくて立給へれば、涙を流して、拝み入参らせて、やがて極楽へ参にけり。されば、心にだにも深念じつれば、仏も見え給なりけると信ずべし。

生身の地蔵に値遇することを切に願う尼の前に、一人の博打が現れます。博打はものと引き換えに尼を地蔵に引き合わせてやると述べるので、尼はそれに従います。すると博打は、子どもの名前が「地蔵」という自分の見知ったもののもとに尼を連れていき、尼から衣を奪い、逃げていきます。尼は博打を疑わず、子どもと向き合っていると、子どもは木の枝で自らの額をかきます。すると、そこから地蔵菩薩の顔が現れ、尼は結果的に地蔵菩薩と値遇することができ、そのまま極楽へと往生します。

こうした梗概をもつ第16段ですが、同話はほかのテキストには見られません。ただし、よく似た話として、『今昔』巻一七1が挙げられます。本文は次の通りです。

今昔、西ノ京ノ辺《ほとり》ニ住ム僧有ケリ。道心有ケレバ、懃《ねむごろ》ニ仏ノ道ヲ行ヒケリ。其ノ中ニモ、年来殊ニ地蔵菩薩ニ仕テ、願ヒ思ヒケル様、「我レ此ノ身乍《なが》ラ生身ノ地蔵ニ値遇シ奉テ、必ズ引接《いんぜふ》ヲ蒙ラム」ト。此レニ依リ、国々ニ行テ、地蔵ノ霊験有所ヲ尋テ、願フ心ヲ語ルニ、此レヲ聞ク人咲《わら》ヒ嘲テ云ク、「汝ガ願ヒ思フ所甚ダ愚也。何《いか》デカ現身ニハ生身ノ地蔵ニハ値遇シ奉ラム」ト。

然レドモ、僧、尚本意ヲ不失《うしなは》ズシテ諸国ニ行ク間、常陸ノ国ニ行キ至ヌ。何《いづ》クトモ無ク行ク程ニ、日暮ヌレバ賤《あやし》ノ下人ノ家ニ宿リヌ。其ノ家ニ年老タル嫗一人居タリ。亦、牛飼フ童ノ年十五六歳許《ばかり》ナル有リ。見レバ、人来テ此ノ童ヲ呼ビ出デ、去ヌ。其ノ後、聞ケバ、此ノ童泣キ叫ブ音有リ、泣々《なくな》ク、即家ニ返来タリ。僧、嫗ニ問云ク、「此ノ童何ノ故ニ泣ゾ」ト。嫗ノ云ク、「此ノ童ノ主ノ牛ヲ飼フニ依テ、常ニ被打責《うちせめられ》テ此ク泣ク也。父ニハ疾ク送《おくれ》テ、更ニ憑方《たのむかた》無シ。但、月ノ二十四日ニ生タルニ依テ、名ヲ地蔵丸トナム云フ」。

僧、此ノ童ノ故ヲ聞クニ、心ノ内ニ怪シク思《おぼ》エテ、「此ノ童ハ、若シ我ガ年来ノ願ヒニ依テ、地蔵菩薩ノ化身ニヤ有ラム。菩薩ノ誓ヒ不可思議也。凡夫誰カ此レヲ知《しらむ》」ト思ヘドモ、忽ニ此レヲ難悟《さとりがた》ケレバ、弥《いよい》ヨ地蔵ヲ念ジ奉テ、夜終《よもすがら》不寝《ね》ズシテ有ル間、「丑ノ時許ニモ成ヤシヌラム」ト思フ程ニ聞ケバ、此ノ童起居テ云、「我レ今三年、此ノ主ノ為ニ被仕《つかはれ》テ可被打責《うちせめらるべ》カリツレドモ、今此ノ宿レル僧ニ値《あ》ヒ奉ヌレバ、只今外ヘ行ヌ」ト云テ、外ニ出ヅトモ不聞《きか》デ掻消ツ様ニ失ヌ。僧驚キ怪ムデ、嫗ニ、「此ハ何ニ此ノ童ハ云ツル事ゾ」ト問フニ、亦、嫗外ニ出ヅトモ不聞デ忽ニ失ニケリ。

其ノ時ニ、僧、「実ニ此レ地蔵ノ化身也ケリ」ト知テ、音ヲ挙テ叫ビ呼ト云ヘドモ、嫗モ童モ遂ニ不見《みえ》ズ成ヌ。夜暁《あけ》テ後、僧、其ノ里ノ人ニ向テ、嫗・童ノ失ヌル事ヲ泣々ク語テ云ク、「我レ年来地蔵菩薩ニ仕テ、「現身ニ値遇シ奉ラム」ト願ヒツ。而ルニ、今、其ノ感応有。地蔵菩薩化身ニ値遇奉レリ。悲キ哉ヤ、貴哉《とうときかなや》」ト。里ノ諸ノ人此レヲ聞テ、涙ヲ流シテ、不貴《たふとば》ズト云フ事無シ。

然レバ、難キ事也ト云フトモ、心ヲ発シテ願ハヾ、誰モ此カク可見奉《みたてまつるべ》キニ、心ヲ不発《おこさ》ザル故ニ値ヒ奉ル事無也。彼ノ僧ノ上テ語リ伝フルヲ聞キ継テ語リ伝ヘタルトヤ。

生身の地蔵との値遇を求めている点、子どもが地蔵の化身であった点、そしてその念願が果たされる点など、第16段と共通するところをもっています。ただし、出来事の展開については異なりが見いだせます。地蔵値遇譚の話の型について、田中宗博は次のように述べています。

夢告が先に提示されることによって、説話享受者はその話を予め〈霊験説話〉として了解することができる、ということでもある。それら〈霊験説話〉において説話享受者の関心は、最終的な奇瑞の顕現への期待を常に潜在させながら、叙述の進行を追いかけることとなる。だが、本話の場合はこれとはまったく逆のいき方をしている。尼は、異界からの神仏のメッセージとして伝えられる夢告といった確かなものに導かれるのではない[*47]。

「夢告」とは異なりますが、『今昔』巻一七1では、「丑ノ時許」に地蔵丸が起き、自らが地蔵であることを告げて去っていきます。「夜終不寝ズシテ有ル間」、「丑ノ時」という時間帯での地蔵丸の告白という点で、「夢告」らしさが表されています。ともあれ、読み手からすれば、『今昔』は〈霊験説話〉として了解されるような展開になっているといえるでしょう。一方の第16段は、導き役が一計を案じる博打ということもあって、最後まで〈霊験説話〉として了解することができません。こうした展開について、田中は次のようにも述べています。

> 本話の叙述の進め方には、この狂言（筆者補、狂言「末広がり」）と近いものがある。すなわち、博打が奸計を抱いているという事実に関わる情報の一切が、主人公たる尼にのみ知らされることなく、物語の進行につれて語り手から読者へと提示され続けていくのだ。（中略）このような叙述の進め方は明らかに、ある種の〈笑話〉のそれに近く、〈霊験説話〉からはほど遠いものといえるだろう。（中略）以上のように第16話は、ある種の笑話や狂言を連想させるやり方で叙述を進めている。それは、夢告が重要な構成要素となる〈生身の仏菩薩との値遇譚〉の類とは、かなり異質なものといえよう。*48

ほかにも田中は説話排列などから、第16段が笑話の性質をもつことを指摘します。そして、この語りの効果について、田中は次のように述べています。

> 以上のように考えることによって、本話が〈霊験説話〉として一風変わった構成をとることの意味も明らかになる。それは、〈「信」というものの持つ力の不思議〉を、読者に説明して納得させるのではなく、追体験的に悟らせるためのものであった、とでもいえようか。——編者は、笑話ふうの叙述によって〈真の地蔵が顕現

> するはずはない〉と思わせておき、最後に読者をドンデン返しの困惑に陥れる。その困惑は、笑うべき対象が一瞬にして賛仰すべき存在に変貌したことによる。情報量において尼より上位に置かれ、その高みから尼を笑おうとする心意を抱かされてきた読者は、論理を超越した〈奇瑞〉によって尼との立場を逆転させられてしまうわけだが、その過程において読者は〈「信」というものの持つ力の不思議〉を鮮明に印象づけられることとなる。――これは、まことに鮮やかな語り口であると評価できるだろう。[*49]（傍点ママ）

田中のいう第16段の「笑話ふうの叙述」は、尼の〈信〉を強調するものとしてあることが語られています。またこれは佐藤晃が提唱した「演ずる主体[*50]」とかかわって、『宇治拾遺』の韜晦的な語り口が、戯笑性を演出しつつ結末との落差の大きさを図った語り口としてあるとも考えられます。これの妥当性については本書とは別のところで考えてみたいと思います。

ともあれ、本章段が霊験譚らしからぬ霊験譚であることは、田中の指摘や『今昔』巻一七1との比較などからうかがえるかと思います。そして田中によれば、第16段は〈「信」というものの持つ力の不思議〉を語る章段ということですが、これについて以下考えていきたいと思います。

第二項　〈信〉の問い直し

田中は『宇治拾遺』成立期における「尼」と第16段の尼との共通性について次のように述べています。

> 重要なのは、「ほのかに」という語に示されているように、この尼がその知識（筆者補、地蔵が暁ごとに遊化すること）を経典や仏書を読んで得たのではないのだ、とされている点である。（中略）法然は『一枚起請文』の中で、

深い共感をこめて「尼入道の無智のともがら」との連帯の意志を語り、慈円は『愚管抄』の中で逆に、念仏宗は所詮「不可思議の《（ママ）》愚痴無智の《（ママ）》尼入道ニヨロコバレ」て繁昌したのだと語っているのだ。本話の主人公はまさに、法然や慈円が見据えていた〈無智〉なる「尼入道」の一人に他ならない。信仰心は強いが無智で愚かな庶民――その典型的人物としてこの尼は登場する。[*51]

第16段の尼が「ほのかに聞」いた晨朝地蔵遊化とは、『延命地蔵菩薩経』に語られる次の一節のことです。

仏告帝釈、「有一菩薩。名曰、延命地蔵菩薩。毎日晨朝、入於諸定、遊化六道、抜苦与楽。若在三途、於此菩薩、見体、聞名、生於人天、或生浄土。（後略）」

こうした知識を「経典や仏書を読んで得」たのではなく「ほのかに聞」いた尼は無智の尼である、と田中は述べています。ここではこの田中の見解に従います。

そして、『延命地蔵菩薩経』に記されるような、地蔵晨朝遊化六道世界を何らかの方法で聞いた無智の尼は、「地蔵を見奉らん」と「ひと世界をまどひありく」。そこに疑念はありません。しかし、一話はこの尼の信心を試すかのように展開していきます。そこで登場するのが夜通し「うちほうけて」道端に腰を下ろす「博打」でした。信心において尼の対極にある博打は、尼の所行を聞いて一計を案じ、「地蔵」という名をもつ童を紹介して「我に物をえさせ給へ。やがていて奉らん」と見返りを要求します。菩薩「地蔵」を求める尼に人間「地蔵」を引き合わせるところに博打らしい詐術が仕組まれていますが、ここでも尼に疑念は生じません。むしろ、「あはれ、うれしき事哉。地蔵のありかせ給はん所へ、我をいておはせよ」、「此きたる衣たてまつらん」と博打にも待遇表現を用い、地蔵欽

慕の情をなお募らせます。そして、

> 尼、悦て、いそぎ行に、そこの子に、地蔵といふ童有けるを、それが親を知りたりけるによりて、「地蔵は」と問ひければ、親、「遊びにいぬ。今、来なん」といへば、「くは、こゝなり。地蔵のおはします所は」といへば、尼、うれしくて、つむぎのきぬをぬぎて、取らすれば、ばくちはいそぎて、取りていぬ。

童「地蔵」の親の言葉、「遊びにいぬ。今、来なん」の「遊び」は、尼の耳には「遊化」と聞こえたことでしょう。「うれしくて、つむぎのきぬをぬぎて、とらす」る尼と、それを「いそぎて、取りて」逃げ去る博打と。そこに仕掛けられているのは信者の愚直と不信心者の悪徳の対照ですが、それによって際立てられるのは尼の〈信〉の疑いなさ、純粋な〈信〉でしょう。そしてその純粋な〈信〉は、次のような生身の地蔵との値遇をもって報われていくことになります。

> 尼は、地蔵見参らせんとてゐたれば、親どもは心得ず、などこの童を見んと思らんと思程に、十ばかりなる童の来たるを、「くは、地蔵よ」といへば、尼、見るまゝに、是非も知らず、ふしまろびて、拝み入て、土にうつぶしたり。童、すはへを持て、遊びけるまゝに来たりけるが、そのすはへして、手すさみの様に、額をかけば、額より顔のうへまでさけぬ。さけたる中よりえもいはずめでたき地蔵の御顔、見え給。尼、拝み入て、うち見上げたれば、かくて立給へれば、涙を流して、拝み入参らせて、やがて極楽へ参にけり。

尼の〈信〉はここでも「是非も知らず、ふしまろびて、拝み入て、土にうつぶしたり」、「涙を流して、拝み入参らせて」などと繰り返されます。その尼を地蔵は「極楽」へと引接します。親も知らない童「地蔵」の本体は、とらわれのない愚直な〈信〉に身をゆだねた尼にだけ開示され、抜苦与楽の功徳も実現するということになります。

こうして第16段で語られるのは、「ほのかに聞」いて「心」に「深（く）念」じ、世間知を超越して愚直に地蔵を求め続ける〈信〉のあり様です。興味深いのは、この尼の行状が『延命地蔵菩薩経』が説く「抜苦与楽」、「生人天」、「生浄土」を求めてのことではない、ということです。「極楽」往生は、生身の地蔵との値遇をこそ一途に求めた、その結果としてあるのであって、その目的ではなかったのです。これは『今昔』巻一七1に語られる僧の姿と比べると、違いは明らかです。

今昔、西ノ京ノ辺ニ住ム僧有ケリ。道心有ケレバ、懃ニ仏ノ道ヲ行ヒケリ。其ノ中ニモ、年来殊ニ地蔵菩薩ニ仕テ、願ヒ思ヒケル様、「我レ此ノ身乍ラ生身ノ地蔵ニ値遇シ奉テ、必ズ引接ヲ蒙ラム」ト。

ここで語られているのは、「生浄土」への「引接」を目的として、地蔵との値遇を求める僧の姿です。『今昔』巻一七1のように、自らの利益を目的として地蔵との値遇を求める僧の姿が語られることが地蔵霊験譚では多いのですが、それらの僧とは異なり、ただひたすらに地蔵との値遇を求めるのが第16段の尼でした。値遇への一途な願いが自ずから『大方広《だいほうこう》十論経』第一・序品に説かれる地蔵誓願中の「称地蔵菩薩名号、一心帰依」を行為せしめ、それは「生浄土」の功徳をもたらした、というのであって、仏教言説の一斑である地蔵菩薩感応霊験譚のごとく、「生浄土」のための「称地蔵菩薩名号、一心帰依」とその功徳を説くのではない点がここでは重要でしょう。話末評「心にだにも深念じつれば仏も見え給なりけりと信ずべし」はこれにかかわります。そこには、『望月仏教大辞典』「地蔵菩薩」項が結論として示す名義本義（＝「是れ蓋し地中の伏蔵を以て如来蔵を喩顕《ゆけん》せるものにして、地蔵の名は恐らく之に基けるものなるべく、若し然りとせば此の菩薩は即ち法身如来蔵を擬人化せるものといふべく、此の菩薩が常に沙門の形を作し、六道衆生の能化となり、特に地獄に入りて抜苦の衆生を利益《りやく》し、未来際を尽して一切衆生を成熟せんと願ずと云ふは、皆即ち本覚仏性の内的活働を譬説せるものと見るべきが如し」）をも勘案すれば、尼の「本覚仏性の内的活働」への含意もあるのかもしれません。

以上のように、『宇治拾遺』では無智の尼の〈信〉のあり様が語られていました。経典や仏書に記されることを記憶し、それをそのまま実現する仏教者の姿はここでは語られません。そうしたものは後に見るように、『宇治拾遺』では逆によい結末を迎えることはありません（第104段）。言い換えれば仏教言説を主体化する智恵ある僧、あるいはそれをその通り実現することを語る霊験譚は、『宇治拾遺』では退場を命じられるのです。

さて、このように見てくると、『宇治拾遺』の編述主体がこの第16段を通して〈信〉をめぐる問題領域をひらき、それを仏教言説とは異なる形で改めて問い直そうとしていることがわかります。あるいは、博打が悪報を蒙らず、悪徳の博打も無垢の一心帰依者もそれぞれに応じた所得があったと語るところには、そのようにして営まれる人の世への洞察も含まれているのかもしれません。とすると、それもまた〈世界〉を善因善果・悪因悪果の因果論をもって論ずる仏教言説とは異なる形で、現実に即して問い直そうとしたものと評することができるかもしれません。語りの現在における〈信〉、〈世界〉の問い直し。これが第16段で行われていたことなのです。

注

1　小林保治・増古和子校注『新編日本古典文学全集50　宇治拾遺物語』（小学館、一九九六年）、第17段頭注評。

2　高橋貢・増古和子訳注『宇治拾遺物語　上』（講談社、二〇一八年）の第17段〈参考〉項末尾評。

3 前掲注1と同。
4 前掲注2と同。
5 三木紀人・浅見和彦校注『新日本古典文学大系42 宇治拾遺物語・古本説話集』(岩波書店、一九九〇年)、第17段脚注評。
6 池上洵一校注『新日本古典文学大系35 今昔物語集三』(岩波書店、一九九三年)の巻一四解説。
7 中村元ほか編『岩波仏教辞典』(岩波書店、一九八九年)、「尊勝陀羅尼」項。
8 前掲注5、「不動の呪」脚注。
9 前掲注1、「不動の呪」頭注。
10 大野晋編『古典基礎語辞典』(角川学芸出版、二〇一一年)、「不動明王」項(麻木脩平執筆)。
11 前掲注1、「修行者」頭注。
12 前掲注10と同。
13 竹村信治「宇治拾遺物語論—表現性とその位相—」(『文芸と思想』第五五号、一九九一年二月)、17頁。
14 前掲注10、「おはす」項(石井千鶴子執筆)。
15 竹村信治『言述論— for 説話集論』(笠間書院、二〇〇三年)にならい、本書でも「他者の言葉」、〈他者のことば〉を次のように用いています。

〈他者のことば〉:説話は出来事や事柄とその意味付けを他者の発話に由来するものとして示しているので、以下、物語内容=話題をこう呼ぶ(50頁)

「他者の言葉」:〈他者のことば〉としてのそれではなく、〝ことばのジャンル〟としてのそれ(66頁)

16 平雅行『日本中世の社会と仏教』(塙書房、一九九二年)、158頁。
17 偽悪の聖を語る〈他者のことば〉について考察したものに、益田勝実「偽悪の伝統」(『文学』第三二巻第一号、一九六四年一月)があります。
18 これをほかの章段において実証したものとして、前掲注13や、竹村信治「パロディと中世— 〝不成立〟問題にむけて」(『中世文学』第五三号、二〇〇八年六月)があります。

19　三木紀人「背後の貴種たち―宇治拾遺物語第一〇話とその前後―」（『成蹊国文』第七号、一九七四年二月）、3頁。

20　前掲注19、5～6頁。

21　前掲注19、13頁。

22　本文は次の通りです。

業遠朝臣［右（左イ）衛門権佐高階敏忠男春宮亮丹波守］卒去之時、入道殿〈御堂〉被仰云、定有遺言事歟、不便事也トテ、召具観修僧都向業遠之宅給、加持之間、死人忽蘇生、遺言要事等之後、又以閉眼〈云云〉。（［］内は傍記、〈〉内は割書。読解の便宜上、一部表記を改めています。古記録、古文書の引用については以下、同。）

23　前掲注5、第61段脚注評。

24　『御堂関白記』寛弘四年（一〇〇七）八月一二日条に次のようにあります。

天晴。着宝塔。進膳。又依申金照着石蔵。定金照房。其寺甚美也。進膳。即立野極。乗馬。従下道着水辺。［源］頼光・［平］維叙・［高階］業遠等来。余人ゝ依試［定考］不来。入夜宿。（［］内は依拠文献の大日本古記録の傍記。以下同）

25　『御堂関白記』寛弘七年（一〇一〇）三月三〇日条に次のようにあります。

依召参大内。承可有除目由。以外記［小野］文義、催諸卿。未時着陣座。申剋下賜申闕国申文卅七枚。申文□枚撰上、即奏聞。依召参上御前。依仰任之。（裏書）卅日。丹波守業遠依病辞退。以尾張守［大江］匡衡遷任。

26　角田文衛監修『平安時代史事典　本編下』（角川書店、一九九四年）、「高階業遠」項（斎藤熙子執筆）。

27　『栄花物語』巻第一五「うたがひ」に次のようにあります。

そのたびの御悩み（筆者補、道長の病悩。『栄花物語』巻第七は長保三年〈一〇〇一〉のこととする）には、よき験者どものありしかばこそ、いと頼もしかりしか。長谷の観修僧正、観音院の僧正（筆者補、勝算）などは、なべてならざりし人々なり。観修僧正は、やがて殿の内にさぶらひたまひしに、僧都なりしを、この御悩みおこたらせたまひたりとてこそは、一条院、僧正になさせたまへりしか。

28　『元亨釈書』巻第四・慧解三、「園城寺勧修」条に次のようにあります。

初永延元年。羽林中郎将藤道長陰語曰、我不得法力難受大拝、願師加意焉。修諾之。（中略）不満十年據鼎鉉。皆修之力也。

29　前掲注28と同。次のようにあります。

（上略）相国（筆者補、道長）語修曰、許多瓜子何為毒乎。修誦咒加持、忽一瓜宛転騰躍。一座驚怪。（下略）

30　『御堂関白記』寛弘五年（一〇〇八）六月一三日条に次のようにあります。

有悩事、久不他行。而長谷僧正［観修］重悩者。即馳向。

31　『続本朝往生伝』1「一条天皇」条に次のようにあります。

寛弘八年之夏、依御遁位、於一条院落飾入道。経日不予。慶円座主退下之間、已以崩御。帰参之後、入夜御所、招院源曰、聖運有限、非力之所及、但有生前之約、必可令唱最後念仏、此事相違、此恨綿々、可被請霊山釈迦、試仰仏力、定未遠遷御。院源打鐘啓白。慶円見其念珠、誦不動火界咒。未及百遍漸以蘇息。左相自直廬顛倒衣裳被忩参。慶円即依生前之御語、令唱念仏百余遍訖。其後登霞。

32　前掲注1、第61段頭注評。

33　前掲注2、第61段〈参考〉項末尾評。

34　前掲注5、本章段脚注評。

35　角田文衛監修『平安時代史事典　本編下』（角川書店、一九九四年）、「高倉殿」項（朧谷寿執筆）。

36　前掲注19。また竹村信治「説話の言述―『宇治拾遺物語』から―」（説話と説話文学の会編『説話論集第七集　中世説話文学の世界』清文堂、一九九七年一〇月、改稿して同『言述論―for 説話集論』（笠間書院、二〇〇三年））などもあります。

37　大津透ほか編『藤原道長事典』（思文閣出版、二〇一七年）、「高倉第」項（吉田幹生執筆）。

38　『御堂関白記』寛弘五年（一〇〇八）二月三十日条、同年三月四日条には次のようにあります。

三十日。辛酉。渡［高階］業遠宅。

四日。乙丑。従業遠宅還来。

39　『小右記』寛仁二年（一〇一八）一二月一七日条には次のようにあります。

摂政（筆者補、頼通）出居故業遠宅〈高倉〉者、即大殿（筆者補、道長）領土御門家之東町。

40　『御堂関白記』長和四年（一〇一五）閏六月二六日条には次のようにあります。

41 前掲注35、37の両事典は「転」を「買得」と解釈していますが、『小右記』寛仁二年（一〇一八）一二月七日条には道長家法華八講の捧物「玉帯」について、「故業遠後家／帯、忽買」の割書が見えます。「買」との異なりを有意として、ここでは「委譲」としました。

蔵人［藤原］親業来仰云、日来華山院有御読経。而従皇后宮［娍子］被申云、修理大夫［通任］家有死穢。東宮［敦成親王］彼華山院如同所也。御［イ彼］御読経穢未到前、可被遷他所者。尤可然。令遷者。仰可遷［高階］業遠宅［高倉第］由。

42 大野晋編『古典基礎語辞典』（角川学芸出版、二〇一一年）の「不便」項（我妻多賀子執筆）には、

①不都合である。具合が悪い。困ったことである。▽「［下家司ノ男ガ］『御供に人もさぶらはざりけり、ふびんなるわざかな』とて」〈源氏・夕顔〉（以下、用例略）

②気の毒である。かわいそうである。▽「［紀伊守ガ］あやしく、やうのものと［同ジヨウニシテ］、かしこにてしも［大君・浮舟ハ］亡せたまひけること。昨日も［薫ノ様子ハ］いと、ふびんにはべりしかな」〈源氏・手習〉（以下、用例略）

とあります。

43 川端善明「『古事談』解説」（『新日本古典文学大系41　古事談・続古事談』岩波書店、二〇〇五年一一月）には「先行文献への顕兼の態度として第一に言わねばならぬことは、（中略）先行に対するその無批判性である。例えば先行がもつ誤りはおよそ正されることがないであろう」（862頁）との指摘があります。

44 前掲注23と同。

45 鶴見俊輔著、松田哲夫編『鶴見俊輔全漫画論1　漫画の読者として』（筑摩書房、二〇一八年）、190頁。初出は、鶴見俊輔ほか編『第2期現代漫画3・富永一朗集』（筑摩書房、一九七一年三月）。

46 前掲注45、195〜196頁。

47 田中宗博「地蔵に遇った尼のこと―『宇治拾遺物語』第16話をめぐって―」（『人文学論集』第九・一〇号、一九九一年三月）、111〜112頁。

48 前掲注47、113〜115頁。

49 前掲注47、119頁。

50　佐藤晃「演ずる主体―『宇治拾遺物語』の表現機構―」(『文芸研究』第一一九号、一九八八年九月)。

51　前掲注47、110頁。

第四章　言語場を分析する——『宇治拾遺物語』が営まれた空間

第一節　『宇治拾遺物語』と文学場

第一項　御子左派と反御子左派の対立

P・ブルデューは、それまでの文学研究が、テキストのみを対象として物語内容や物語言説のあり様を示すか（内在主義）、テキストを取り巻く状況がいかにテキストに反映しているかを示すか（外在主義）といった両極しかなかったことを批判し、その両者を乗り越えようと、「文学場」という概念の導入を提唱します。「文学場」についてブルデューは次のように述べています。

内在主義者も外在主義者も同じ誤りを共有している。彼らは文学界というものが、それ自体、ひとつの社会的現実であることを忘れているのです。アンザンのストライキ、円の上昇、フランの下落と、文学との間には、言うならば、不可避的とも言える、媒介があって、それが、私が〈文学場〉と呼ぶものなのです。〈文学場〉とは、単に作家の集合をいうのではなくて、出版者、雑誌の編集者、作家はもちろん、学者、注釈者、批評家、など、文学に関係する人々、文学に関心＝利害をもつ人々の総体の間に結ばれる客観的諸関係からなる空間のことなのです。*1

文学生産の主体は、〈生産の空間〉に位置を占め、自分の生産行為が、私が〈可能性の空間〉と呼ぶものの媒介を通して、〈生産の空間〉の総体を参照するかぎりにおいての作者なのです。〈可能性の空間〉というのは、ある生産者(=作者)が〈生産の空間〉に出現する時点において存在している諸々の産物(=作品)によって構成される空間のことなのです。(中略)〈可能性の空間〉とは、このように、すでに実現した〈可能性の空間〉、プラス「何をすべきか?」、「私は、何をすればよいのか?」という問い、なのです。(中略)生産者は、或る時点においてその〈生産の空間〉に書き込まれている〈可能性の空間〉と取り結ぶ関係の媒介によって、自分自身が創り出す作品を準備してゆくというわけです。[*2](傍点ママ)

本書で用いる「言語場」は、ここでブルデューが述べる「文学場」、〈生産の空間〉を参照して用いています。[*3]『宇治拾遺』の編述(=生産行為)は、どのような〈生産の空間〉の中で営まれたのか。本章で試みたいことはこれです。

そこで本節ではまず、言語場の一局面として『宇治拾遺』成立期の文学場を取り上げます。注目するのは、御子左派と反御子左派との対立、その中でも特に両派の代表的な人物である藤原為家と真観(藤原光俊)との対立です。

『宇治拾遺』成立期の御子左派と反御子左派との対立については、すでに多くの研究が積み重ねられています。それらによれば、御子左派と反御子左派との対立が見られる後嵯峨院時代は王朝志向の時代で、[*4]後嵯峨院が主宰する和歌会が頻繁に催されていました。そこでは、藤原為家が御子左家を没落させないように、後嵯峨院歌壇の中心的な人物として奔走します。一方、為家を中心とした御子左派と対立する勢力が現れます。それが、葉室家出自の真観や六条藤家出自の藤原知家(法名は蓮性)が中心となって牽引した反御子左派でした。

対立の要因としては、「文学理論の対立に根ざすもの」[*5]、「「政治的」事件」[*6]の二点が指摘されています。「文学理論の対立」、これは言い換えれば表現志向の異なりのことですが、これについては後に詳しく見ます。今ひとつの要因となった「『政治的』事件」、これは具体的には、九条家の失墜、それに伴う西園寺家権力掌握の契機となった「宮騒動」のことを指しています。*7

両派対立のターニングポイントとなったのは、寛元四年（一二四六）一二月に行われた「春日若宮歌合」です。この歌合には御子左派に属する人物は一人も参加しておらず、反御子左派に属する人物や中立的な人物のみが参加をしています。*8 ここから反御子左派は御子左派への対抗意識を顕著に示すことになります。

御子左派からの離脱を選んだ真観ら反御子左派ですが、その離脱の背景にある両派の表現志向の異なりとはどのようなものであったのでしょうか。以下、それぞれの中心的人物であった為家と真観の表現志向の異なりを、歌論や和歌の実作、歌合の判詞などからうかがっていきます。

第二項　為家の「幽玄」

為家は宝治元年（一二四七）に開催された「院御歌合」の四三番「秋初風題」の判詞の中で、父定家を髣髴《ほうふつ》させる「幽玄」という語を次のように用いています。

四十三番

左　　　　　　　　　　　権大納言定雅

いまははやあづまのおくにかよふらむ秋のしるべの西の山かぜ

右勝　　　　　　　　　　権大納言公相

けふはまた夕をわきて久堅の空よりすぐる秋の初かぜ

左、「にしの山かぜ」、ちかきよに「月吹きかへせ」とて、はじめてきこえ侍るにや。この「いまははや」と侍る、立秋の日かずにとりて、いつ程のことにか侍らん。金風はまことにみちのく山にたより侍らめど、幽玄のすがたにはききなされ侍らぬにや。右、「夕をわきて」といへるほど、艶なるさまに侍るを、「空よりすぐる」と侍るぞ、すこし荒涼なるところみえ侍れども、「あづまのおくにかよふ」、「にしの山かぜ」よりは、「秋の初かぜ」昔より名誉侍れば、なほ右勝にこそ。

為家は左歌について、「金風」と「みちのく山」とは関連を見いだせるが、この組み合わせによって「幽玄のすがたにはききなされ侍らぬ」歌と化していると述べます。どういうことでしょうか。

左歌の「西の山かぜ」、すなわち秋風のことを「金風」とするのは五行思想によります。また、『万葉集』巻一八・四一二二番、大伴家持の歌には陸奥を詠み込んだ次の歌が見られます。

すめろきの御代さかえむとあづまなるみちのく山にくがね花さく

東大寺盧遮那仏《るしやなぶつ》造像の鍍金《ときん》に用いる金の不足に聖武天皇が悩まされていた時に、陸奥国で金が産出されたことを賀す歌の反歌として詠まれたもので、聖武天皇の御代が栄えることを予祝するかのように陸奥山に金の花が咲いたことだと詠まれています。陸奥は〝金〟との関連が深い土地で、陸奥から都へ貢金されていたという史実も指摘されています。

「金」を介した「あづまのおく」と「西の山かぜ」との縁語性。それゆえ、左歌は〝金〟をめぐる機知の勝ったつまらない洒落として為家には聞こえ、「幽玄のすがたにはききなされ侍らぬ」と評するに至ります。

では、為家はどのような表現に「幽玄」を認めていたのでしょうか。これを探るために、為家が左歌について述べているほかの部分にも目を向けてみます。すると、為家が左歌について二点批判を加えていることがわかります。

①「にしの山かぜ」は、近年「月吹きかへせ」と連接して詠まれた例があって、そのような詠まれ方がふさわしい。

②「いまははや」と詠んでいるが、東国に吹く「西の山かぜ」となると、立秋からずいぶん時間が経っているはずで、不審。

①については、為家の言う「ちかきに「月吹きかへせ」とて、はじめてきこえ侍る」歌を見つけることはできませんでした。ただしこれを為家の錯誤、捏造と即断することはできません。先例を重視する為家の先例想起の確かさは次からもうかがえます。同じ「院御歌合」中の一二番「早春霞題」の左歌「よこ雲の霞にまがふ山かづら暁かけて春はきにけり」の判詞で為家は、「左歌は、「としを明けゆく山かづら」、「霞をかけて春はきにけり」とて、ちかきよに見侍りしにや」と述べていますが、これは確かに「ちかきよ」の順徳院の家集『順徳院御集』七三〇番歌に「あら玉の年の明行く山かづら霞をかけて春はきにけり」と見えます。「にしの山かぜ」を「月吹きかへせ」と連接して詠む歌は、為家の言うように「ちかきよ」に確かにあったのでしょう。それは「ちかきよ」ではない『古今集』巻一〇物名・四五二番の景式王歌（題「かはたけ」）に、

さ夜ふけてなかばたけゆく久方の月ふきかへせ秋の山風

と「月ふきかへせ」と「秋の山風」とを連接して詠む歌があることからも推し量ることができます。いずれにして

も、先例を重視する為家の姿勢を確認することができるでしょう。

②については、これは『古今集』巻五・秋歌下・二五五番歌、

おなじ枝をわきて木の葉の移ろふは西こそ秋のはじめなりけれ

などを踏まえた不審なのでしょう。西から訪れる秋であれば、「あづまのおく」の「西の山かぜ」は確かに立秋から日数が経っていることになります。それを「いまははや」と詠むのは、「秋初風」の本意に適いません。都から遠い陸奥の秋の初風を思いやるところに左歌の興趣を認めることができますが、その機知が勝って和歌世界での題本意をめぐる共有知から遠ざかる難点を、為家は指摘しているのです。

このように、為家にとっては、「院御歌合」四三番左歌は、和歌世界で共有される伝統や先例にある詠み方を逸脱しており、〝金〟の縁語性を楽しむ歌と読めてしまいます。そして、「幽玄のすがたにはききなされ侍らぬにや」との評は、ここに与えられます。つまり、和歌伝統に適う表現性を有した和歌を、為家は秀歌として「幽玄」と評したのであろう、ということです。

こうした為家の表現志向は、為家による歌論書『詠歌一体』の次の一節からもうかがうことができます。

むかしの歌は時代かはりて、今の世にはかなふまじと思へり。大方のありさまことにさる事なれど、よくよめる歌どもは、寛平以往のにもいたく勝劣なしと申したり。近代にも、基俊、俊頼、顕輔、清輔、俊成などは、ふるき姿をよまるゝよし申すめり。其人々こそ上手のきこえは侍りければ、猶そのすがたを好みよむべきにこそ。此ごろ歌とて詞ばかりかざりて、させる事なきものあり。和歌はながめてきくによき歌は、しみ〴〵とき

こゆるよし申しおきて侍るめり。

優れた歌人として、為家は五人の歌人を挙げます。『金葉集』の撰者である源俊頼、俊頼とともに当時の歌壇をリードしていた藤原基俊、御子左派のライバルであった六条藤家の藤原顕輔・清輔父子、為家の祖父にあたる藤原俊成がそれです。歌人の列挙に続けて、為家は歌に対する自身の見解を述べます。そこでは、五人の歌人は古き姿の歌を詠んだと伝えられており、その彼らこそが秀逸な歌人であるとこれまでも評されてきたのだから、彼らの詠む歌の姿、古い姿の歌を好ましいものとして、これにならって歌を詠むのがよいと述べています。

このような為家の歌に対する心構えは、父である定家の歌論の中の有名な一節、「詞は古きを慕ひ、心は新しきを求め、及ばぬ高き姿をねがひて、寛平以往の歌にならはば、自らよろしきこともなどか侍らざらむ」（『近代秀歌』）を想起させます。

しかし、定家の心構えとこれまで見てきた為家のそれとでは決定的に異なる点があります。それは定家に見られた「心は新しきを求め」という姿勢が、為家には見られないことです。尼ヶ崎彬が述べているように、定家は「現実を〈型〉に凝結させるような詩的言語」、「二次仮構」の歌語を用いて、「現実と直接関らず、一次仮構を素材とした「二次仮構」[*9]、つまり「新しき」心を詠出することを目指していました。このような表現志向が為家には見られないのです。『詠歌一体』の次の一節は、これをよく伝えています。

五句の物を三句とらむ事はあるべからずと申すめり。但、それも様によるべし。（中略）歌は心をめぐらして案じ出して、わが物としつべしと申せど、さのみあたらしからむ事はあるまじければ、おなじふる事なれど、言葉のつゞきしなし様などの珍しくきゝなさるゝ体をはからふべし。

為家がここで述べているのは、「沈思して新しい心を詠出すべきだとは言うものの、新しい心は詠み難いので、新しい心を求めるのではなく、言葉の組み合わせなどで新しさが感じられることを目指して詠むべきだ」ということです。つまり、定家が追究していた「心」には立ち入らず、「言葉のつゞきしなし様」といった「姿」の新しさを追究していくことを為家は宣言するのです。

ここまで見てきたことから明らかなように、為家は和歌伝統に適った「姿」の歌を志向し、和歌伝統を墨守しようとしていました。これを定家歌論との関係で述べれば、為家は「詞は古きを慕ひ、心は新しきを求め」の「詞は古き」のみを継承し、定家歌論の要点であった「心」の問題には立ち入らないようにしたということです。

第三項　真観の「幽玄」

次に反御子左派の中心的人物、真観の表現志向について見ていきます。

真観は、自身が遺した歌論書『簸河上』の中で次のように述べています。

おほかた歌をよむべきありさま、この二つの文（筆者補、『新撰髄脳』、『俊頼髄脳』）にもるゝところあらじとこそ見給ふれ。あまたの姿さまぐ〳〵にしるせることなれども、たけたかく遠白き第一とぞおぼえ侍る。又、幽玄なる歌の、身をせめ、心をくだき、詞をのこし、物を思はせたる、たとへがたき姿のあるなり。さる歌ぞ、心をたねとしてよめるかと見えて、いと〳〵いみじきものなる。このやうの歌ぞ、おぼろけの人学びがたかるべき。

真観は「幽玄なる歌」の条件として、「身をせめ、心をくだき、詞をのこし、物を思はせたる、たとへがたきすがた」

を挙げています。つまり、和歌伝統の中で慣習化した歌語の使用如何（「詞のつゞきしなし様」）よりも、思索を深くし内容（「心」）を練り、余情を感じさせ、詠作者の、あるいは詠歌主体の、[*10]深く名状しがたい情を詠む歌を「幽玄なる歌」と真観は認定するのです。このような評価語「幽玄」の用い方は、真観の師であり為家の父であった定家や、その父である俊成の用い方と似通っています。

また、真観は詠作においても「幽玄」を志向していました。『簸河上』を書き上げる少し前、建長八年（一二五六）に催された「百首歌合」の中で真観は次の歌を詠んでいます。

二一一番

左　　入道大納言

花さそふあらしや空にかよふらんにほひにくもる春の夜の月

右勝　　真観

風そよぐあしのうらまの夜はの月鏡をかけし舟かとぞみる

右の歌、「鏡をかけし舟」と侍る、これは日本紀に侍る事とかや。本説たしかにて是非におよばず侍るうへに、歌のすがたこと葉よろしく侍り。左うた、「匂」に月はいかに「くもる」べきやらん、おぼつかなくこそ侍れ。いかさまにも「あしのうらま」の月、おくのえびすも又なびき侍りぬべくや。

判者は反御子左派の中心的人物の一人であった藤原知家であると思われますが、真観の和歌に見られる「鏡をかけし舟」という語に対して、「日本紀に侍る事とかや」と『日本書紀』（以下、『書紀』）にその典拠があることを指摘しています。該当するのは、『書紀』の次の場面です。

爰日本武尊、則従上総転入陸奥国。時大鏡懸於王船、従海路廻於葦浦、横渡玉浦、至蝦夷境。蝦夷賊首・島津神・国津神等、屯於竹水門而欲距。然遥視王船、予怖其威勢、而心裏知之不可勝、悉捨弓矢、望拝之曰、「仰視君容、秀於人倫。若神之乎。欲知姓名」王対之曰、「吾是現人神之子也」

これは有名な日本武尊《やまとたけるのみこと》東征譚の一節です。日本武尊が暴風のせいで舟を出すことができずにいたとき、弟橘姫《おとたちばなひめ》が進言し自らの身を水中に投じたところ、風がやみます。そこで日本武尊は「大鏡」を「玉船」に懸け、海路で「葦浦」にまわります。この場面を踏まえて、真観は本説取りの歌を詠んでいるというわけです。

歌題は排列から見て「秋月」。風に「葦」がそよぐ「あしの浦」に浮かぶ夜半の月を、日本武尊が「あしの浦」で漂っていた時に乗っていた「鏡をかけし舟」かと見たことだ、と真観は詠みます。「よはの月」は、「舟」に見えるということで、三日月であると考えられます。そして、これに古の日本武尊が舟に乗って「あしの浦」に漂っている場面を幻視する詠歌主体の心情が詠まれることになります。このように「風そよぐ」歌は、「秋月」を前に現在世と過去世を往還する「心」をこそ主題化し、『書紀』に材を求めて「もみもみ」[*11]とした詠歌過程をもってこれを言語化しようとした真観の姿をよく伝えます。

こうして真観は、俊成や定家の「幽玄」に通じる歌の詠作を実践していました。定家の「詞は古きを慕ひ、心は新しきを求め」の、「心は新しき」を継承したのが真観だったというわけです。この点において、先に見た為家の表現志向とは対極的であることが確認でき、さらには、為家よりも真観の方が定家歌論の要所を継承していたということができるでしょう。

ここで注意しておきたいのは、真観は定家歌論の要所は継承しているものの、定家の方法をそのまま踏襲しているわけではないということです。それは『簸河上』の次の一節からうかがうことができます。

又歌枕、貫之がかける古詞、日本紀名所など見るべしとある、これ大きなる歌の本懐なり。古き歌枕、日本紀の中より出で来たる名所かと見ゆるをば、今の世には新名所と名付けられたるとかや。日本紀を見侍れば、げにもおもしろき所々あり。

これにつぎては諸国風土記といふ文あり。これ又見つべき文にこそ侍るめれ。いみじき事多くのせたる也。山河の名の起こり委しく見えたり。その山には何といふ木あり、この野にはそれといふ草生ひたり、ある浦には塩焼き、ある島にはめかるといふまでもしるせる国も侍るなり。又、国によりて風俗かはれば、物の異名も見ゆめり。されば基俊と申しゝ歌仙は、歌合の判にこの文をひきて申したる事多し。

真観は、藤原公任『新撰髄脳』で述べられていた「歌枕、貫之がかける古詞、日本紀名所」（『新撰髄脳』の本文は「又歌まくら、貫之が書ける、また古詞、日本紀、国々の歌に、詠みつべき所」）を見ることが有意義であることを説き、その上で自身の歌論を展開していきます。そこでは、「歌枕、貫之がかける古詞、日本紀名所」のみならず、「諸国風土記」が『書紀』とともに参照すべきテキストとして重点が置かれることになります。というのは、「日本紀」には興味深い場所が記されており、一方の「諸国風土記」には地名の由来や各々の土地に関する詳細な情報や物の異名が伝承されており、それらがこれまでにない歌材となり、新たな和歌の詠出が可能になるからです。これまでの和歌伝統に包含されない「おもしろき所々」、「山河の名の起り」、「物の異名」などに材を求め、定家とは異なる新たな趣向の「幽玄」歌を詠出するというのが真観の目指すところだったのです。

これを踏まえて、再び先の真観の実作に目を向けてみます。真観歌は、眼前の波間の三日月に日本武尊の舟を幻視する主体を詠むことによって、秋月に促される懐旧の情、あるいは「難波江の葦間に宿る月みれば我が身一つも沈まざりけり」（『詞花集』巻九・雑上・三四七番・顕輔・「寄月述懐」）のごとき人間の存在性への思索を深めていることがわかります。ここには、『書紀』に材を求めつつ、「新しき」「心」を探り、定家の「幽玄」志向を真観の今において新たに実現していこうとする意思が強くはたらいていることがうかがえます。

また『夫木和歌抄』中の「百首歌合」において真観は次のような判詞をのこしたとされています（依拠した新編国歌大観「百首歌合」には見られません）。

後九条内大臣

あら磯のつゞきの山は風こえて遠かた人にかへるしらなみ

此歌判者光俊朝臣云、右歌、すがたたけたかく詞きらきらしくこそみえ侍れ。但、「つゞきの山」を夏の歌の中に侍る、奇峰のごとくめづらしきさまにや侍らん。筒木の岡、日本紀にみえ侍れば、「山」と「岡」とはふるくよめることもまま侍れば、さもやなどたどりつき侍る程に、彼岡は湖海のあたりとは見え侍らぬにや。今歌只「荒磯」につゞきたる山より風こえて遠方人に波をかけるにこそ、まことに蒼波路遠く思ひやられていとをかしかるべし。作者の本意にはそむきて、名所などをかやうに申しなし侍らば、ことにはばかりおほく、みちのためあさく侍るかなと云云。

一首の詠歌内容は、あら磯から「つづく」「つづきの山」を風が越え、その風が立たせた波が「つづきの山」の向こうの「遠方人」にも打ち寄せる、といったものです。真観は、「すがたたけたかく詞きらきらしく」と、ひとまず形式に対する評価を下します。そして、本歌に詠まれる「つづきの山」に注目し、『書紀』に見える「筒木の岡」

を想起するのです。『書紀』仁徳三〇年（三四二）九月には、「更還山背、興宮室於筒城岡南而居之」という記述が見え、真観が想起しているのも恐らくこの一節でしょう。『書紀』の記述によれば、「つづきの山」は「山背」にあるので、「あら磯」が「つづきの山」付近に見えるはずがありません。従って、「山」と「岡」とはふるくよめることもまま侍れば」と、本歌の「つづきの山」に『書紀』の「筒城岡」を比定することは誤読となります。けれども、あえて「筒城岡」を比定することによって、一首は、「あら磯」で立った波がかけ離れた「つづきの山」に打ち寄せることになり、波が「つづきの山」に打ち寄せるまでの路の遠さが思われ、壮観な情景を詠んだ歌として解釈されることになります。こうした過剰な読みをもって、真観は「まことに蒼波路遠く思ひやられて」と、「荒磯の」歌を面白がるのです。

ここからうかがえるのは、自らの〈知〉を歌の解釈に持ちこむことで、歌の表象世界を深化拡充し、それを面白がる真観の態度です。

ここで披露されている真観の解釈は、詠作者の九条内大臣の作意からは逸脱します。これについては、判詞の末尾に「作者の本意にはそむきて、名所などをかやうに申しなし侍らば、ことにはばかりおほく、みちのためあさく侍るかな」と述べている通り、真観自身が十分に自覚していることでもあります。しかし、真観は自身のあえての誤読を取り消そうとはしません。むしろ、「みちのためあさく侍るかな」には、確信犯的な声を聞き取ることもできます。つまり、ここには為家流の和歌観、和歌伝統を墨守する表現志向とは異なって、和歌詠作の現在において、和歌に詠まれる「心」や「幽玄」を更新していき、和歌の「みち」を切り開いていくといった宣言を托しているかのようであるということです。そして韜晦の内に、新たな材や新たな〈知〉を持ちこむことで、新たな「心」を詠んだり、詠まれた歌に新たに「幽玄」を発見しようとする、真観の和歌に対する構えを見て取ることができるのです。[*12]

以上、真観の歌論や実作、判詞から真観の表現志向を探ってきました。それらからうかがえたのは、真観が定家の表現志向を継承していたこと、そしてそれにとどまるのではなく、『書紀』や『風土記』などから得た新たな材や〈知〉を持ちこむことによって、定家流の「幽玄」を真観の現在において実現していこうとする表現志向でした。

第四項　『宇治拾遺物語』の表現性と文学場

前項まで、御子左派と反御子左派との対立に注目し、特に為家と真観の表現志向の異なりを確認してきました。「古き」「詞」、先行歌の「心」（本意）を重視し、和歌伝統を主体化してそれの再生産に向かう為家。定家流の「幽玄」を継承しつつ、新たな材や〈知〉を持ちこんで「心」を見つめ直し、「幽玄」の深化と更新を図る真観。『宇治拾遺』成立期の言語場では、表現をめぐる如上の事態が出来していたというわけですが、それは『宇治拾遺』の表現とどのようにかかわるのでしょうか。以下、『宇治拾遺』の表現を点検して考察を加えていきます。

ここで取り上げるのは『宇治拾遺』第7段です。第7段は大和国の「竜門」に住む僧とその生活を扶持する猟者をめぐる一段です。僧が猟者に殺生となる狩猟をやめるように忠告しても、猟者は一切耳を傾けることがありません。ある時、猟者は照射《ともし》に出かけて鹿に遭遇しますが、それが普通の鹿と異なることに気づきます。

矢比にまはせよりて、火串に引かけて、矢をはげて射んとて、弓ふりたて見るに、この鹿の目の間《あひ》の、例の鹿の目のあはひよりも近くて、目の色もかはりたりければ、あやしと思て、弓を引さして、よく見けるに、猶、あやしかりければ、矢をはづして、火をとりて見るに、鹿の目にはあらぬなりけりと見て、起きば起きよと思て、近くまはしよせて見れば、身は一ぢやうの革にてあり。「なほ鹿なり」とて、又射んとするに、猶、目のあらざりければ、たゞうちにうちよせて見るに、法師のかしらに見なしつ。「こはいかに」と見て、おり走て、火うちふきて、しひをりとてみれば、この聖の、目うちたゝきて、鹿の皮を引かづきてそひ臥し給へり。

猟者が目撃としたのは鹿ではなく、実は鹿の皮を被った竜門僧だったのです。驚いた猟者は僧に「こはいかに」と尋ねます。すると僧からは、次のような答えが返ってきます。

> 「こはいかに、かくては、おはしますぞ」と言へば、ほろ〳〵と泣きて、「わぬしが、制する事を聞かず、いたくこの鹿を殺す。我、鹿にかはりて、殺されなば、さりとも、すこしはとゞまりなんと思へば、かくて射られんとしておるなり。口惜しう射ざりつ」との給ふに、（後略）

鹿の皮を被り、矢で射られ（ようとし）、他者を改心させる話題は『三宝絵』上一三「施无[*13]」に見られますが、捨身の他者救済という点では、法隆寺「玉虫厨子」にも描かれて著名な捨身飼虎譚とのモティーフの一致が重要でしょう。

> 薩埵《さった》王子走リ返テ林ノ中ニ入テ虎ノ許《も》ニ至ヌ。衣モヲ脱ステ竹ニ係ケテ、「我レ法子《ほふし》ノ諸ノ衆生ノ為ニ無上道ヲ志シ求ム。当ニ凡夫所愛ノ身ヲ捨テ、智者ノ所楽《しょげう》ノ大慈悲ヲ可受《うくべし》」ト云ヒテ、虎ノ前ニ行テ身ヲ任テ臥シヌ。慈悲ノ力ニ虎更ニ寄テ不食《くは》ズ。又念《おもは》ク、「此虎ハ疲《つ》カレ弱ケレバ、我レヲ難食《くひがたき》ナラム」ト念ヒテ、起テ枯タル竹ヲ取テ頸ヲ差シテ血ヲ出シテ、又虎ノ前ニ歩ミ近付ク程ニ、大地震《だいちふる》ヒ動ク。風ノ波ヲ上グルガ如シ。空ノ日光リ無シテ諸方暗シ。空ノ中ヨリ花ヲ雨《ふり》テ林ノ間ニ乱レ落ス。飢タル虎王子ノ頸ノ下ヨリ血ノ流《ながるる》ヲ見テ、血ヲネブリツヽ肉ヲ喰《は》ミ骨ヲ残セリ。二人ノ兄《このかみ》ノ云、「地動テ日光失ヘリ。花雨リテ空ニ満タリ。空ニ知ヌ、此ハ

弟ノ虎ヲ悲テ身ヲ投ツルナリ」ト。驚疑テ走リ返テ見レバ、弟ノ衣モ竹ノ上ニ係レリ。血ヲ流シテ地ヲ潤セリ。髪ヲ乱リ骨残リテ香カ満タリ。是ヲ見ニ心迷テ骨ノ上ニ辷《まろ》ビ伏ヌ。

（『三宝絵』巻上「薩埵王子」）

自分の身を犠牲にして餓虎救済を図る薩埵王子の姿は、猟者を救おうとして自身を矢で撃たせようとする竜門の聖の姿と重なります。

ただし、薩埵王子と竜門の聖とでは決定的に異なる点があります。薩埵王子は自らの死を恐れず、虎の母子の命を救うことを第一に考え、臆することなく自らの身を虎の母子の前にささげます。臆するどころが、逆に虎の母子が自分の身を食べることができるようにと、自分の頸を竹で刺していました。一方、第7段の竜門の聖は「目うちたゝきて、鹿の皮を引かづきてそひ臥」すばかりで、猟者が異変に気づき、鹿の皮を被った聖は死を免れたのでした。聖は猟者を救済することに失敗するのです。

思うに、本章段が語られたのはこの失敗のゆえでしょう。失敗を語るのは、もちろん僧を嘲笑するためではありません。第7段の結末部では、僧の仮装真意を聞いた猟者について次のように語られています。

此男、ふしまろび、泣きて、「かくまでおぼしける事を、あながちにし侍ける事」とて、そこにて、刀をぬきて、弓うち切、やなぐひ、みな折りくだきて、本鳥切て、やがて聖に具して、法師に成て、聖のおはしけるかぎり、聖につかはれて、聖、失せ給ければ、かはりて、又、そこにぞおこなひてゐたりけるとなん。

殺生堕地獄の悪報から猟者を救済しようという僧の思いを知った猟者は、発心してその場で髻を切り、出家を決意します。捨身の救済に失敗した僧は、しかしその慈悲行の尊さをもって結果的に猟者を救済し得たのです。

注意したいのは引用部の末尾二行。わずか二行足らずの行文中、「聖」という語が四度も繰り返されています。このような繰り返しは、出家後の猟者が常に僧と行動をともにしていた様子を伝えようとします。と同時に、捨身の慈悲行に挑んだ僧の「聖」性を強調しています。

こうして第7段は、慈悲救済の菩薩行に身をささげながらも、それを仏教言説の理念通りには実現し得ない末代現世のありうべき救済の「聖」性を語ります。言い換えれば、『宇治拾遺』の編述主体は、〈慈悲〉、〈救済〉、〈聖〉をめぐる問題領域をひらき、それを語りの現在において仏教言説とは異なる形で改めて問い直そうとしているということです。これもまた、「幽玄」をその現在において問い直す真観の表現志向との相同性をうかがわせる例です。

以上、13世紀中葉の言語場の様態を和歌世界の歌論対立から検証し、同時期成立の『宇治拾遺』の表現との相同性を確認することができました。もちろん、和歌世界の為家・真観の対立が伝えているのは言語場の一局面に過ぎません。しかし、『宇治拾遺』生成の場の〈可能性の空間〉に関与するこうした言語場との相同性の点検は、『宇治拾遺』の表現を特化しないために必要なことでしょう。

第二節 ―『宇治拾遺物語』と仏教場

第一項 顕密寺社と言説戦略

本節では、『宇治拾遺』成立期の言語場のもう一つの局面として、仏教場について見ていきます。『宇治拾遺』成立期の仏教場において注目すべき事態は、いわゆる鎌倉新仏教の成立です。いわゆる鎌倉新仏教をどう見るかについては、すでに議論がなされています。本節では平雅行の次の発言、

（筆者補、顕密体制論の成果の）第三は、鎌倉時代の仏教を「顕密仏教」「改革派」「異端」の三概念で捉えるよう、提唱したことである。このうち、顕密仏教は僧位僧官をもち朝廷の公請に出仕する特権をもった僧侶のグループであるのに対し、改革派と異端は遁世の聖である。そしてこの聖たちを、顕密主義に対する姿勢から異端・改革派として分けて捉えた。改革派（穏健改革派）は顕密仏教と理念（顕密主義）を共有しながら、何らかの改革を志向した聖をいい、異端派（急進改革派）は顕密仏教の理念そのものに懐疑的で、仏法の教えを根源から問い直そうとした思想家をいう。顕密仏教と仏法観を共有したのが改革派で、それを共有できず顕密仏教と非和解的関係にあるものを異端派と規定したのだ。

これまでの鎌倉新仏教論では、鎌倉時代に登場する思想家を「鎌倉新仏教」と「旧仏教の復興」とに分類してきたが、先述のように、そこでは両者の分類基準が何であるのかを説明することができなかった。法然・親鸞・日蓮・道元・栄西・明恵・貞慶・叡尊はいずれも旧仏教の出身者であり、またそこから離脱した聖である。その彼らを何を基準に二つに分けてきたのか、それが説明できなかった。もちろん、実際には基準が存在した。四百年後の江戸時代に独自の宗派として認められたか、否かである。これが「鎌倉新仏教」と「旧仏教の復興」を分けてきた基準である。このような非学問的な議論が鎌倉仏教研究を長らく壟断《ろうだん》してきたのだ。[*14]

を踏まえ、黒田俊雄が提唱した顕密体制論、それを継承発展させた平の論を視座として、『宇治拾遺』成立期の仏教場における「異端派」と顕密仏教との対立、特に法然と顕密仏教との対立に注目していきます。それゆえ、本項と次項の記述や引用は平の諸論に大きく負っています。

異端派が登場する時期の顕密寺社について、平は次のように述べています。

寺社に対する国家の直接的保護は、ほぼ十一世紀に廃絶した。これにより各権門寺社は、自力で財政的基盤を創出してゆく必要にせまられ、十一世紀中葉から十三世紀前半にかけて、田畠・集落・山野河海を有機的に統一した荘園制的領域支配を展開していった。しかしこの過程は同時に、寺社にとって様々な自己変容をせまられた過程でもあった。即ち律令制的収取体系に依存しておのれの財政を支えてもらい、逆に保護者たる国家を鎮護国家の祈禱で荘厳すれば事足りた段階から、各寺社それぞれが直接人民大衆に相対し、彼らを支配する体制の創出を図らなければならない段階に立ちいたったのである。これにより各寺社は、独自の支配機構を備えた中世寺院へと変貌を遂げていったが、同時に、民衆に対するイデオロギー的支配を展開した事実に注意しなければならない。日本に伝来された仏教思想は、この段階にいたって初めて、日本の人民大衆と真正面から対峙しなければならなくなったのである。これによって、仏教をはじめとする様々な宗教理念が民衆の間に普及・浸透していったが、それは同時に、それらが支配の装置として民衆意識を呪縛していったことをも意味している。[*15]

国家の「直接的保護」を得られなくなった顕密寺社は、財政的基盤を創出するために民衆のイデオロギー的支配を展開するに至るといいます。同様のことは本郷恵子も次のように指摘しています。

寺社は人々の信仰心を利用して資金を調達し、運用した。債権を回収するには、神罰や仏罰をふりかざして債務者をふるえあがらせればよい。一方、少額の金銭から広大な所領にいたるまで、規模の大小に差はあっても、余裕があれば神仏にささげるのは、ごく自然なことと認識されていた。人々は喜捨・寄進を通じて神仏と縁を結ぶ〝結縁〟という行為によって、心の平安を得ることを望んだのである。[*16]

こうした指摘に当たる例として、僧重源下文の次の一節があります。

抑若向後院主住僧若庄務奉行輩中、違背此状類出来者、是則仏道魔縁、寺家怨敵也。両堂三宝守護善神、令与冥顕之罰。現世受白癩黒癩身、後生堕無間地獄底、無出期者。庄官百姓幷僧等宜承知。勿違失。仍所仰如件。

（『鎌倉遺文』621）

重源は東大寺修復のために全国に勧進を依頼します。その中で、この状に背く者は魔縁を結ぶ怨敵で、神仏による罰が与えられると述べられています。その罰の内実は、現世では白癩黒癩の身になってしまい、後世では最も激烈な無間地獄に墜ちるというものです。こうして不安を産み出し、勧進せざるを得ない状況に民衆を置きます。ここからは、自身の目的を遂げるために仏教言説を巧みに利用する重源の姿が垣間見えます。

また、顕密寺社による「民衆に対するイデオロギー的支配」の顕著なものとして、「殺生罪業観」が平によって指摘されています。

例えば井上光貞氏は『今昔物語集』等を素材にしながら、民衆的世界における地獄の観念の強烈さを指摘している。しかしながら民衆が抱いていた深刻な堕地獄への恐怖心は、本来、民衆的世界の中で自生的に形成された観念なのではない。それは、狩猟や漁撈《ぎょろう》が堕地獄の業であることを教唆して自力作善を勧めた、聖や宗教領主の手で植えつけられた恐怖心であり世界観なのである。井上氏をはじめ従来の研究者は、民衆が罪業を自覚し悪人意識を深めてゆくことが、あたかも称揚すべきことであるかのように語るが、私には納得できない。抑も民衆的世界での深刻な罪業観や悪人意識が発展して、親鸞の思想が登場してくるのではない[*17]。民衆の帰依という目的を遂げるために、殺生罪業を喧伝し、民衆の生を搦めとる顕密寺社の言説戦略。それは次の例からも明らかです。

讃岐国曼陀羅寺僧善芳解案

修行僧善芳解　申請　国裁定事

請被早禁断善通寺曼陀（羅脱）寺南之外門在三倹山、所名字高色皮志髪山伝也。而件山中大師給入有霊験地、為上求丼下化衆生。伽藍建立給。又在辺大師御行道所、而件字名施坂寺、件道場大師如意輪法所勤行給也。即大師入滅世之後、於破壊顚倒後、至于今無建立輩。為継大師之御遺跡、以去年即道場所於穏（隠カ）居、如本以草葉建立。為果宿願。暫間経廻。而多度・三野両郡悪業人等朝夕罷入乱、獦野鹿鳥禽獣殺害事、敢不可称計、而如此悪人毎見滞難禁。嗚悲乎、観殺生果報、現世砕心肝山林、迷命根野中、後世受結業（ママ）無間、尽果報鉄林上。更自他倶無益事也。又大師御仏法弘宣砌、当国当郡高名殊勝、最上究竟勝地也。何有心輩此峯企殺生之志乎。速此両郡獦人等為禁断給耳。

（『平安遺文』1008）

善芳は讃岐国曼荼羅寺の修行僧で、曼荼羅寺は真言宗の寺院です。善芳は、曼荼羅寺の南方にある山での殺生禁断の令を下すことを上申しています。というのも、多度・三野の両郡の者が朝夕と勝手に山中に入り、鹿や鳥をあさっており、これを何とかして止めたいと思っていたからです。善芳は彼らが山中でほしいままに狩猟をし、後世での堕地獄の因を積むことに励んでいるのを僧として見るに堪えないゆえ、このたびの解作成に至ったといいます。

しかし、これはあくまでも表面上のことで、彼の魂胆には恐らく、その土地への侵入や資源横領の禁止、それらを通じての曼荼羅寺の土地確保や地方での権威確立などがあったことでしょう。「更自他倶無益事也」における「自」の「無益」とは、迷える者を救済できないという僧の行実践における「無益」なのではなく、曼荼羅寺の土地縮小や資源枯渇といった世俗的な「無益」のことであるかのようです。とすれば、ここに見た善芳の解案は極めて世俗的な欲望を満たすために、殺生罪業を喧伝しているということになります。ここに、言説の権力性を十分に認識し、自身の欲望を満たすために戦略的に言説を利用する顕密寺社の僧の姿を看取することができます。

さらに平によれば、顕密僧は末法思想をも言説戦略において有効だと見なしていたようです。平は「のちに雨僧正と称された仁海」の、「高野山大塔再建のため朝廷の助力を請う」たものを引きます。

釈迦大師入滅以来一千九百四十三年、今年則第六十六主御代、寛弘四年丁未也、方今正法已過、像法尽、像法世遺五十七年、正法気味与年漸薄、仏日遺光将世殆滅、仁海蒙□宣旨之後、不甘日食、余算非幾、欲払頭燃、望請蒙□天裁、因准先皇違勅、太政官奉□勅、普告天下、牽率知識、奉造件御塔、尽時代而不欠、聖朝宝寿、限天地而无窮。（□は欠字）

（『平安遺文』446）

そして次のように述べます。

ここで注意すべきは、末法思想が高野大塔再建を要請する際の重要な論拠になっている事実である。こうした例は他にも見えるのであって、たとえば永延三（九八九）年、入宋僧奝然《ちょうねん》は「仏法漸澆漓、伽藍已破壊」と現状を語り、堂舎を修治し仏法を興復せんがために東大寺別当職に補任されるよう請うている。ここでも仏法興隆・堂舎修復の必要性を説く根拠として末法思想が援用されている。つまり顕密仏教にとって末法思想とは、本来おのれの存立を危うくするような危険な思想であったのではなく、むしろ自らの興隆を図る際の有力な論拠だったのである。[*18]

こうして顕密寺社の僧たちは、言説の権力性や〈知〉に関する僧と民衆との非対称性、神仏といった不可視の存在に対する〈信〉の揺れ動きについて熟知しており、殺生罪業や末法思想にかかわる仏教言説を巧みに用いて、戦略的に民衆の生を搦めとっていたのです。

第二項　〈仏教〉の問い直し――法然――

ここから法然に注目していきます。法然は周知の通り、久安三年（一一四七）に比叡山に登り、顕密僧としてキャリアを始めます。そして顕密の仏教言説のまっただ中に身を置き、その言説の権力性やそれを利用した顕密寺社の言説戦略を熟知した上で、浄土教に回心します。

そこで法然が行ったのは言説の無化です。法然の生きた時代、仏教言説によって人々は優劣をつけられていました。それは例えば天台座主であった慈円によって書かれた『愚管抄』によく表れています。

又建永ノ年、法然房ト云上人アリキ。マヂカク京中ヲスミカニテ、念仏宗ヲ立テ専宗念仏ト号シテ「タヾ阿弥陀仏トバカリ申べキ也。ソレナラヌコト、顕密ノツトメハナセソ」ト云事ヲ云イダシ、不可思議ノ愚痴無智ノ尼入道ニヨロコバレテ、コノ事ノタヾ繁昌ニ世ニハンジヤウシテツヨクヲコリツヽ、（後略）（巻第六　土御門）

慈円は法然のもとに集う者を、「不可思議ノ愚痴無智ノ尼入道」と、劣ったものとして見ています。こうした仏教言説によって構築された人間観を法然は否定します。法然は北条政子の消息に対する返事の中で次のように述べています。

マヅ念仏ヲ信ゼザル人々ノ申候ナル事、「クマガヘノ入道、ツノトノ三郎ハ無智ノモノナレバコソ、余行ヲセサセズ、念仏バカリオバ法然房ハス、メタレ」ト申候ナル事、キワメタルヒガコトニテ候也。ソノユヘハ、念仏ノ行ハモトヨリ有智・無智ヲエラバズ、弥陀ノムカシノチカヒタマヒシ大願ハ、アマネク一切衆生ノタメ也。無智ノタメニハ念仏ヲ願トシ、有智ノタメニハ余行ヲ願トシタマフ事ナシ。十方世界ノ衆生ノタメナリ。有智・無智、善人・悪人、持戒・破戒、貴賤・男女モヘダテズ、モシハ仏ノ在世ノ衆生、モシハ仏ノ滅後ノ衆生、モシハ釈迦末法万年ノノチニ三宝ミナウセテノ、チノ衆生マデ、タヾ念仏バカリコソ、現当ノ祈禱トハナリ候へ。

（「鎌倉の二品比丘尼に進ずる御返事」）

専修念仏の教えを信じない者の、「熊谷直実や津戸三郎は無智のものであるから、法然は彼らに余行をさせず、念仏の専修を勧めている」という考えは、「キワメタルヒガコト」であると法然は断じます。阿弥陀仏の本願である称名念仏は「アマネク一切衆生ノタメ」であって、そこには有智・無智という区別はない、というのがその理由です。

また、法然は、

たゞし无智の人にこそ、機縁にしたがひて念仏をばすゝむる事にてはあれと申候なる事は、もろ〳〵の僻事にて候。阿弥陀ほとけの御ちかひには、有智・无智をもえらばず、持戒・破戒をもきらはず、仏前・仏後の衆生をもえらばず、在家・出家の人をもきらはず、念仏往生の誓願は平等の慈悲に住しておこし給ひたる事にて候へば、人をきらふ事はまたく候はぬ也。（中略）釈迦のすゝめ給も、悪人・善人・愚人もひとしく念仏すれば往生すとすゝめ給へる也。されば念仏往生の願は、これ弥陀如来の本地の誓願なり。

（「津戸の三郎へつかわす御返事」）

と、阿弥陀仏の本願には有智・無智の区別や持戒・破戒の区別はないと述べており、祖である釈迦もみな等しく称名念仏し往生することを勧めていたと主張します。

さらに、次のようにも述べています。

問曰、極楽に九品の差別候御事は、阿弥陀ほとけのかまへさせ給へる事にて候やらん。答、極楽の九品は弥陀の本願にあらず。四十八願の中にもなし。これは釈尊の巧言也。善人悪人一所にむまるゝといはゞ、悪業のものども慢心をおこすべきがゆへに九品の差別をあらせて、善人は上品にすゝみ、悪人は下品にくだると説給へる也。いそぎまいりて見るべし。

（「十二問答」）

『観無量寿経』や『往生要集』などで説かれる九品往生は典型的な序列決めであって、これは「弥陀の本願にあらず」と断じて、あくまでも「方便」であるとします。

ここまで見てきたように、法然は優劣をつける顕密仏教の言説の無化を図ります。そしてその時に持ち出していたのが、本願思想でした。本願思想とは、法然によれば次の通りです。

サテハタヅネオホセラレテ候念仏ノ事ハ、往生極楽ノタメニハ、イヅレノ行トイフトモ、念仏ニスギタル事ハ候ハヌ也。ソノユヘハ、念仏ハコレ弥陀ノ本願ノ行ナルガユヘナリ。本願トイフハ、アミダ仏ノイマダホトケニナラセタマハザリシムカシ、（中略）四十八ノ大願ヲオコシタマヒシソノ中ニ、一切衆生ノ往生ノタメニ、一ノ願ヲオコシタマヘリ。コレヲ念仏往生ノ本願ト申也。スナワチ无量寿経ノ上巻ニイハク、「設我得仏、十方衆生、至心信楽、欲生我国、乃至十念、若不生者、不取正覚」ト云云。

（「大胡の太郎実秀の妻室のもとへつかわす御返事」）

『無量寿経』の中で、阿弥陀仏がまだ菩薩であった時に、師の世自在王の前で「設我得仏……不取正覚」の形で四十八の願を立てた内、その十八番目の願が阿弥陀の本願でした。十八番目の願とは、「極楽往生を願い心を尽くして念仏すれば、一切の衆生が極楽往生できるように」との願でした。ここで阿弥陀仏が言う「念仏」を「称名念仏」と読み替えたのが、法然に大きな影響を及ぼした善導[19]でした。これについて平岡聡は次のように述べています。

善導浄土教の最大の特徴は「称名を念仏」と解釈したことにあり、これが後代、法然浄土教の誕生に大きく寄与した。称名思想は善導以前にも説かれてきており、それは仏教の本国インドでさえ確認できる行だった。そして中国浄土教になると、称名と念仏は次第に接近し、称名は念仏の加行《けぎょう》として、あるいは念仏の導入的な行として機能したが、善導はこの距離を一気に縮めて同一視し、「称名＝念仏」という大胆な解釈を行った。つまり、それまでは「称名と念仏」という関係が「称名が念仏」になったのである。[20]（傍線ママ）

とすればここまで法然が行ってきたことは、顕密仏教が言い立てている人間観を無化するために、別の仏教言説を持ちこんだことになります。これが法然の試みの一つです。

そして、善導の読み替えをさらに発展させ、法然は「選択本願」思想を確立していきます。その主著『選択本願念仏集』（以下、『選択集』）の中で、「選択」について一通り語った後、問答体でその論を補足していくのですが、その中の最初の問として「何故第十八願選捨一切諸行、唯偏選取念仏一行為往生本願乎」という、称名念仏以外の一切の行が選び捨てられる理由に関する問を挙げます。この問は選択本願の根本にかかわる問でもあり、この問について答えるという形で法然は選択論を補強していきます。その答えとして、「聖意難測、不能輒解」と前置きした上で、「雖然今試以二義解之、一者勝劣義、二者難易義」と、勝劣義と難易義という二つの側面から論を展開します。特に注目したいのが、難易義について述べているところです。

次難易義者、念仏易修諸行難修。（中略）又往生要集、「問曰、一切善業、各有利益、各得往生。何故唯勧念仏一門。答曰、今勧念仏、非是遮余種々妙行。只是男女貴賤不簡行住坐臥、不論時処諸縁、修之不難、乃至臨終願求往生、得便宜不如念仏」故知、念仏易故通於一切、諸行難故不通諸機。然則為令一切衆生平等往生、捨難取易為本願歟。（中略）当知、以上諸行等而為本願者、得往生者少不往生者多。然則弥陀如来法蔵比丘之昔被催平等慈悲、普為摂於一切不以造像起塔等諸行為往生本願。唯以称名念仏一行為其本願也。（第三章）

『往生要集』には、「念仏を勧めるのは、ほかの行を妨げるものではなく、易行であるからだ」といった旨のことが語られていますが、法然はこれを阿弥陀仏が称名念仏を選択した理由として了解します。

法然の選択思想は称名念仏以外の余行を選び捨てることでもありました。とすると、『往生要集』の「非是遮余種々妙行」の記述と齟齬をきたすことになりますが、法然はそこには目も向けず、「只是男女貴賤不簡行住坐臥、不論時処諸縁、修之不難、乃至臨終願求往生、得便宜不如念仏」だけに注目し、選択思想を展開していきます。ここに誤読ともとれる、意図的な読み替えを行う法然の姿を見て取ることができるでしょう。

ここを出発点として、阿弥陀仏が称名念仏を選択した理由について法然は自らの考えも付け加えていきます。難行と言われる余行には、造像起塔なども含まれており、こうした余行を本願として採用することになれば、造像起塔を行う程の経済力がないような貧賤の者は極楽往生できなくなります。つまり、難行である余行を本願として選び取れば、極楽往生できない者がうみ出されてしまうことになり、一切衆生を救済することができなくなります。それゆえ、阿弥陀仏は慈悲心を起こし、一切衆生が平等に往生できるように易行である称名念仏を選び取り、余行を選び捨てたというのです。こうして、法然は、仏教言説を積極的に読み替えていきながら、民衆の生を搦めとる顕密寺社の言説戦略を無化していこうとしたのです。

法然は、顕密寺社が言説戦略を展開して、民衆の生を搦めとる様子を目の当たりにし、自らの信仰する〈仏教〉に疑問を抱くようになります。[*21]そこで法然は、自身の生きる現在において〈仏教〉を問い直し、すでにある別の仏教言説を持ちこんだり、あるいはそれを読み替えて用いたりして、顕密寺社の展開する仏教言説を無化し、〈仏教〉の新たな地平を拓こうしていたのです。[*22]

また、顕密寺社の言説戦略が無化されるということは、顕密寺社の存亡にかかわることです。これは、危機感を抱いた顕密側が、躍起になって法然らを糾弾していたことからも明らかでしょう。[*23]

すでにある仏教言説を用いながら、民衆の生を絡めとる顕密寺社と、別の仏教言説や読み替えた仏教言説と既存の仏教言説との対立、葛藤、拮抗といった対話状況を生みだし、仏教言説の無化を図りながら、〈仏教〉を問い直し、新たな地平を拓くことを目指す法然と。『宇治拾遺』成立期周辺の仏教場の一局面はこの通りでありました。

第三項　『宇治拾遺物語』の表現性と仏教場

本項では、『宇治拾遺』の表現と仏教場とのかかわりについて確認していきます。ここでは第1段を取り上げます。第1段の本文は次の通りです。

> 今は昔、道命阿闍梨とて、傅《ふ》殿の子に、色にふけりたる僧ありけり。和泉式部に通けり。経を目出《めでた》く読けり。それが和泉式部がりゆきて、臥したりけるに、目さめて、経を、心をすまして読みけるほどに、八巻読みはてて、暁にまどろまんとする程に、人のけはひのしければ、「あれは、たれぞ」と問ければ、「をのれは、五条西洞院の辺に候翁に候」とこたへければ、「こは何事ぞ」と道命いひければ、「この御経をこよひ承ぬる事の、世《せ》ゝ生ゝ《ぜしやうじやう》、忘がたく候」といひければ、道命「法花経を読みたてまつる事は、常の事也。など、こよひしもいはるゝぞ」といひければ、五条の斎いはく、「清くて、読みまいらせ給時は、梵天、帝釈をはじめたてまつりて、聴聞せさせ給へば、翁などはちかづき参て、うけ給るに及び候はず。こよひは御行水も候はで、読みたてまつらせ給へば、梵天、帝釈も御聴聞候はぬひまにて、翁、まいりよりて、うけたまはりさぶらひぬる事の、忘がたく候也」とのたまひけり。
>
> されば、はかなく、さい読みたてまつるとも、清くて読みたてまつるべき事なり。「念仏、読経、四威儀をやぶる事なかれ」と恵心の御房もいましめ給にこそ。

能読の道命阿闍梨が和泉式部との交接の後、「心をすまして」法華経を読み、まどろんでいると、道祖神が現れます。道命がわけを聞くと、「こよひは御行水も候はで」法華経を読んだので、普段聴聞に来ている梵天や帝釈天が汚れを厭い、聴聞に来なかったのでその隙にやってきたと言います。この一連の出来事が語られた後、『往生要集』の書き手として著名な源信が「念仏、読経、四威儀をやぶる事なかれ」と「いましめ」たと結ばれます。

同話関係にあるものとして、『古事談』「第三　僧行」に収められる第230段があります。本文は次の通りです。

道命阿闍梨ハ道綱卿息也。其音声微妙〈ニ〉シテ、読経之時、聞人皆発道心〈云々〉。但好色無双之人也。通和泉式部之時、或夜往式部許会合之後、暁更〈ニ〉目ヲ覚テ、読経両三巻之後、マトロミタル夢〈ニ〉、ハシノ方〈ニ〉有老翁。「誰人哉」ト相尋之処、翁云、「五条西洞院辺〈ニ〉侍翁也。御読経之時者、奉始梵天帝尺、天神地祇悉御聴聞之間、此翁ナトハ近辺ヘモ不能参寄。而只今御経ハ行水モ候ハテ令読給ヘレハ、諸神祇無御聴聞隙ニテ、此翁参テヨク聴聞候了。喜悦之由令申也」〈云云〉（〈〉内は割書）

『古事談』では、「其音声微妙〈ニ〉シテ、読経之時、聞人皆発道心」と道命の能読ぶりが初めに紹介されます。その直後、「但好色無双之人也」と語られ、第1段と同様に展開していきます。

『宇治拾遺』第1段と『古事談』第230段とを比較すると、

（A）『古事談』は能読の道命の好色めいた逸話として第三者の説明的な語りで語ろうとしているが、『宇治拾遺』は道命と道祖神との問答を中心に説話が語られ、編述主体の意義づけが明らかでない。

（B）『古事談』は記録体で語られているが、『宇治拾遺』は和文体である。

（C）不浄説法に対する源信による戒めという後日談が『宇治拾遺』には付される。『古事談』には付されない。

（D）『古事談』では「五条西洞院の辺に侍る翁なり」としか述べられないが、『宇治拾遺』では、本文中に「五条の斎」、標題に「道祖神」と記され、「翁」が道祖神であることが明示されている。

など大きく四つの異なりが見られます。これらに注目しながら、『宇治拾遺』第1段を分析していきます。

まず、（A）（B）（D）にかかわって、『宇治拾遺』第1段ではヒト、モノ、コトのモティーフ性がどのように響かせられているのかを見ておきます。

まず「道命」についてです。道命に関する説話は諸テキストに散見でき、例えば『法華験記』巻下86には、「就中其音微妙幽美、雖不加曲不致音韻、任運出声、聞人傾耳、随喜讃嘆」と、道命の読経の声の美しさが言い立てられています。それをさらに強調するかのように、金峰山の蔵王・熊野権現・住吉大明神が道命の読経の聴聞にやって来、住吉明神が松尾明神に対して「日本国中、雖有巨多持法華人、以此阿闍梨為最第一」と言うのを老僧が夢に見たという逸話が語られます。[*24] ほかにも『今昔』巻一二36には、「其ノ音微妙ニシテ、聞ク人皆首《こうべ》ヲ低《かたぶ》ケ不貴《たふとば》ズト云フ事無シ」と語られており、能読の僧という道命のモティーフをうかがうことができます。第1段では、普段の道命の読経には「梵天、帝釈」が聴聞にやって来るとありますが、こうした道命のモティーフによって第1段の事実性[*25]が担保されます。それに加えて、道祖神をも救済する道命の読経に対する賛嘆の声が聞こえてきます。

次に、『古事談』には見られない「道祖神」についてです。「道祖神」については、三谷栄一が次のような指摘をしています。

サエの神、道祖神、道陸神《どうろくじん》といわれ、木や石の男根を祭るのは全国的といってよく、（中略）特に群馬・神奈川・長野・山梨・伊豆などの地方では男女の双体の石像が多く、露骨な交合の姿態を見せているものもある。（中略）（筆者補、『宇治拾遺』第1段の中で）夢に出現するというのは、更に暁における両人の同衾を意味し、一層好色を強めている[*26]。

性器をかたどったり、男女の交接の姿態をかたどったりした形態をもつ「道祖神」のモティーフが、僧と女との交接を語る第1段に性的なイメージを響かせていると述べられます。この道祖神が道命の読経聴聞の機会に恵まれたのは、道祖神自身が言うように、和泉式部との交接後、「こよひは御行水も候はで、読みたてまつらせ給へば」といった不浄読経ゆえでありました。そして道祖神は「世ゝ生ゝ忘がたく候」、「うけたまはりさぶらひぬる事の、忘がたく候也」と喜悦することこの上ありません。性的なイメージを帯びる道祖神の喜悦する様は、一層道命の読経の不浄さを強調することになります。ここからは道命の読経に対する批難の声が聞こえてきます。

これらのように、「道命」や「道祖神」のモティーフによって、このたびの道命の読経に対する賛嘆の声と批難の声とがともに聞こえてきます。

ここで改めて注目しておきたいのは、道祖神の喜悦についてです。道祖神の喜悦は第1段において、何を伝えるのでしょうか。そこで道祖神の語りに耳を傾けてみると、普段は「梵天・帝釈」の聴聞のゆえ、近づくこともできなかった道祖神を、道命はこのたびの読経によって、その功徳にあずからせることができたと述べられています。とすれば第1段の道命の読経は、不浄であっても、道祖神といった下級のものまでも救済するという利他行の実践としても見えてくることになります。第1段で向けられているのは不浄説法に対する批難なのでしょうか、それとも不浄説法ゆえの利他行の実践に対する賛嘆なのでしょうか。

次に（C）にかかわって、第1段末の源信の言葉に注目します。源信の言葉は不浄読経への批難の声を倍音化します。しかし、これについては、森正人が次のように述べています。

この物語にはじめて接したとしても、物語本文から、好色と読経の両価併存、あるいは価値の相対化ということを読みとったと考えている読者も、評語が問題を著しく一面化し、ねじまげていると感じて当惑するにちがいない。[*27]

源信の言を代用しながら、不浄説法を戒めるように結ばれている第1段ですが、説話内容との齟齬をきたしていると指摘されています。その結果、第1段は一義化されることなく、落ち着くことがありません。

ここまでは『古事談』第230段との比較の中で見えてきた異なりに注目し、第1段が何を語っているのかをうかがってきました。

次に注目したいのは説話排列です。続く第2段は、平茸が「やるかたもなく」多く生える篠村の人々が、夢で「頭おつかみなる法師どもの、二三十斗」が別れを告げに来るのを見ます。すると、翌年から平茸はまったく見られなくなります。これに対して「説法ならびなき」忠胤が、「不浄説法する法師、平茸に生まる、といふ事のある物を」と言ったと語られ、「平茸は食はざらんに、事かくまじき物なりとぞ」との話末評で結ばれます。第1段の不浄説法をした道命と第2段の平茸に転生していたという「不浄説法する法師」と、両章段はこの点において重なります。とすれば、第1段においては道命の不浄が前面に出ることになり、やはり第1段は道命の不浄読経を戒める章段だったのだと了解されそうです。ただし、第2段での「不浄説法する法師」は、忠胤の言に従えば「平茸」に転生しており、結果的には「篠村」の人々の生活を助けていたことに目が向けば、再び道命の利他行が前面に出ることになります。また、第2段は森が指摘するように、第1段と同様、話末評と説話内容との齟齬が明白であり、「たとえば因果応報たとえば不浄説法の戒めなど、この物語の主題らしきものを、評語は無効にしてしまっ[*28]」ていると指摘されます。その結果、第2段でも一義的な意義づけは不明となり、第1段の道命の行為に決着をつけようとする読み手はここでもはぐらかされてしまうのです。

では、『宇治拾遺』内のほかの章段との関係はどうでしょうか。荒木浩の優れた読書体験が示すとおり、[29]「和泉式部―男―小式部―法華経」という「連環」により、第35段を読み進める際に第1段が想起され、イメージが重ねられることになります。

第35段では和泉式部の娘である小式部内侍の許に定頼中納言がやって来ます。定頼が局の戸をたたいても、小式部内侍は戸を開けようとしません。というのもその時、小式部内侍は「時の関白」と同衾中だったのです。すると、「美声で知られる[30]」定頼は「経をはたとうちあげ」ます。これを聞いた小式部内侍は「「う」といひて、うしろ様にこそ、臥しかへ」ってしまいます。小式部内侍と同衾中であったのは「時の関白」であって、読経をした定頼ではないという点において、和泉式部と交接後に読経をした道命とは異なります。ただし、定頼の美声による読経を聴いた際の小式部内侍の反応、後日談として話末に付された「時の関白」の「さばかり、たへがたう、はづかしかりし事こそ、なかりしか」との感想、荒木による第35段との連想で小式部内侍と藤原教通との恋愛譚である第85段が想起されるとの指摘などを踏まえれば、この第35段も性的な雰囲気漂う章段となります。そしてそれに第1段のイメージを重ねる読み手は、道命の不浄さが印象に残ることになるでしょう。ですが、読経に魅了されるのは道命の相手である和泉式部ではなく、格の低い神の道祖神であり、魅了ではなく喜悦でした。

以上、第1段について見てきました。第1段は、「道命」や「道祖神」のモティーフ性を利用したり、「道祖神」の言動を際立てたりすることによって、〈仏教〉という問題領域における、利他と戒不浄読経による自利という、本来はともに兼ね備えることが理一とされるもの[31]が対立を引き起こしてしまうことになります。結果、道命の行いを仏教言説では意味づけできないことだけが示されます。言説の無化と新たな言説創造の必要性の提示。第1段では、こうした〈仏教〉を問い直す編述主体の姿をうかがうことができました。

こうした『宇治拾遺』編述主体の姿は、仏教場における法然の姿と似通います。すでにある仏教言説に別の仏教言説を持ちこみ、仏教言説を無化する『宇治拾遺』編述主体と、同じく別の仏教言説を持ちこみ、顕密寺社が巧みに利用する仏教言説を無化し、新たな言説創出を図る法然と。両者の表現はここにおいて相同性を認めることができるでしょう。

注

1 P・ブルデューほか、石田英敬訳「セミナー　文学場の生成と構造―ピエール・ブルデューを迎えて―」(『文学』第五巻第一号、一九九四年一月)、56頁。

2 前掲注1、57〜58頁。

3 『宇治拾遺』の表現性を産出する〈可能性の空間〉は、現代フランスに生きたブルデューがイメージした「文学」の「場」では捉えきれないと考えたため、本研究では「文学場」ではなく広く「言語場」とします。その一局面として本節の「文学場」や次節の「仏教場」があります。

4 佐藤恒雄「後嵯峨院の時代とその歌壇」(『国語と国文学』第五四巻第五号、一九七七年五月)、斉藤歩「理想としての「後嵯峨院時代」」(『日本文学』第五一巻第二号、二〇〇二年二月)、三田村雅子「〈記憶〉の中の源氏物語(9)後嵯峨院の源氏物語」(『新潮』第一〇二巻第三号、二〇〇五年三月)などがあります。

5 久保田淳「為家と光俊」(『国語と国文学』第三五巻第五号、一九五八年五月)。

6 今井明「後嵯峨院歌壇成立の一側面」(『鹿児島短期大学研究紀要』第四五号、一九九〇年三月)。

7 詳細は前掲注6にあります。本書の「宮騒動」の記述については、これによります。

8 「春日若宮歌合」の参加人物、御子左派・反御子左派の識別などは福田秀一「鎌倉中期歌壇史における反御子左派の活動と業績(上)」(『国語と国文学』第四一巻第八号、一九六四年八月)に詳しくあります。

9　以上、尼ヶ崎彬『花鳥の使―歌の道の詩学Ⅰ―』（勁草書房、一九八三年）、141頁。

10　「詠作者」、「詠歌主体」という語については、竹村信治「古文学習の課題―学力評価問題パイロット調査から―（中）」（『国語教育研究』第五五号、二〇一四年三月）を参考にしました。

11　『後鳥羽院御口伝』の中の定家評。

12　『源承和歌口伝』には次のように語られています。

撰者五人の中に、前中納言定家〈于時四品〉、ひとり和歌所にとゞまりて詞をあらためしるせり。是、古今集の撰者の中に、貫之ひとり御書どころにてえらび定めたてまつれるにおなじ。其後、後堀河院御代之新勅撰を記、後嵯峨院御時、前大納言為家続後撰を奏するにいたるまで、庭のをしへかはらざりしを、右大弁光俊朝臣〈法名真観〉寛喜貞永の比より、当家の門弟として、歌人につらなりて、石清水別当卅首歌〈于時右少弁〉洞院摂政家百首幷に度々の歌合〈于時右中弁〉当家百首を詠めり。

また、佐藤恒雄は、「藤原光俊伝考―出家まで―（下）」（『中世文学研究』第九号、一九八三年八月）の中で、次の記事を挙げています。

未時許右少弁門前控軒。依告物詣由帰云々。依好士之数奇、毎年枉駕。過分之芳志也。（『明月記』寛喜三年〈一二三一〉正月二日条）

その上で、「「好士の数奇」とは、和歌の好士であり数奇であろうから、当然和歌に関する教えを受けることもあったであろう」（84頁）と述べています。

13　于時ニ祖《おや》水ヲ楽《ねがひ》テヒ乞フ。谷ニ行テ此レヲ汲《くめ》バ、鹿ノ皮ノ衣ヲ着テ、瓶《かめ》ヲ持テカガマリテ汲ムニ、鹿シ、集テ水ヲ飲ムニ相ヒ交テ形同ジ。時ニ国王山ニ狩ヲ為《し》テ、鹿シ、ヲ見テ即チ射ルニ、誤テ施无《せむ》ガ胸ニ当リヌ。（中略）施无申シテ云ク、「若シ恩ヲ報ムトオボサバ、早ク国ニ返リ給テ、人ヲ憐ビ給テ、皆勧メテ戒《いむこと》ヲ令持《たもたしめ》給ヘ。王又狩シ給フ事莫レ。此ノ世ニモ命不安《やすから》ズ、後ノ世ニモ地獄ニ入ル、昔王一切ノ功徳ヲ作テ、今国ノ位ヲ得給ヘリ。心ニ任セテ愚カニ頑ハカナク、恣《ほしいまま》ニ罪ヲ作リ給フ事莫」ト申ス。国王大キニ悔イ給ヒテ、「自今《いまよ》リ後ニハ、汝ガ如教《をしへのごとく》ニ有ラム」（『三宝絵』巻上「施无」）

14　平雅行『鎌倉仏教と専修念仏』（法蔵館、二〇一七年）、53頁。

15 平雅行『日本中世の社会と仏教』（塙書房、一九九二年）、246～247頁。

16 本郷恵子『買い物の日本史』（KADOKAWA、二〇一三年）、154頁。

17 前掲注15、86頁。

18 前掲注15、121頁。

19 「熊谷直実入道蓮生へつかわす御返事」には次のようにあります。

又たゞ本願の念仏ばかりにても候べし。念仏をつかまつり候はで、たゞことおこなひばかりをして、極楽をねがひ候人は、極楽へもえむまれ候はぬことにて候よし、善導和尚のおほせられて候へば、たん念仏が決定往生の業にては候也。善導和尚は阿弥陀化身にておはしまし候へば、それこそは一定にて候へと申候に候。

20 平岡聡『浄土思想入門—古代インドから現代日本まで—』（KADOKAWA、二〇一八年）、81頁。

21 平は前掲注15の中で次のように述べています。

法然にせよ、親鸞にせよ、一般民衆が背負わされていた、いわれなき罪業観・悪人意識を解体し、民衆に内面的権威性を回復させることに最大の思想的課題があった。（86頁）

22 平は、平雅行『日本史ブックレット人028 法然—貧しく劣った人びとと共に生きた僧—』（山川出版社、二〇一八年）の中で、法然の〈仏教〉の新たな地への切り拓きに関して、次のように述べています。

これまでの仏教は「知の仏教」であり、「行の仏教」であった。知識や修行・善行を積み重ねることで悟りをめざした。それに対し法然は、「信の仏教」の世界を切り開いた。信心の深さは、認識や修行の高みを超越し、功徳の積重ねを凌駕する、と法然は考えた。智恵や修行をきわめたり、造寺造仏などの功徳を積むことは、特権的な一部の者にしか許されない。でも、深い信心をもつことは誰でも可能だ。しかも無知な人ほど、愚直に信じやすい。深い信心を獲得することができる。貧しく劣った人の信心の深みは、苦修練行の高僧や造寺造仏の貴族の宗教的境地を越えている、法然はそう考えた。（45頁）

23 次のような顕密寺社側からの反応があります。

但末世沙門無戒破戒、自他所談《（許カ）》也。専修之中亦持戒人非無。今所歎者全非其儀。雖不如実受、雖不如説持、怖之悲之、須生慙愧之処、剰破戒為宗叶道俗之心。仏法滅縁無大於此。（『興福寺奏状』）
此外花厳・般若之帰依、真言・止観之結縁、十之八九皆以奇置（棄カ）。如堂塔建立・尊像造図、軽之咲之、如土如沙。（『興福寺奏状』）
近代愚童少女等、立宗成群、口誦専修文、心無専念誡。以上漫為心、以貢高為思。凌蔑読誦大乗行人、軽哢秘密真言持者、其過幾爾乎。（『催邪輪』下巻）

24 該当部分の本文は次の通りです。
有一老僧、籠行其寺。夢見。堂庭及四隣辺、上達部貴人充塞無隙。皆合掌恭敬、向寺而住。又従南方遙有音。皆人聞言、「金峰山蔵王、熊野権現、住吉大明神、為聞法華来至此所」皆悉来訖、一心頂礼、聞阿闍梨誦法花経。住吉明神、向松尾明神而作是言。「日本国中、雖有巨多持法華人、以此阿闍梨為最第一」。

25 前田雅之は、『古典論考―日本という視座』（新典社、二〇一四年）の中で、説話の特徴を次のように簡潔に述べています。
説話とは、語られる内容＝〈出来事〉がなにはともあれ《事実として》コード化された言説である。（27頁）

26 三谷栄一「説話文学の冒頭第一話と農耕儀礼―イザナキ・イザナミのミトノマグハヒをめぐって―」（『国学院雑誌』第八四巻第五号、一九八三年五月）、17～18頁。

27 森正人「宇治拾遺物語の本文と読書行為」（有精堂編集部編『日本の文学　第五集』有精堂、一九八九年五月）、107頁。

28 前掲注27、108頁。

29 荒木浩「宇治拾遺物語の時間」（『中世文学』第三三号、一九八八年六月）。

30 三木紀人・浅見和彦校注『新日本古典文学大系42　宇治拾遺物語・古本説話集』（岩波書店、一九九〇年）第35段、「はたとうちあげて」脚注。

31 中村元ほか編『岩波仏教辞典』（岩波書店、一九八九年）、「自利利他」項。

第二部

教材化の前に考えておきたいこと

——古典教育の目標と古典教材を考え直す

第一章　中等教育における国語科教科書の中の古典教材の現状——説話教材を中心に

第一節——教科書の古典教材の現状

現行の学習指導要領より小学校から古典学習が実施されることになりました。このことを承けて改訂された小学校国語科教科書の「伝統的な言語文化」教材を分析した竹村信治は次のように述べています。

児童はこうして、情報満載の教科書への教師のさらなる「参与」「補完」をもって拡張された「言語文化」と出会い、これをめぐる知識を受容し、それに媒介された知を形成していく。

さて、問題は、そうした「言語文化」体験を経て中等学校に進学する生徒たちにどのような「蓄積された様々な経験や知識などの「知」」の「継承」を教科書に用意し、いかなる新たな経験を教師が学習活動として提供するかだが、これは容易なことではない。小学校教科書教材の充実の多くは中等教育「国語科」古典教材の繰り上げ採用に負っている。学習活動も、枕草子初段の扱いに見るように同断。その結果、中等学校古典教室はその蓄積を小学校に抜き取られ、やがて空洞化しかねない状況なのだ（中等学校教員の多くは小学校教科書を見ないからこの現状を知らない）。*1

小学校国語科教科書における「伝統的な言語文化」教材は、各教科書会社の「参与」「補完」によって「情報満載」となり、さらに教師による「参与」「補完」がなされ、児童は豊かな「言語文化」体験」を経て、中等学校に進学します。しかし、そこで出会う「伝統的な言語文化」教材は、その内容や扱われ方からいって豊かな「言語文化」体験」をしてきた生徒たちを満足させるものになっていない、と竹村は述べるのです。

このような指摘を承けて、本章では中等教育の現場で用いられている国語科教科書（以下、特にことわりのない限り「教科書」とする）中の古文教材の現状、特に本書とかかわる説話集テキスト[*2]がどのような教材として生徒に差し出されようとしているかを見ていきます。どのような説話が教材とされ、それらを用いてどのような「ことばの学び」[*3]や「言語文化」体験」が目論まれているのか、また、それらは豊かな「言語文化」体験」を経てきた生徒たちの「知的欲求」[*4]を満たす教材となり得ているのかどうか、そして、教師によるどのような「補完」「参与」の可能性が見いだせるのか。こうしたことに注目していきたいと思います。

第二節　入門教材としての説話教材

中学校の教科書において、説話が教材として収録されることはほとんどありません。たいていは1年生用の教科書に『竹取物語』、2年生用の教科書に『枕草子』、『平家物語』、『徒然草』、3年生用の教科書に『奥の細道』、『万葉集』、『古今和歌集』、『新古今和歌集』が収録されています。

高等学校の「国語総合」や「古典A」、「古典B」の教科書を見ると、多くはジャンルによって単元が構成されています。[*5]ですが、「説話」という単元はほとんど設けられていません。「説話」という単元が設けられている教科書は、筆者の管見の範囲ではわずか4冊しか確認できませんでした。[*6]説話教材は「古文入門」や「古典に親しむ」といった、古典学習入門単元を構成する一部として収録されることが大半なのです。また、「説話」の単元が設けられている教科書においても最初に置かれており、古典学習入門教材として扱われていることは明らかです。
このように、説話は古文の入門教材として教材化されています。[*7] 説話が入門教材として採録されることの理由について、前田雅之は次のように考えます。

『宇治拾遺物語』を一つの典型とする、いわゆる「説話集」は、『徒然草』と並んで、古文教科書の入門教材として定番として地位を確立しているようだ。その理由は、おそらく、そこに収められている説話が短くかつ完結していること、話の内容が現代人にも親しみやすく古典的教養をそれほど必要としないこと、そして、何よりも笑い話などが多く面白いと見なされていることによるのだろう。[*8]

これを裏づけるかのように、東京書籍『精選国語総合』、同『国語総合古典編』では、説話教材を収録する「古文入門」の単元において、「説話のおもしろさを味わい、古文の世界に親しむ」、「古文と現代文との違いを知り、古文を読む基礎を学ぶ」などの目標が設定されています。明示はされていませんが、これは他社の教科書にも当てはまることでしょう。そして、「古典A」や「古典B」の教科書においても、「国語総合」教科書と同様に、説話教材は「古文に親しむ」（大修館書店『新編古典B』）などの単元に収録され、「説話」の単元は教科書の最初の方に置かれます。つまり、科目にかかわらず説話教材は入門教材として扱われているのです。

第三節　中等教育における国語科教科書の説話教材

次の表は、どのような説話集テキストからどのような説話が教材として、どのような教科書に収録されているのかをまとめたものです。

説話集名	教材化されている章段	計	中	総	A	B	教材タイトル例
古本説話集	19　平中事	1				1	平中が事
	48　貧女蒙観音加護事	1		1			観音のご加護
	53　丹後国成合事	1				1	丹後の国の成合のこと
今物語	6　うしろむき	1				1	うしろむき
	7　降れや雨	1				1	降れや雨
	10　やさし蔵人	2				2	やさし蔵人
	26　小式部の夢	2		2			桜木の精
今昔物語集	19—40　検非違使忠明、於清水値敵存命語	2		2			検非違使忠明
	20—13　愛宕護山聖人被ル謀野猪ニ語	1				1	愛宕護山の聖人
	24—5　百済川成飛弾工挑語	1			1		絵師と大工
	24—16　安倍晴明、随忠行習道語	2			1	1	安倍晴明
	24—24　玄象琵琶、為鬼被取語	1			1		玄象の琵琶
	24—30　藤原為時、作詩任越前守語	1				1	藤原為時、詩を作りて越前守に任ぜらるる語
	25—12　源頼信朝臣男頼義、射殺馬盗人語	3				3	馬盗人
	28—2　頼光郎等共、紫野見物語	1			1		武士の祭り見物

	28—16	阿蘇史、値盗人謀遁語	4		3		1	阿蘇の史、盗人にあひてのがるること
	28—38	信濃守藤原陳忠落入御坂語	1			1		受領は倒るる所に土をつかめ
	28—42	立兵者見我影成怖語	1			1		わが影に恐れをなす男
	29—18	羅城門登上層見死人盗人語	1		1			羅城門
	29—38	母牛、突殺狼語	1				1	狼と母牛
	30—9	信濃国姨母棄山語	1			1		姨母捨山
発心集	3—8	蓮花城、入水の事	1				1	蓮花城、入水のこと
	4—4	叡実、路頭の病者を憐れむ事	1				1	叡実、路頭の病者を憐れむ事
	6—6	侍従大納言幼少の時、験者の改請を止むる事	1				1	侍従大納言、験者の改請を止むること
	6—8	時光・茂光、数奇天聴に及ぶ事	1		1			数奇の楽人
	7—9	恵心僧都、母の心に随ひて遁世の事	1			1		恵心僧都の母
古事談	1—92	藤原宗輔鳥羽院御前の群蜂を捌く事	1			1		蜂飼いの大臣
	3—33	安養尼の許に入りし強盗、盗品返却の事	1			1		安養の尼と強盗
十訓抄	1—26		2			1	1	文字の一つ返し
	1—39		1		1			顕雅の言ひ間違ひ
	3—1		12		5	1	6	大江山（の歌）／大江山いくのの道
	6—18		1				1	養老の滝
	7—25		3			1	2	成方の笛／笛吹き成方／笛吹きの成方と名器
	7—30		2		2			祭主三位輔親の侍
	8—1		1			1		行成と実方
	10—20		3				3	鬼の笛／博雅三位と鬼の笛

古今著聞集	162	いろは連歌に小侍従難句を附くる事幷びに大進将監貞度が附句の事	1			1		いろはの連歌
	177	小大進、歌に依りて北野の神助を蒙る事	1				1	小大進、北野の神助を被ること
	183	小式部内侍が大江山の歌の事	4			1	3	小式部内侍が大江山の歌の事／大江山
	190	花園左大臣家の侍が青柳の歌の事幷びに紀友則が初雁の歌の事	3				3	能は歌詠み
	193	後鳥羽院御時俊成和歌を奏して定家勅勘を免ぜらる事	1				1	定家の勅勘
	319	刑部卿敦兼の北の方夫の朗詠に感じ契を深うする事	4		1		3	刑部卿敦兼とその北の方
	336	源義家衣川にて安倍貞任と連歌の事	4				4	衣のたて／源義家、衣川にて安倍貞任と連歌のこと
	338	源義家安倍宗任をして近侍せしむる事	1			1		義家と宗任
	382	小熊権守伊遠の息男伊成弘光と相撲の事	1			1		相撲の勝負
	433	検非違使別当隆房家の女房強盗の事露顕して禁獄の事	2		1	1		盗人の正体／女盗賊
	446	恵心僧都の妹安養の尼盗人に逢ひて奇特の事	1				1	安養の尼の小袖
	545	山僧児を具して竹生島へ参り老僧の水練を見る事	1		1			老僧の水練
	717	豊前国住人太郎入道母子猿の相思ふを見て後猿を射るを止むる事	1		1			母猿と子猿／母子猿
	722	唐土北叟が馬の事	1				1	北叟が馬
沙石集	2―6	地蔵菩薩種々利益事	2				2	勘解由小路の地蔵
	3―6	小児ノ忠言事	1		1			孝孫
	5末―2	和歌ノ人ノ感アル事	1		1			花盗人の歌
	5末―6	歌ユヘニ命ヲウシナウ事	1				1	歌ゆゑに命を失ふ事／兼盛と忠見
	8―11	児ノ飴クヒタル事	4		1		3	児の飴食ひたること／児の智恵

	8—23 歯取ラル、事	2		2			三文にて歯二つ
	9—3 正直ニシテ宝ヲ得タル事	4		4			いみじき成敗／正直の徳
	拾遺—61	1		1			猿、恩を知ること
	拾遺—69	2		2			ねずみの婿とり
唐物語	1	1				1	王子猷、戴安道を訪ぬる語
	12	1				1	望夫石
	25	1				1	王昭君、絵姿を醜く写され、胡の王に嫁ぐ語

※現行の学習指導要領での国語科教科書を対象としました。

※須藤敬編「二〇一六年度　中学校・高等学校国語教科書採録中世文学作品一覧」（松尾葦江編『ともに読む古典—中世文学編—』笠間書院、二〇一七年）をもとに、筆者が調査したものを加えて整理しました。調査の時期は二〇一五年前後であるため、現在の教科書の状況を十分には反映できていません。

※『宇治拾遺物語』については、行論の都合上、後に整理します。

※それぞれの章段区分や標題はそれぞれ次の本によりました。

○新大系（岩波書店刊）…古本説話集、今昔物語集、古事談

○大系（岩波書店刊）…古今著聞集、沙石集、

○新全集（小学館刊）…十訓抄

○集成（新潮社刊）…発心集

○池田利夫編『校本　唐物語』（笠間書院刊）…唐物語

○講談社学術文庫（講談社刊）…今物語

これらの説話を教材として用いて、どのような古文学習が目論まれているのでしょうか。各教材に付された「学習の手引き」からそれをうかがってみたいと思います。

以下に説話教材に付された「学習の手引き」を整理し、問いの例を挙げます。[*9]

（1）語句の意味、文法事項の確認

（2）音読

―「歴史的仮名遣いに注意して、音読してみよう」（数研出版『改訂版高等学校国語総合』「検非違使忠明」）、「歴史的仮名遣いの発音や言葉のまとまりに注意しながら、声に出して読もう」（右文書院『説話（古今著聞集・沙石集・十訓抄・竹取物語）・随筆（徒然草・枕草子・方丈記・常山紀談・花月草紙・蘭東事始）・故事・小話・漢詩・史話』「児の飴食ひたること」）。

（3）時代背景の理解

―「ひとへにこれそのゆゑなりとなむ思ひける」とは、どのようなことか。また、そこには当時の人々の、どのような思いが表れているか（東京書籍『国語総合古典編』「検非違使忠明」）。

（4）物語内容を読む

①登場人物の心情の読みとり

―「北の方の心情と行動を、時間の流れに沿ってまとめてみよう」（第一学習社『高等学校改訂版新訂国語総合古典編』「刑部卿敦兼の北の方」）、「この夜の王子猷の気持ちと行動を整理してみよう」（第一学習社『高等学校古典B』「王子猷、戴安道を訪ぬる語」）。

②登場人物の人物像の読みとり
―「翁は、どのような人物として描かれているか。翁の発言から考えてみよう」（教育出版『精選国語総合古典編』「北叟が馬」）、「この話の地頭はどのような人物だったか、話し合ってみよう」（大修館書店『国語総合改訂版古典編』「猿、恩を知ること」）。

③登場人物の行動の読みとり
―「母が「かかる地獄の業を見るべきことかは」といった理由を話し合おう」（三省堂『古典A』「恵心僧都の母」）、「老婆は、どうして死体の髪を抜いていたのか、説明しなさい」（教育出版『国語総合』「羅城門」）。

④出来事の推移の読みとり
―「事件の経過を、順を追ってまとめてみよう」（桐原書店『探求国語総合古典編』「盗人の正体」）、「「しかる間」以降の物語の展開を、時刻・天候・人物の行動などに注意してまとめなさい」（筑摩書房『古典B古文編』「馬盗人」）。

⑤表現の読みとり
―「「丹後へ遣はしける人は参りたりや」は、誰が、どのようなことを言おうとしたのか、説明しなさい」（筑摩書房『精選国語総合古典編改訂版』「大江山」）、「「『や』文字を消ちて、そばに、『ぞ』文字を書」いたとあるが、その場合、この和歌の意味はどのように変わったか、説明してみよう」（右文書院『新編古典』「文字一つの返し」）。

（5）語り手を読む
―「語り手が「優なる北の方の心なるべし」と批評しているのはなぜか、話し合ってみよう」（第一学習社『高等学校改訂版国語総合』「刑部卿敦兼の北の方」）、「男は、なぜこのできごとを人に語って聞かせたのかを話し合ってみよう」（教育出版『国語総合』「羅城門」）。

（6）書き手を読む

―『沙石集』の編者は、忠見のあり方をどのように評価しているか。説明してみよう」（数研出版『古典B古文編』「兼盛と忠見」）、「歌の中の「鏡のかげ」という言葉に注意して、この説話で編者が伝えようとしたことは何か、考えてみよう」（第一学習社『高等学校古典B』「王昭君、絵姿を醜く写され、胡の王に嫁ぐ語」）。

（7）説話に対する評価

―「この話を読んで、どのようなところがおもしろかったか、話し合ってみよう」（大修館書店『精選国語総合新訂版』「阿蘇の史、盗人にあひてのがるること」）、「この話のおもしろさはどのようなところにあるか、話し合おう」（三省堂『古典A』「観音になった男」）。

（8）言語活動

―「小説や戯曲などで、すでにある作品の筋や内容を生かして改作することを「翻案」という。次の手順に従って、「児のそら寝」の話を現代の物語に書き換える形で翻案してみよう」（桐原書店『新探求国語総合古典編』「児のそら寝」）、「大地が陥没して海になるという伝説について調べてみよう」（大修館書店『古典B古文編』「唐に卒塔婆血つくこと」）。

生徒たちが言語活動を通じて、内容把握、語り手の存在の確認、語りの分析、説話の興趣の発見などができるように学習の手引きが付されています。これらの学習の手引きからは、教科書において豊かな「ことばの学び」や「「言語文化」体験」の充実が目指されていることが実感されると思います。

第四節　〈入門教材としての説話教材〉の問題

一方で採録されている説話教材をよく見てみると、その多くは子どもや動物などが登場している説話であったり、内容が親しみやすい説話であったり、『羅生門』や『地獄変』、「蔵前駕籠」などの近代小説や古典落語の題材となっている説話であったりすることに気づきます。また、説話の物語内容の「おもしろさ」（〝可笑しみ〟）が強調されていることがうかがえます。[*10] これらの傾向は先に見た前田の指摘の通りです。そしてこれは、かつて益田勝実が否定的に捉えていたことでもありました。

従来、説話文学の教材は短い文章のものを選ぶことがめだって多かった。それは説話文学に文学としての第一級の価値を認めず、他の主要教材に配合する彩としてしか扱わない考え方、学習者をおもしろがらせて古典入門に用いれば事足りる、興味ある題材で短くて文章も比較的むつかしくないものが見つかる、というような考え方が支配的であったからである。[*11]

この益田の発言は60年代におけるものですが、現行の教科書においてもなお有効な異議申し立てとなり得ています。とすれば、益田の発言から50年ほど経った現代でも説話教材観は更新されていないということになります。また、更新されていないのは教材観だけではありません。説話集テキストの捉え方も同様に更新されていません。例えば、現行の学習指導要領下の教科書において、『宇治拾遺』は「多種多様な説話約二百編を収める。当時の世相や民衆の生活がよく反映されており、笑い話も多い」（筑摩書房『精選国語総合古典編改訂版』）と、『沙石集』は「仏教説話のほか、笑い話、昔話など、庶民に親しまれた話が収められている」（大修館書店『国語総合改訂版古典編』）と、それぞれ説明が加えられています。一見してわかるように、「説話（集）＝民衆の文学」と捉えられています。説話（集）を民衆の文学とする見方は、50年代に左翼的知識人に牽引された集団的な文化運動の中で構築されたものでした。[*12] 現代では、それぞれの説話集テキストに関する研究でこうした見方は更新されていますが、教科書においてはいまだに更新されていないということです。古典文学研究者が古文教材の取り扱いに異議申し立てをする理由はこういうところにもあるのでしょう。

こうした教材観やテキスト観が更新されないことの弊害について、竹村は『宇治拾遺』第12段を例として取り上げて、次のように述べています。

問題は、諸注釈書の中でもっとも学校教育で流通していると思われる新編全集本が、『宇治拾遺物語』研究の成果を活かして旧版「鑑賞と批評」を改訂しているにもかかわらず、〝学習の手引き〟においてはなお旧版全集本等に基づく学習が構えられている点にある。それは学習者に誤った『宇治拾遺物語』観、たとえば、「中世的な地方性、庶民性を吸い上げると共に、またこの貴族的なみやびの道統に立って、人間理解の軸とする方式」「中世的現実の上に君臨する王朝貴族社会の権威とそれに対する敬意」(旧版全集「解説」三六頁)といった世界との向きあい方をめぐるテキスト観を根づかせてしまう。[*13]

特に『宇治拾遺』に関しては、第一部で確認したように非常に複雑なテキストであることが文学研究で指摘されており、教科書のテキスト観、教材観との間に深い溝ができてしまっています。竹村は「〝古典に親しむ〟ことを目標とする「古文入門」での採録、また、学習者がいまだ待遇表現を学習していないといった事情」があると留保しますが、「だからといってテキストが軽んじられてよいわけではない」[*14] として、「誤った『宇治拾遺物語』観」を生徒たちに根づかせてしまうことを危惧します。

また、「説話(集)=民衆の文学」というテキスト観については、前田が端的に「間違いである」と言っています。「文字を使える人たちは一往に権力者であり、説話は、これまで視界に入らず、文章化されなかった民衆＝下衆までも叙述するようになったに過ぎない」[15]というのがその理由ですが、前田の指摘もまた、生徒たちに誤ったテキスト観や矮小化された古典の世界観を根づかせてしまうことに対する警鐘となり得ています。さらに前田は「説話が短くかつ完結していることはその通りであるけれども（それゆえ入試問題に選ばれることが多い）、説話は、実際には、それほど現代人に親しみやすくもなく（古文だから当たり前なのだが）、かつまた、面白い話もそれほど多くはない（同上）」という理由で、説話教材は入門教材としては「必ずしもふさわしいとは言えない」[16]とも述べており、教科書における説話集テキスト観に対してのみならず、説話教材観に対しても異議申し立てをしています。

こうした指摘に加えて、ここで改めて述べておきたいのは、説話教材は一話完結した単独の「説話」としてのみ読まれており、説話集の編者によって収録、排列、表現された「説話集テキストに収録された説話」として読まれることがない、ということです。説話研究では「説話と説話集をそれが語られ書かれ編まれた時代情況において捉え、表現世界や生成の機構を情況と向き合う主体による世界解釈、世界像構築へむけた言語的営みに即して読み解」[17]かれてきました。それゆえ、例えば『今昔』においては編纂行為について、厖大な説話の編纂を通じて、三国仏法史の構想、仏法王法相依論の実現、仏法／公・非仏法・外縁といった世界像の構築とその破綻などが指摘されてきました。[18]ほかにも説話の語られ方について、テキスト内のほかの説話や同話・類話関係にあるテキスト外の説話との比較を通じて、表現に生真面目さや錯誤、動揺などがうかがえると指摘されてきました。[19]こうした説話集テキストの「世界解釈、世界像構築」は、学習活動の中で扱われることや解説などで説明されることはありません。それゆえ、説話は内容本位で採録され、収録された説話教材間で何の連関性もなく、〝可笑しみ〟としてのみ消費されることになります。結果、説話集テキストは生徒たちに身近な昔の笑話集として賞翫されることになり、説話教材は読まれることなく「入門教材」としての役割を終えていきます。

ここまで、中等教育の教科書における説話教材の現在を見てきました。〈入門教材としての説話教材〉の問題は、現在の古典教材が抱える問題をよく伝えています。それは、生徒たちが物語内容を面白く身近に感じるということだけが「親しむ」とされ、古文テキストの「世界解釈、世界像構築」などは読まれないということです。もちろん、教科書は教師の「参与」「補完」がなされ、そのまま生徒に差し出されるわけではありません。しかし、詳しくは後述しますが、「古典」の授業実践において、教科書が目論む読みの域を脱していないことが多い点を考慮すれば、これは看過できない問題ではないでしょうか。

注

1 竹村信治「何を読むのか―教科書の中の古典「文学」―」（『日本文学』第六三巻第一号、二〇一四年一月）、8頁。

2 何を説話集テキストと認めるのか否かは難しいところもありますが、本書では、とりあえず中等教育現場で用いられる国語科教科書や国語便覧などで「説話（文学）」と認定されているものを説話集テキストとして扱います。

3 難波博孝は著書である『母語教育という思想―国語科解体／再構築に向けて―』（世界思想社、二〇〇八年）の中で次のように述べています。

　問題は、「国語の教科書は、国語の授業の教材として大丈夫なのか」という問いでなくてはなりません。そうです、教科書だけの話をするのはあまりにつまらないです。授業の中で使えるのか、学習者の「ことばの学び」に使えるのか、ということを、私たちは考えなくてはいけません。

　ここで問題にしたいのは、国語の教科書に載っている文章一つ一つについてではありません。そもそも、教科書というメディアが、国語科の教材として使えるのか、授業における教育内容の道具として使えるのか、学習者の「ことばの学び」として大丈夫なのか、ということなのです。（301頁）

4 竹村信治『言述論―for 説話集論』（笠間書院、二〇〇三年）の中の次の議論を参考にしています。

教材選択の不適合、学習指導内容の表層性。これをまとめれば、教材、学習指導ともに、生徒のかかえもつ現実感覚や知的欲求にとどいていない古典の教室ということになります。（中略）

わずらわしい文法や待遇表現、語彙の学習、あるいはワークシート作業や現代語訳、内容整理といった学習活動をへてみえてくる世界を、生徒たちの現在に知的刺激をあたえる世界として開示しえていない古典教室。古文の世界への違和感や「古文の学習」そのものへの拒絶、抵抗はこれに由来する、というのが私の見方です。（570頁）

5 教育出版『新編古典B─言葉の世界へ』、大修館書店『新編古典』では、それぞれ「不思議な話─説話」や「知恵の働き─説話」といったように、「説話」というジャンルの特色づけを単元名で行っています。これらは「説話」の特徴を積極的に際立たせようという点では評価すべきかもしれませんが、一方で、「説話」というジャンルがもつ豊饒さが失われる可能性がある点で、疑義がないわけではありません。

6 東京書籍『精選国語総合』、東京書籍『国語総合古典編』、数研出版『国語総合古典編』、第一学習社『高等学校新訂国語総合古典編』の4冊。

7 第一学習社『新訂国語総合古典編』では、「古文入門」の単元とは別に「説話」の単元が設けられていますが、特に「説話」というジャンルの何たるかを伝えようとしている単元とは見なせません。「古文入門」との違いは、説話教材一つ一つの分量が多くなっているということくらいです。

8 前田雅之『古典論考─日本という視座』（新典社、二〇一四年）、23頁。

9 竹村信治「古文学習の課題─学力評価問題パイロット調査から─（上）」（『論叢国語教育学』第九号、二〇一三年七月）中の読解モデル、竹村信治「教材発掘 No.6 宇治拾遺物語─序文を読む─」（『国語教育研究』第五七号、二〇一六年三月）中の、『宇治拾遺物語』第12段を例とした「学習の手引き」分類を参考にしました。なお、調査した時期は二〇一五年前後で、それ以後に改訂があった教科書をすべて閲覧できているわけではありません。それゆえ、現在の教科書の状況が反映できていないものもありますが、全体的な傾向として大きく異なることはないと思われます。また、例は「国語総合」、「古典A」、「古典B」から採っていますが、例が「国語総合」のものしか挙げていないからといって、「古典A」や「古典B」にその類の手引きがないことを示しているわけではありません。どの科目においても、同種の手引きは見られます。

10 竹村信治「教材発掘No.6　宇治拾遺物語―序文を読む―」（『国語教育研究』第五七号、二〇一六年三月）は、『宇治拾遺』第12段の学習の手引きを取り上げて、次のように述べています。

西尾光一は、『中世説話文学論』第五篇第三章において本話を「僧団生活の内部を語るさまざまの話」、「説話として僧たちによって口がたりで伝承され、さらに外の世界へと流れ出て行ったもの」の一つとした上で、「いじらしい少年の心づかい」「少年の心理そのものを照射し、これを的確に描出しているところに、日本の古典にはまれな発想法がある」と論評している。現行教科書の扱いはこの範囲にあり、一話を狂言的な笑話と見なし、児と僧たちとの心理劇を再構成する学習への展開を構想したものであろう。（129頁）

11 益田勝実「新しい説話文学の教材」（『国語通信』第一一二号、一九六八年一二月）、18頁。

12 佐藤泉『戦後批評のメタヒストリー―近代を記憶する場』（岩波書店、二〇〇五年）、小熊英二『〈民主〉と〈愛国〉―戦後日本のナショナリズムと公共性―』（新曜社、二〇〇二年）など。本書でも後に確認します。

13 前掲注10、129～130頁。

14 以上、前掲注10、130頁。

15 以上、前掲注8、27頁。

16 以上、前掲注8、23頁。

17 前掲注4、11頁。

18 小峯和明『今昔物語集の形成と構造』（笠間書院、一九八五年）、森正人『今昔物語集の生成』（和泉書院、一九八六年）、前田雅之『今昔物語集の世界構想』（笠間書院、一九九九年）、荒木浩『説話集の構想と意匠―今昔物語集の成立と前後―』（勉誠出版、二〇一二年）などが挙げられます。

19 前掲注18、前田著書、竹村信治「今昔物語集の言述―世俗部（巻二六―三一）の位相―」（説話と説話文学の会編『説話論集第一二集　今昔物語集』清文堂、二〇〇三年六月）などが挙げられます。

第二章　国語教育誌の中の〈古典〉――国語教室で創られる〈古典〉

第一節　〈古典〉を取り巻く現状

本章では、現行の学習指導要領下で、教師によってどのような「参与」「補完」がなされ、古文テキストがどのように差し出されようとしているのかを見ていきます。

現行の学習指導要領は、二〇〇六年に改正された教育基本法を承けて改められたものですが、[*1] この際に強調されたことの一つが「愛国心の育成」でした。「愛国心」をめぐる歴史について、テッサ・モーリス‐スズキは次のように述べています。

前近代の社会には、現在使われている意味での強烈な愛国心の感情は、ほとんど存在しなかった。大半の人々が互いに顔見知りの関係であった小規模な社会では、「国に対する愛情」という抽象的な感覚を持つ必要など、まずなかったからである。（中略）しかし、近代においては、ほとんどの人々が数百万、あるいはそれ以上もの住民を抱える国民国家内で生活するようになった。私たちはもはや自分たちのコミュニティのメンバー全員の顔も知らないし、統治する人々と直接言葉を交わす機会もない。そのため、近代国家のもっとも基本的な課題の一つが、こうした巨大な社会をいかに束ねるかという点であった。近代国家のような巨大で抽象的なものに対して、市民たちの忠誠心やコミットメントをどうすれば確保できるだろうか。
この課題に応えようとした、二つの考え方がある。
一つは、国民国家《ネーション・ステート》を「契約に基づく」共同体《コミュニティ》とみなす考え方である。言い換えれば、国家がその市民に、安全、教育、福祉、インフラなど、生存に必要なあらゆる重要なものを提供し、市民は、その見返りに、国家の法律に従うとするものである。（中略）
二番目は、文化や伝統、愛情によって結びつけられる共同体という、もっと精神的で神秘的と呼べる言葉によって国《ネーション》をとらえる考え方である。これは、ときに、エスニシティ（民族的な帰属意識）を基盤にする国家というイメージと結びつく。*2

改正された教育基本法には、「伝統と文化を尊重し、それらをはぐくんできた我が国と郷土を愛するとともに、他国を尊重し、国際社会の平和と発展に寄与する態度を養うこと」（第二条の五）と、教育の目標が掲げられています。ここにスズキが言うところの二番目の考え方を見いだすことができます。
この教育基本法で掲げられた目標は、当然のことながら現行の学習指導要領の文言に反映されています。例えば、現行の高等学校学習指導要領国語科の目標には、「言語文化に対する関心を深め」、との文言があります。この文言は平成10年版の高等学校学習指導要領にも見られ、現行の学習指導要領特有の文言というわけではなく、表面上は教育基本法改正の反映と見なすことはできません。しかし、この文言の背後に潜む考え方に注目すると、改正教育基本法の影響は顕著です。「言語文化」について、平成10年版、現行の学習指導要領では、それぞれ次のように解説されています。

「言語文化」とは、言葉による創造的な活動とその成果を指す。特に、我が国の場合、古典から現代に至る各時代に文学をはじめ様々な言語文化があり、話し言葉、書き言葉それぞれにわたって様々な形態を持っている。これらの言語文化に対して広くかつ深い関心を持つことが、高等学校における目標とされる。[*3]

「言語文化」とは、我が国の歴史の中で創造され、継承されてきた文化的に高い価値をもつ言語そのもの、つまり文化としての言語、また、それらを実際の生活で使用することで形成されてきた文化的な言語生活、さらには、上代から現代までの各時代にわたって、表現、受容されてきた多様な言語芸術や芸能などを幅広く指している。（中略）今回の改訂では、小学校及び中学校において［伝統的な言語文化と国語の特質に関する事項］を設け、「伝統的な言語文化」についての理解を深めるようにしている。これを踏まえ、言語文化に対して広くかつ深い関心をもつことが、高等学校における目標となる。[*4]

以前の学習指導要領であれば、「言語文化」とは「創造的な活動とその成果」で「様々な形態を持っ」たものであるとしか述べられていませんが、現行の学習指導要領では、「歴史の中で創造され」、「継承」されたものとして述べられており、「伝統的」であることが強調されています。また、「様々な形態」としか述べられていなかったものが、「文化的な言語生活」、「多様な芸術や芸能など」と、「様々な形態」の一つ一つに文化性、芸術性を含むことが求められています。さらに、「文化的に高い価値をもつ言語そのもの」とも規定されており、高等学校で扱われる「言語文化」には「文化的に高い価値」が内在されていなければならないことが示されるのです。こうした「言語文化」に対する基本的な考え方は、新学習指導要領でも継承されています。そして改正教育基本法を承けた国語科は具体的措置として、［伝統的な言語文化と国語の特質に関する事項］を新設し、古典学習を重視することになります。[*5]

このように、行政は教育において「伝統と文化を尊重」、「我が国と郷土を愛する」ことを法制化し、「市民達の忠誠心やコミットメント」を確保するための「精神的要素」として、「文化的に高い価値をもつ言語文化」に「広くかつ深い関心をもつ」ことを目標に定め、国語科の具体的措置として「伝統的な言語文化と国語の特質に関する事項」の新設や古典学習の重視を求めているのです。

ナショナリズムに資する文化装置としての古典学習。これは明治から戦時中にかけて有効な装置[*6]であって、現代における古典にはそのような求心性はなく、装置の耐用年数をとうに過ぎてしまっていると見る方が現代のわれわれの感覚に近いかもしれません。そもそも現代はまさにグローバリズムの時代であり、現行の学習指導要領においても、現代社会がグローバル社会であるとの認識があります。[*7]しかし大澤真幸も指摘しているように、グローバリズムが推し進められるほど、局地的なナショナリズムが強化されるという現象は世界各地で見られますし、[*8]日本国内に限っても排外主義的な振る舞い（これについては別の視点からも考える必要はあります）が散見されるようになってきています。[*9]ここで話題にしている古典学習の重視も、そうした時代の流れのもとに言い立てられるようになったことを踏まえれば、古典はナショナリズム強化の役割をまだ担わされようとしていると見ることができます。

では現行の学習指導要領は、古文テキストをどのように生徒たちに差し出すことを目論んでいるのでしょうか。これについては、竹村信治が簡にして要を得たまとめをしています。

> したがってその学習指導は、音読、暗唱、朗読を中心に、情景を思い浮かべたり、リズムを感じ取ったり、登場人物や作者の思いなどを想像したり、解説の文章によって昔の人のものの見方や考え方を知ったり、ことわざや慣用句、故事成語などを使ったり、古典の一節を指定して古典に関する文章を書いたり、内容や表現の特色を理解して読み味わったりさせ、最後にそれらを「我が国」の「伝統と文化」として称揚しておけば済むの

だから、議論するまでもないことだ。そこでは、学習者がそれを楽しく感じてねばり強く取り組むようにするためのコミュニケーション、パフォーマンスが「指導の工夫」ということになる。[*10]

暗唱や朗読などの学習活動を通して、「称揚」すべき古文テキストに語られる古人の眼差しや精神性、またそれを具現化した表現などを、強固に内面化、身体化させることが第一に目論まれていると竹村は述べています。そして、竹村は次のように続けています。

こうして『学習指導要領』の求める「伝統的な言語文化」の学習とその指導には、実は議論すべき点が何もない。しかし、にもかかわらず議論の必要が感じられるのは、そうした学習指導、すなわちカノン化された「伝統的な言語文化」の鑑賞主義的で活動本位の、知的刺激の欠如した扱い方が学習者と「古典」との間に横たわる距離を拡大してきたことを、我々が知っているからだろう。[*11]

「学習者と「古典」との間に横たわる距離」の「拡大」。これは、生徒たちの興味関心をひこうとさまざまな学習活動が展開されていたにもかかわらず、「古典嫌いの生徒」が増加していることを示す、平成17年度教育課程実施状況調査における生徒質問紙調査結果が裏づける通りです。とすれば、古典嫌いの生徒を生む要因は学習活動とはほかにあるのではないでしょうか。竹村はそれを、「知的刺激の欠如した」古文テキストの扱い方と見ています。では、こうした状況の中、国語科教育に携わる者は古文テキストをどのようなテキストとして捉え、生徒たちにどのように差し出そうとしているのでしょうか。そしてその結果、生徒たちにどのような古典テキストに対するイメージを与えようとしているのか、または与えてしまうのでしょうか。これらのことを、現行の学習指導要領への改正の動きが始まった二〇〇八年から約5年間に、国語教育誌に発表された古文テキストにかかわる実践報告や論考などから探っていこうと思います。この時期は、現行の学習指導要領が「伝統的な言語文化」重視になることを承け、国語科教育に携わる者がどのようにそれを行っていけばよいかが模索された時期です。そうした中で、教師や国語教育研究者によってどのような「参与」「補完」が行われようとしたのでしょうか。

なおここでは、初等教育や中等教育の現場（以下、教育現場とします）にいる授業実践者が手に取りやすい商業誌の『教育科学国語教育』、『実践国語研究』（以上、明治図書）、『月刊国語教育』（とうほう、二〇一一年三月休刊）、教育現場の多くの者が所属する学会の機関誌である『月刊国語教育研究』（日本国語教育学会）、『国語科教育』（全国大学国語教育学会）を中心に、ほかのいくつかの商業誌や学会誌を国語教育誌として調査対象とします。*12

第二節　カノンとしての〈古典〉

渡辺春美は戦後、教育現場で古文テキストがどのように捉えられてきたのかについて次のように整理しています。

戦後における古典学習材に関する論は、①古典を時代を超えて読み継がれ、文化伝統に関わる規範的なものとする古典観に立つものを中心としながらも、②古典を各時代において多くの人に受容されたものとする古典観に拠るもの、③民衆の口承文芸、説話などに重点を置いた古典観に基づくものがあった。また、これらの論のいずれもが古典に何らかの価値を先験的に認めるのに対し、④読み手が古典に主体的に関わり、価値を創造的にとらえ、意義を見出すとき古典は初めて古典となるとする「関係概念としての古典観」に拠るものがある。これは、読者論とも相俟って、一九八〇年代から次第に浸透していったと思われる。*13

渡辺は戦後の国語教育界において見られる古典教材観を4点に整理しています。また、これらは渡辺が別のところでまとめている通り、古典観という観点からは二つに大別できます。すなわち、「古典を先験的に価値あるもの」とする古典観と、「古典の価値は先験的にあるのではなく、学習者との関係性の中に立ち上がり、見いだされるとする」[*14]古典観です。渡辺は前者の古典観を「典型としての古典観」、後者の古典観を「関係概念としての古典観」としています。

さらに渡辺は教育現場における古典教育の問題を次のように指摘しています。

典型としての古典観による学習指導は、戦後、一九八〇年代から、関係概念としての古典観に基づく指導へと転換する傾向にあると考えられる。しかし、現代もなお、前者による硬直した指導がなされているところに問題がある。[*15]

教育現場では今もなお「典型としての古典観」でもって、古文テキストが差し出されようとしていることを渡辺は問題視するのです。

「典型としての古典観」。これは「カノン」として古文テキストを捉えることですが、改めていうまでもなく、ハルオ・シラネらが明らかにしたように、[*16]「古典」と呼ばれるテキスト群は、各時代においてさまざまに価値付与されただけであって、テキストそのものに先験的に価値が内在しているわけではありません。こうした「古典」の見直しを迫る動きが見られる一方で、[*17]「カノンとしての古典」観が今なお教育現場にはびこっているのは、渡辺の指摘する通り「問題」でしょう。では、古文テキストのどのようなところに「価値」があるとしているのでしょうか。

以下、この点について見ていきます。

（１）美しい響きやリズムを持つ古典

国語教育誌の中で多く見られるのは、音読・暗唱・朗読を中心とした学習活動を展開する実践報告や提案です。それらの中で、古文テキストは次のように捉えられています。

小学校の古典教育は、国語の美しい響きや語調、独特のリズムを感じ取りながら音読、暗唱、群読する国語学力を育てるためである。[*18]

○美文のリズムの美しさ

平家物語などの美文にふれる。これは暗唱させるとよい。（中略）

これまでは、書かれていること（筆者補、『枕草子』「春はあけぼの」段の内容）の面白さに気づかせていた。さらに、古典のもう一つの醍醐味であるリズムの楽しさ、文の美しさに触れる。[*19]

古典の優れた表現やリズムを読み味わうことで、日本文化の中に息づいている美意識や価値観に触れさせる。そして、自分自身や現代社会を見つめ直す。そのために、音読や暗唱を重視した。[*20]

一見すればわかるように、古文テキストは「独特のリズム」を有し、「美しく」、「優れた」テキストとして捉えられています。ここでいう「独特のリズム」、「美しい響き」とは、和歌や俳句、『平家物語』冒頭や『方丈記』冒頭などで言及される七五調のリズムのことを言うのでしょう。そしてこの「美しい響き」を、音読・暗唱・朗読を通じて生徒たちが内面化したり身体化したりすることが目指されます。その際、古文テキストのもつ歴史性や付与されてきた価値、書き手のものの見方や考え方が考慮に入れられることはありません。それゆえ、古文テキストに記される書き手のものの見方や考え方、古文テキストに付与されてきた価値などと生徒たちを向き合わせることはなく、それらはよきものとして再生産されていきます。

（2）日本民族の核心が内在する古典

古文テキストを称揚するものとして、次のような発言もよく見られます。

時代を超えて現代に生き続けている古典には、日本民族としての生き方、考え方があらわされている。古典を通して日本人の人間性を形成している要因をさぐり、[*21]（後略）

「国際化」の時代であればこそ自国の伝統文化を大切にし、日本人としてのアイデンティティを育てなければならない。[*22]

民族の核心ともいうべき日本の神話を後世へ語り継いでいくための学習システムを提案する。[*23]

これらの発言では、古文テキストは「日本民族の核心」、「日本民族としての生き方・考え方」が書き込まれているテキストとされています。そして、古文学習においては、「日本人の人間性を形成している要因をさぐ」ったり、「日本人としてのアイデンティティ」を確立したりすることが目指されることになります。これらの発言はナショナリスティックな雰囲気を漂わせていますが、背景には「世界に貢献するものとして自らの国や郷土の伝統や文化についての理解を深め、尊重する態度を身に付けてこそ、グローバル化社会の中で、自分とは異なる文化や歴史に敬意を払い、これらに立脚する人々と共存することができる」[*24]と記される、中教審答申があるのでしょう。現行の学習指導要領は、「自分とは異なる文化や歴史に敬意を払」うことを目的として伝統文化尊重を求めていますが、ナショナリスティックな言説に絡め取られてしまっているのが現状でしょう。

(3) 現代に通じる普遍的な考えを内在する古典

以下に挙げる発言は、一見すると古文テキストをカノンとして捉えているようには見えません。しかし、古文テキストを称揚しているという点では、これまでのものと異なりません。

『徒然草』は、筆者・兼好の鋭い観察眼や考察力による人の世の真理（無常観）をついた随筆である。中でも名人譚は、身分や家柄にとらわれず、ある特定の分野において秀でた能力を発揮している人物の生き方や感じ方・考え方について、エピソードを通して紹介しており、それらのエピソードから現代にも通じる普遍的な思想や価値観を読み取ることができる。[*25]

こういう時代（筆者補、観念的教養論より国際的実力養成論が勝った時代）の小学校の古典学習であるからこそ、リズミカルな音読で古文に親しませる指導がよい。小学生が音読で耳から記憶した古典の名句名言は、必ず身についた教養として判断の役に立つ。[*26]

神話や昔話の読み聞かせは、日本の伝統文化を伝えると共に、そこに内包される民族の智恵を子ども達に継承する役割を担っている。[*27]

これらの発言に共通するのは、古文テキストには「現代にも通じる普遍的な思想や価値観」、「教養」、「真理」などが内包されているとする見方です。そして、「人生を豊かにする」ために、現代の生徒たちは「学ぼうと」「謙虚」[*28]な姿勢で古文テキストに向き合うことが求められます。それゆえ、語られる出来事や教訓的批評などから教訓を抜き出したり、指針とすべきことについて教師の説明などを聴いたりすることが学習活動の中心となります。典型的な例として、『徒然草』を対象とした授業提案の一つが挙げられます。[*29]その授業では、いくつかの章段から日常生活に生きる教訓を抜き出し、それが教訓たる理由をグループで話し合います。古典を現代に生かそうとして生徒たちに教訓を導き出させようとするのは、あまり問題がないように思われます。しかし、古文テキストに書き込まれているとされる教訓や普遍的な思想、真理などは、いつでも「民族の智恵」などといったナショナリスティックな価値にすり替えられる危険があることに気をつけなければいけません。

次に、海外で感じた自国文化体験の語りに注目したいと思います。ある教師は研究目的でイギリスの授業見学に向かいます。その際、彼が訪問することを事前に知らされていたイギリスの学校は、「haiku」（俳句）の授業を行います。それを見学した彼は、次のような感想を抱きます。

私は、この授業という状況の中に身を置くことによって、私自身の「日本（自国）」の伝統的な言語文化である「俳句」についての知識や技能がいかに不十分なものであったかを思い知らされた。加えて、イギリス（他国）の子どもや教師に、私自身による創句体験に裏打ちされた実意のこもった「俳句」についての「語り」ができなかったことが悔やまれた。（中略）「伝統的な言語文化」は、もとより「国際社会」「グローバル化社会」を「生きる」ことを想定して生まれた概念であり、そのためには、まずは我が国（自国）の「伝統的な言語文化」をよく理解し、それを体現していることが大事である。体現者であれば、伝統的な言語文化と自己との関係、および伝統的な言語文化そのものを自分の言葉で語ることができる。[*30]

彼にとってこの時の体験は、「世界に貢献するものとして自らの国や郷土の伝統や文化についての理解を深め、尊重する態度を身に付け」ることが、国際社会を生きていく上で必要であることを痛感させられた体験としてあったようです。しかし、ここで述べられている古文学習の目指すところは多文化理解につながる伝統文化理解ではなく、「教養」としての俳句理解、俳句創作を実体験することに過ぎません。伝統的な言語文化学習は「教養的知識の習得」としか捉えられていないのです。ここでも古文テキストは、生徒たちが到達すべき「普遍的な思想」、「真理」、「知恵」、「教養」などが書き込まれたテキストとして存在しています。

ここまで、カノンとして古文テキストが捉えられ、生徒たちに伝えられようとしていることを確認してきました。そこでの古文テキストは、「美しく」、「古典特有」の「響き」や「リズム」でもって表現され、「民族の核心」や「日本人の人間性を形成している要因」や「普遍的な思想や価値観」、「真理」が書き込まれた、「先験的に価値」をもつテキストとしてありました。そして、音読や暗唱、朗読を中心に種々の学習活動を通じて、生徒たちが身体化、内面化することが目指されていき、カノンとしての古文テキスト観が再生産され続けていくことになるのです。

第三節　関係概念としての〈古典〉

本節では、渡辺のいうもう一つの古典観、「関係概念としての古典」という古文テキストの捉え方に注目します。教育現場に携わる者はどのような学習活動を仕組んで、生徒たちにどのように古文テキストを差し出そうとしているのでしょうか。

（1）表現例としての古典

調査対象とした国語教育誌を見ていく中で気づかされたのが、創作活動に関する実践報告や提案が多く発表されていることです。中でも俳句や短歌の創作活動は多く、ほかにも古文テキストに記された俳句をもとにした連歌の創作活動、[*31]『伊勢物語』中の和歌を用いた歌物語の創作活動[*32]を展開する実践報告などが確認できました。この背景には、現行の小学校学習指導要領国語編の第3学年及び第4学年の「伝統的な言語文化と国語の特質に関する事項」において、「易しい文語調の短歌や俳句について、情景を思い浮かべたり、リズムを感じ取りながら音読や暗唱をしたりすること」と短歌や俳句に言及されていること、第5学年及び第6学年の「B　書くこと」の領域における言語活動例示の中で「詩や短歌、俳句をつくったり」と短歌や俳句の創作が求められていること、中学校学習指導要領国語編の第3学年の「伝統的な言語文化と国語の特質に関する事項」中に「古典の一節を引用するなどして、古典に関する簡単な文章を書くこと」などがあります。そして、これら創作活動に関する実践報告や提案では、「古典の世界の人物と現代の私たち」[*33]が無関係ではないということを学びの中で確認できた」など、古文テキストに書き込まれた世界が、現代の生徒たちと遠い世界ではないと実感させることに重点が置かれています。

このような実践報告や提案をめぐる状況について、難波博孝は「小学校・中学校の「伝統的な言語文化」の指導事項には、発表・音読・作文、また解説にも創作・上演など「つくる／生み出す」内容が多いことに気づきます。

まさに表現に向かう「伝統」が目指されているのです[34]（傍線ママ）」とまとめています。これら「表現に向かう」古文学習は、生徒たちが古文テキストや古典世界を身近に感じることを第一の目標とされています。さらに古文テキストにならった創作活動を通じて、伝統文化を継承する態度を育てながら、これにとどまらないことばの力を身につけていくことが目標として据えられます。ここに、古文学習を通じて、伝統文化を継承しつつ新たな文化創造の契機を生徒たちに与えようとしていることを見て取ることができます。

しかしこれらの創作活動では、短歌や俳句、歌物語という型を模倣するだけで、古文テキストに記された価値観や世界観は問題とされません。こうした活動の中で、目が向けられるのは出来事を語る順番や修辞技法のみで、古文テキストが向き合っている問題やそれに対する向き合い方、応答などは読まれることがありません。ここでの古文テキストは、修辞技法や構成、出来事などの語り方の参考例に過ぎないのです。

（2）身近な古典

古典教育の問題点として必ず指摘されるのが、受験を見据えて原文での古文テキスト理解にこだわること、そしてそれに付随する文法事項の習得を中心とすることです。例えば、鳴島甫は次のように述べています。

「原文を読む能力をつける」という目標は、それを必要とする文学研究や国語教師や日本史研究を志す生徒並びに自分でも原文で古典を読んでみたいと思う生徒向けの選択科目に回せばよい。それよりも、古典を学ぶ意義を見いだせない生徒が七割を超える現在、古典作品を読むことによって何を学ぶのか、つまり、学ぶ価値がどこにあるのかを明確に示しておくことの方がより重要である。そのためにも、教材として取り上げた箇所の古典的価値を明確にする解説が重要となる。[35]

鳴島のほかにも、「昔の人のものの見方や考え方を知るためには、できるだけ多くの文章に触れた方がよい場合がある」とし、「すべてを原文で読む必要はなく、関連する部分は現代語訳で読むような方法を取り入れることが重要」[*36]との発言が見られます。また、現行の学習指導要領においても「古典の原文に加え、古典の現代語訳、古典について解説した文章などを取り上げること」と注記されており、原文にこだわることで「古典嫌い」を生み出してしまわないようにしようとする配慮が見られます。

こうした中で強調されるのが、現代の生徒たちにも身近なテキストとして古文テキストを再発見することです。その例としては、以下の発言が挙げられます。

竹取物語は、宇宙や不思議な存在を扱ったSFファンタジーの要素や、さまざまな人間模様など、中学生に古典のおもしろさを提供する材料が豊富な作品である。[*37]

同じ段（筆者補、『徒然草』第137段）の中で、これまでは「月」や「花」など自然について語っていたものが、ここに来て（筆者補、「男女の情も〜色好むとは言はめ」の部分）作者の恋愛論に発展している部分である。このような内容ならば、現代の高校生も興味を持って読むことができるのではないか。（中略）また、題材を「恋愛観」や「女性観」と考えたのは、時代を超えての人間の大きな関心事である主題を使い、共感を持って古典を読ませる目的があったためである。[*38]

これらの発言からは、古文テキストを「おもしろい」内容が書き込まれたテキストであると捉えていること、古人も現代人と同様の問題について同様に考えていると見なしていること、そしてそれらを伝えることを通じて、古文テキストやそこに書き込まれている古人は決して遠い存在ではないことを生徒たちに実感させようとしていることなどが確認できます。古文テキストの「おもしろさ」を伝えようというのは、『源氏物語』のゴシップ性[*39]や芭蕉忍者説[*40]を利用した授業実践などからもうかがえます。また、古人と現代人との近さを伝えようというのも、「「昔も今も同じだ」というような理解や共感を通して物事の普遍性を意識させる[*41]」、「現代の人間にも共通するものがあることを発見し、古典への認識を新たにします[*42]」などの発言からもうかがえ、身近なテキストとして古文テキストを生徒たちに差し出そうというのは決して少なくありません。

古文テキストには難しい教義ばかりが書き込まれているのではなく、生徒たちに「おもしろさ」を感じさせる要素もあり、それを生徒たちに提示すること、また、古文テキストが向き合っている問題やその問題への応答は現代人のそれらと異ならないことを生徒たちに実感させること、これらのことを通じて、生徒たちの古文テキストへの親しみを醸成しようというわけです。その結果、生徒たちも古文テキストと自分たちとの共通点や近さばかりに目が向くようになり、「身近な古典」言説は再生産され続けます。このことを、ある実践報告中に見られる、「昔も今も人々の思いは変わらず、歴史の大きさ、雄大さを感じました[*43]」との生徒たちの反応はよく伝えてくれます。

(3) 〈他者〉としての古典

次に挙げる通り、「身近な古典」とは対照的な古文テキストの捉え方も見られます。

> 古文は、現代(語)と離れているところに、学習の意義がある。なぜなら、古文の適度の言語的な抵抗が言葉とゆっくり向き合うことを可能にして、作品の表現や内容を異化することを容易にさせてくれると考えるからである。

さらにそれを通して「自己」や「今」を対象化し、改めて理解することが可能になるからである。[44]

古典の魅力とは何といっても、現代とは異なる世界を追体験できるところにある。（中略）まず、古典のなかに、現代とは異なる言語・文化・信仰などの「他者性」が発見されなければならない。そして、発見した「他者性」を理解し「他者」を受容しようとする過程においてはじめて、学習者は自己を相対化し、新しい「ものの見方・感じ方・考え方」を獲得することができるのである。[45]

ここで強調されるのは、古文テキストやそこに書き込まれた世界が、現代と「異なる」、「離れる」点です。そして、このような古文テキストの特徴を生かして、生徒たちのものの見方や考え方を、あるいは生徒たちの生きる現代を「対象化」、「相対化」する古文学習が目指されます。それゆえ、テキストと「ゆっくり向き合い」ながら、古文テキスト中に書き込まれた登場人物やテキストの書き手自身のものの見方や考え方を読みとることが学習の中心となります。この内実については、次節で詳しく見ていきます。

第四節　国語教室で創られる〈古典〉に対する疑義

ここまで教える側の古文テキストの捉え方や生徒たちへの差し出され方について見てきました。その一方で、国語教育誌の中にはこれらに対する違和感を表明する発言も見られます。本節ではそれらを確認しつつ、筆者自身が抱く違和感について述べていきます。

（１）ナショナリズムへの危惧

音読・暗唱・朗読を中心に、古文テキストの美しい響きやリズム、古文特有のリズムなどが身体化・内面化されようとしていたことは第二節で確認した通りですが、これには疑義も呈されています。例えば鶴田清司は「確かに、下手をすると、国家が「美しい」とお墨付きを与えた文章を聖典化して、それを「名文」として音読・暗唱させ、「暗黙知」として学習者に刷り込んでいくという発想につながりかねない[*46]」と、その危うさを指摘しています。また難波も「音読や暗唱だけでは、伝統的な言語文化に近づいたとは言えません」とした上で、「音読や暗唱一辺倒の伝統的な言語文化の授業は、伝統への過剰な一体化や過剰な過去への賛美の問題が起こります[*47]」（傍線ママ）と警鐘を鳴らしています。

これには「大げさな」という声も聞こえてきそうですが、そうとも言いきれません。有働玲子は坪井秀人の『声の祝祭―日本近代詩と戦争―』（名古屋大学出版会、一九九七年）を参照しながら、「戦中に行われた戦意高揚を目指す国民詩朗読や国民学校で励行されていた素読教育等とは異質の、古典に親しむ指導を行うことが重要である[*48]」と、音読・朗読・暗唱の、ナショナリズムに資する学習への転化しやすさに十分に注意を払う必要があることを述べています。またある授業では、「文部省編輯局が執筆し」、「明治十六年に発行され」た「小学初等科で児童に作法を教える際の、教師用の指導資料のようなものである[*49]」『小学作法書』が用いられています。報告されている小学校中学年の生徒たちの感想には、「今は、お父さんやお母さんに、朝と夜お辞儀はしていないけど、やってみようかな」、「ぼくのお兄ちゃんはいつも僕を困らせるから、これを読ませてあげたい[*50]」と述べられています。正しい価値観が書き込まれた教訓書を古文テキストと認め、生徒たちを感化させながらその価値観を「刷り込」む古文学習、イデオロギー学習としての古文学習が展開されようとしている様子がうかがえます。この価値観に「称揚すべき日本民族」を代入すればナショナリズムに資する古文学習はすぐに完成してしまいます。

また、小学校における古文教材の開発として、「興味や関心を抱かせる」、「暗唱させる」という目的を達成するために、戦前や明治期の国定教科書、唱歌に目が向けられます。

文語調の文章の読みになじませる教材を戦前戦時に遡って探すなら、国定国語教科書にその候補を多く見いだすことができよう。『小学国語読本』（サクラ読本）には文語体の文章（詩歌を除く）が十七箇あり、『初等科国語』（アサヒ読本）には二十箇ほどもある。後者には『平家物語』を読みやすくリライトした教材が七つ入っている。[*51]

いっそのこと国語科が、特に導入期の古典教材として、唱歌・童謡の歌詞を積極的に採り入れていってはいかがであろうか。（中略）千年以上の永きにわたり、日本人が季節に対して懐いてきたそういう感覚（筆者補、タンポポを発見して春の訪れを感じるなどの感覚）を、小学生の中に甦らせることができたら、それこそが真に「伝統的言語文化」の「継承・発展」と言えるのではなかろうか。[*52]

文語調に親しむために戦前戦中の国語教科書や唱歌を利用することが提案されていますが、戦前戦中の国語教科書はもちろんのこと、唱歌が明治期のナショナリズムに加担したことは見逃せない事実です。[*53] このように、「伝統的な言語文化」に関する学習が重視される中で古文教材の開発が必要になり、テキストがはらむイデオロギー性には目を向けず、戦前戦中の国語教科書や唱歌などが用いられる場面が散見されつつあります。こうした点において、古典がナショナリズムの文化装置になりかねない状況が生まれつつある、といえるでしょう。

（2）日本民族という見方への疑義

古文テキストに「民族の核心」が書き込まれているとする見方にも疑義が呈されています。例えば大槻和夫は現行の学習指導要領で「伝統的な言語文化と国語の特質に関する事項」が新設されたことに対して、「古文・漢文を「伝統的な言語文化」として読ませれば日本人のアイデンティティが形成されるとでもいうのだろうか[*54]」と古典学習と日本人としてのアイデンティティー（「民族の核心」）形成をつなげることを否定的に見ています。

また難波は、日本文化について次のように述べています。

日本には、アイヌ文化・在日コリア文化・沖縄文化が既に土着化し、日本の伝統文化の担い手の一つとなっています。いわゆる和文化だけに注目するのではなく、このような文化にも注目することが、豊かで多様な日本の伝統文化を継承することにつながるのです[*55]。（傍線ママ）

日本文化は、単一の日本民族が形成した単一の文化ではない、古代から現代まで多種多様な文化が、混淆したり、対立したり、共存したりして、形成されてきた多様な文化が日本文化であるとしています。

近年、日本における文化の多様性を捉え直す動きが文学研究においても顕著です。日本外部との接触という点では、日本文化を東アジアという視点で捉え直したり、キリシタン文化との出会いに目が向けられたりしています。日本内部での捉え直しという点では、寺社の悉皆調査により発見された宗教テキストや「偽」ということで切り捨てられてきた偽書に目が向けられ、人と社会や文化との関係が見直されつつあります[*56]。

これらの指摘を踏まえれば、日本文化は決して単一のものとして語ることはできません。「雅な文化」、「剛胆で質素な文化」といった言葉では捉えきれないほど日本の文化は多様なのです。ここに目を向けず、「日本民族の核心」、

「日本民族としての生き方」、「日本民族の智恵」が古文テキストには書き込まれており、「伝統的な言語文化」をその蓄積として捉えることは、日本文化や古文テキストを矮小化してしまうことになります。

（3）テキストの読みに対する疑義

第三節において、古文テキストの他者性に目を向け、これを生かして生徒たちのものの見方や考え方の深化拡充を図った古文学習が展開されていることについて言及しました。それは例えば次のような授業実践のことです。

どの教科書も、やっとの思いで盗み出した女を鬼に喰われてしまった（兄たちに奪い返されてしまった）男の悲恋の物語として、歌の鑑賞を中心に、登場人物の心情・素性を読みとらせる方向で手引きが構成されており、鬼が一口で女を食う描写などは「絵空事」としてあまり重要視されていない。

ところが、この「絵空事」こそが当時の人々の世界観、文化・信仰のうえでの「他者性」なのであり、学習者の知的好奇心をかきたて、古典に親しむ態度を育てるテコとなるものなのである。（中略）当時の人々が、心の「闇」とどのように向き合ってきたのかということについて学ぶことは、ストレスや犯罪の多い現代を生きる学習者にとって現実味のあるテーマであるといえる。[*57]

ここで強調される「他者性」とは生活様式や信仰など風俗の面での現代との異なり、現代とは異なる習慣、慣習といった、いわゆる「古典常識」のことです。これは特に大学受験の参考書としてまとめられていることからも明らかなように、生徒たちのものの見方や考え方を深化拡充するというよりは、知識や教養として獲得されるだけになってしまいます。実際、報告されている生徒たちの感想文には、「昔の人々は想像力が豊かな上に賢かったのだと思える」、「闇から鬼を連想するなんて私には出来ないし、すごいと感心するばかりだった」、「鬼という得体の知れない悪役が出てきて、悪いところを全部もっていってしまう所に、今とは違ったおもしろさを感じた」など、自分とはかけ離れた昔の人の話としてしか『伊勢物語』「芥川」を受容できておらず、生徒たちのものの見方や考え方が深化拡充したとは認められるかは疑問です。

「芥川」を扱ったもう一つの授業実践では、ほかの古文テキスト（『伊勢物語』「通ひ路の関守」章段、選択教材として『今昔物語集』「在原業平中将女、被噉鬼語」、『更級日記』「竹芝寺」、『西鶴諸国ばなし』「忍び扇の長歌」、『雨月物語』「吉備津の釜」）と読み比べ、「芥川」の特徴を見いだすことが学習活動として仕組まれています。これは同様のモティーフを扱った他テキストを読み比べ、テキストの書きぶりを捉えていくという学習活動ですが、この学習活動を経た生徒たちの感想文が次のように摘記されています。

生徒達は、「時代を超えても、作品の根底にあるのは『人を愛する気持ち』、それが様々に姿形を変え、違った作品になっているのはおもしろいと感じました。」「(古典作品を) 見くらべることで、自分たちの考えも広がるのがとてもよくわかりました」などと記していた。[*58]

この感想を踏まえると、生徒たちは読み比べの活動を通して、「芥川」を「人を愛する気持ち」を伝える話として受け入れ、〈愛〉について「自分たちの考えも広が」ったと実感したようです。それゆえ、この授業実践は、古文テキストの「他者性」を生かし、生徒たちのものの見方や考え方を深化拡充するという試みに成功しているといえそうです。しかしここには看過できない大きな問題があります。それは、「芥川」には「女性掠奪のモティーフ」[*59]が用いられているということです。読み比べられたほかのテキストもまた同様です。にもかかわらず、授業の中ではそれが「「をとこ」の努力」[60]として読まれていたようなのです。つまり、この授業実践では、男性に都合のよい女性掠奪を「「をとこ」の努力」として読み、生徒たちは「芥川」を批判することなくそのまま受容し、〈愛〉についての見方や考え方を深化拡充したということになります。ここに危うさはないでしょうか。

ここで言う「危うさ」とは、古文学習がいつでもイデオロギー再生産のための学習となり得る危うさです。そしてその原因は古文テキストに書き込まれたものの見方や考え方の獲得を、生徒たちのものの見方や考え方の深化拡充にダイレクトにつないでしまうことです。言い換えれば、古文テキストが向き合っている問題領域、それに対する応答やそこに至るまでの対話過程、テキストが帯びる、あるいはテキストに付与されてきたイデオロギー性に目を向けず、テキストのものの見方や考え方の獲得のみを目標とすること、そこに古文学習がイデオロギー学習となり得る危うさの原因があるということです。

そしてその根本にあるのは、古文テキストが国語教師にも生徒たちにも読まれていないことにあると筆者は考えています。竹村は次のように述べています。

> 教材選択の不適合、学習指導内容の表層性。これをまとめれば、教材、学習指導ともに、生徒のかかえもつ現実感覚や知的欲求にとどいていない古典の教室ということになります。（中略）わずらわしい文法や待遇表現、語彙の学習、あるいはワークシート作業や現代語訳、内容整理といった学習活動をへてみえてくる世界を、生徒たちの現在に知的刺激をあたえる世界として開示しえていない古典教室。古文の世界への違和感や「古文の学習」そのものへの拒絶、抵抗はこれに由来する、というのが私の見方です。[61]

学習作業に見合わない学習内容が原因で、生徒たちにとって古典学習は、「拒絶、抵抗」の対象となってしまっていると竹村は述べています。古文テキストの表層的な読みに終始する限り、古文学習が生徒たちの「知的欲求」を満たすことはありません。これは現代文学習をめぐる授業実践報告や授業提案と比較すれば実感されることでしょう。現代文学習で要求される読みと古文学習で要求される読みとの間には大きな懸隔があります。古文学習での読みを再考し、現代文学習と相互補完する形で、生徒たちの「知的欲求」を満たしていく必要があるのではないでしょうか。

（4）変わらない教材観に対する疑義

ここでは、教材観が更新されていないことを取り上げます。特に説話集テキストや『宇治拾遺』の教材観に関して述べられたものに注目します。国語教育誌には次のような発言が見られました。

説話とは、人の口から口へと受け継がれる世の中の珍しい話のことです。大きく仏教的な教えを説くものと、社会を題材にした教訓的なものがあります。*62

『宇治拾遺物語』は、真面目な者や正直な者が幸せになったり、約束を守る大切さを教えたりする内容が、生徒が生きる知恵を学ぶのに適した古典である。*63

（筆者補、『宇治拾遺』第13段は）情趣を解さない児に関する笑話として扱われることが多い。基本的にはそのとおりなのだが、この話には平安朝的な美意識の転換が見られる。末尾に「うたてしやな」と記した人間は、桜のことよりも作物のことを心配する人間の出現に驚いているのである。*64

一つ目の発言では、説話というジャンルに対する見方が表明されており、説話を口承文学として捉えていることがわかります。しかし、例えば『今昔』はさまざまな資料から書承していることがすでに指摘されており、[*65]『宇治拾遺』はその『今昔』との密接な関係をもつテキストであることが指摘されています。[*66]説話＝口承文学という見方はすでに30年以上も前に見直されています。前章では、「間違いである」と断じる前田雅之の発言も確認しました。

二つ目の発言では、『宇治拾遺』をはじめとした説話集を教訓書の一種として見ています。確かに説話には話末評が付され、そこには教訓の類が記されることがあります。しかし、特に『宇治拾遺』においては、話末評が物語内容と齟齬をきたしていたり、話末評をもどくような語りがなされていたりと、話末評としての機能を果たしていないことが指摘されています。[*67]にもかかわらず、話末評をもって『宇治拾遺』の教訓とする見方がいまだに根強くあるのです。『宇治拾遺』はむしろそうした規範的な言説をもどくテキストとしてあったこと、すでに確認してきた通りです。

三つ目の発言は『宇治拾遺』第13段の解釈についてです。眼前の桜より田舎の麦を心配する児に対して、一緒にいた僧の感想を代弁するかのように「うたてしやな」と話末評が付されています。ここに「平安朝的な美意識の転換」を見るのですが、第13段でも話末評はもどかれています。その解釈については竹村の論考に詳しくあります。[*68]『宇治拾遺』というテキストの表現を見ずに、「平安朝の美意識の転換」と時代の精神性に還元してしまっているのです。

これらの発言からうかがえるように、古典文学研究の成果が参照されることなく、旧態依然としたジャンル観や教材観でもって、古文学習が行われています。古典文学研究の成果を必ず踏まえなければならない、というわけではありませんが、矮小化することなく古文テキストを生徒たちに提示したり、生徒たちの「知的欲求」を満たしたりするためには、ジャンル観や教材観はある程度更新されていく必要があるのではないでしょうか。

第五節　国語教室の〈古典〉とその更新に向けて

ここまで国語教育誌に発表された授業実践報告や授業提案、論考などに目を通し、生徒たちにどのように古文テキストが差し出されようとしているのかについて見てきました。文学研究の成果などの古文テキストをめぐる〈知〉が踏まえられず、旧態依然としたジャンル観、教材観でもって古文テキストが差し出され、国語教師にも生徒たちにも読まれることなく表面的に価値付与されてしまい、十把一絡げにされてしまっている点に問題を見いだしました。また、現在行われている古典学習の多くはいつでもイデオロギー教育に転向してしまう脆弱性を有していることも確認できました。こうした古典教育をめぐる状況を改善しようと、文学研究者が積極的に発言するようになってきましたが、[*69]生徒たちの「知的欲求」や生徒たちの生、社会状況との接点はあまり考慮されていません。考慮されたとしても、古文テキストにおいても生徒理解においても、表層的なものにとどまってしまっていることは否めません。それゆえ、古典教育に関係するあらゆる人が、自分たちの古文テキスト観や教材観、生徒観を更新していき、相互に交流することを通して古典教育を更新していくことが必要でしょう。

なお、ここでは授業実践などを批判的に取り上げましたが、その一つ一つを批判することが目的ではありません。むしろ実践に向ける教員の努力まで搦めとってしまう古典教育言説の権力性、テキストのイデオロギー性がいかに強固であるかを示そうとするものでした。

注

1 テッサ・モーリス-スズキ著、伊藤茂訳『愛国心を考える』（岩波書店、二〇〇七年）には次のように述べられています。
教育において愛国心が果たす役割は、二〇〇六年、教育基本法が一九四七年の導入以来初めて改定された際に、さらに強化された。この新たな法律に記されている一つの中心的な目的が「我が国と郷土を愛する態度を養う（中略）こと」である。（中略ママ）（5頁）
これらの問題（筆者補、愛国心にかかわる問題）をさらに踏み込んで理解するためには、愛国心という発想がどこで生まれたのか、過去に日本で、そしてその他の国々でどのように理解され、利用されてきたのかを検証することが大切であろう。（7頁）

2 前掲注1、18～19頁。

3 文部科学省『高等学校学習指導要領解説　国語編』（東洋館出版、一九九九年）、10頁。

4 文部科学省『高等学校学習指導要領解説　国語編』（教育出版、二〇一〇年）、10頁。

5 鶴田清司「外的要因としての法改正と内的要因としての学力調査」（『教育科学国語教育』第七〇一号、二〇〇八年一二月）。

6 ハルオ・シラネほか編『創造された古典―カノン形成・国民国家・日本文学』（新曜社、一九九九年）。

7 前掲注4、「第一節　改訂の趣旨」。

8 大澤真幸『ナショナリズムの由来』（講談社、二〇〇七年）。

9 萱野稔人ほか『ナショナリズムの現在―〈ネトウヨ〉化する日本と東アジアの未来』（朝日新聞出版、二〇一四年）に収録された同氏らによる同名の座談会の中で、萱野稔人は次のように述べています。
こういうこと（筆者補、「慰安婦の強制連行はなかった」）を言えば言うほど日本の立場は国際的に悪くなる。自分たちは愛国的立場で国のために言っているつもりが、それが国の立場を悪くしている。だから今の問題は「ナショナリズム」そのものの原理的な良し悪しの問題以前に、「ナショナリズムが国益すら無視して暴走し始めている」というところだと思うんですよ。（33頁）

10 竹村信治「〝伝統的な言語文化〟の摑み直し（上）―『伊勢物語』初段、『今昔物語集』「馬盗人」などを例に―」（『国語教育研究』第五三号、二〇一二年三月）、55頁。

11　前掲注10と同。

12　調査対象としてここで取り上げた雑誌は以下の通りです。『日本語学』（明治書院）、『文学・語学』（全国大学国語国文学会）、『解釈』（解釈学会）、『国語の授業』（児童言語研究会）、『文芸教育』（文芸教育研究協議会）。

13　渡辺春美「古典学習材開発・編成の観点―古典学習材の開発・編成個体史を手がかりに―」（『月刊国語教育研究』第四四〇号、二〇〇八年一二月）、4頁。

14　以上、渡辺春美「古典学習指導の問題点―学ぶ意味への疑問に応えぬ学習指導―」（『教育科学国語教育』第六九六号、二〇〇八年八月）、26頁。

15　前掲注14、26頁。

16　前掲注6。

17　菊野雅之や八木雄一郎による古典教育史をめぐる一連の論考。

18　大熊徹「楽しく繰り返す音読から暗唱へ」（『教育科学国語教育』第七三三号、二〇一一年二月）、12頁。

19　長谷川みどり「古典の授業は不易である」（『教育科学国語教育』第七三三号、二〇一一年二月）、47〜50頁。

20　冨家淳夫「古典（韻文・漢詩）の優れた表現やリズムを読み味わう国語学習―文字カードや絵カードを用いた音読や暗唱を通して―」（『月刊国語教育研究』第四六二号、二〇一〇年一〇月）、35頁。

21　須田実「言語文化に親しむ古典の授業改善―古典を通して日本人の「心の原点」や「言語の特質」を学び合う―」（『教育科学国語教育』第六九六号、二〇〇八年八月）、103頁。

22　山中恒己「古典教育の再構築に向けて―古典学習の系統化と教材の見直し・精選を―」（『月刊国語教育研究』第四六五号、二〇一一年一月）、37頁。

23　塩苅有紀「「日本神話かるた」と「読み聞かせ」で日本神話を語り継ぐ―小学校二年　日本神話「くにうみ」―」（『教育科学国語教育』第七二三号、二〇一〇年六月）、32頁。

24　中央教育審議会「幼稚園、小学校、中学校、高等学校及び特別支援学校の学習指導要領等の改善について（答申）」（二〇〇八年一月）、57頁。URL は www.mext.go.jp/b_menu/shingi/chukyo/chukyo0/toushin/__icsFiles/afieldfile/2009/05/12/1216828_1.pdf

25 蔭山江梨子「中学・高校における古典指導の開発」(『教育科学国語教育』第七〇八号、二〇〇九年五月)、103頁。
26 市毛勝雄「文法抜きの音読指導を」(『教育科学国語教育』第六九六号、二〇〇八年八月)、15頁。
27 森川敦子「意図的、計画的に、昔話や神話の読み聞かせを行う必要性と目的」(『教育科学国語教育』第七一七号、二〇一〇年一月)、35頁。
28 以上、岩崎淳「古典は人生を豊かにする―なぜ古典を学ぶのか―」(『教育科学国語教育』第七三三号、二〇一一年二月)、18〜19頁。
29 坂口智子「古典の世界を楽しもう―『徒然草』の実践を通して―」(『月刊国語教育研究』第四六〇号、二〇一〇年八月)。
30 松川利広「「伝統的な言語文化」の学習指導にグローバルな視点を」(『月刊国語教育研究』第四七四号、二〇一一年一〇月)、2〜3頁。
31 黒岩淳「俳諧連歌を理解させる「奥の細道」―芭蕉の発句をもとに「表八句」創作―」(『月刊国語教育』第二九巻第一号、二〇〇九年四月)。
32 澤田浩文「古典世界との共通点を探る―自作歌物語と『伊勢物語』の比較を通して―」(『月刊国語教育研究』第四六六号、二〇一一年二月)。
33 前掲注32、45頁。
34 難波博孝「伝統は古くないから、こそ」(『教育科学国語教育』第七三三号、二〇一一年二月)、14頁。
35 鳴島甫「読書へとつなぐ伝統的な言語文化の指導」(『月刊国語教育研究』第四三七号、二〇〇八年九月)、31頁。
36 以上、富山哲也「古典に一層親しませるために―古典の楽しみ方を指導する中学校国語の授業―」(『日本語学』第三七七号、二〇一一年四月)、10頁。
37 渡辺真由美「『竹取物語』の魅力にせまる」(『月刊国語教育』第三〇巻第九号、二〇一一年一〇月)、33頁。
38 西岡裕二「『徒然草』を使った授業―兼好法師も男だね!―」(『月刊国語教育』第三〇巻第九号、二〇一一年一〇月)、43頁。
39 長嶋和彦「女房たちのうわさ話―源氏物語「光源氏の誕生」―」(『月刊国語教育』第二九巻第二号、二〇〇九年五月)。
40 深谷仁「単元『おくの細道』〜芭蕉忍者説を追う〜」―学習意欲の向上を目指して―」(『月刊国語教育研究』第四五九号、

41　松澤直子「「古典に親しむ素地」をつくる―国語総合『伊勢物語』における実践―」（『月刊国語教育研究』第四四〇号、二〇〇八年一二月）、61頁。
42　大和田満里子「『徒然草』を四コマ漫画に」（『国語の授業』第二一八号、二〇一〇年六月）、71頁。
43　宮本由里子「古典を楽しむ―テーマで読む二つの古典―」（『月刊国語教育研究』第四五一号、二〇〇九年一一月）、6頁。
44　堀田悟史「高等学校における「伝統的な言語文化の教材開発」について―「古文の理解」から「古文との対話」へ導く教材開発の観点―」（『月刊国語教育研究』第四五二号、二〇〇九年一二月）、24頁。
45　高橋史樹「学習者の「ものの見方・感じ方・考え方」を再構築するための古典の授業―『伊勢物語』第六段「芥川」を学習材として―」（『月刊国語教育研究』第四七一号、二〇一一年七月）、58頁。
46　鶴田清司「古典学習における暗記・音読・暗唱を超えて」（『教育科学国語教育』第七〇六号、二〇〇九年五月）、33頁。
47　以上、前掲注34、16頁。
48　有働玲子「古典の音読・朗読指導―声を聞き合う学習を作る―」（『月刊国語教育研究』第四八八号、二〇一二年一二月）、30頁。
49　以上、山中伸之「実用的な内容の文章を読む」（『教育科学国語教育』第六九六号、二〇〇八年八月）、48頁。
50　前掲注49、50頁。
51　小田迪夫「伝統的な言語文化の学習を深める旧教材をふりかえる」（『月刊国語教育研究』第四五七号、二〇一〇年五月）、37頁。
52　藤本宗利「古典教材としての唱歌―歌詞の中の「伝統的言語文化」」（『月刊国語教育』第三〇巻第二号、二〇一〇年五月）、83～85頁。
53　山東功『唱歌と国語―明治近代化の装置―』（講談社、二〇〇八年）。
54　大槻和夫「新学習指導要領はどのような国語科教育実践を求めているのか―中学校の場合―」（『教育科学国語教育』第六九四号、二〇〇八年六月）、59頁。
55　前掲注34、16頁。
56　『シリーズ日本文学の展望を拓く』（笠間書院、二〇一七年）や、『中世文学と隣接諸学』（竹林舎、二〇一〇年～二〇一四年）、『アジア遊学』（勉誠出版）などに研究の成果を、『日本古典偽書叢刊』（現代思潮社、二〇〇四年～二〇〇五年）、『真福寺善本叢刊』（一九九八年～二〇一一年）などに資料発掘の成果を認めることができます。また、小峯和明や阿部泰郎、伊藤聡、小川豊生らの単著にもその成果を認めることができます。

57 前掲注45、59～61頁。

58 鎌田政司「「古典B」における古文指導の工夫―「学習の手引」の活用を通して―」（『月刊国語教育研究』第四七八号、二〇一二年二月）、28頁。

59 立石和弘『男が女を盗む話―紫の上は「幸せ」だったのか』（中央公論新社、二〇〇八年）。

60 前掲注58、27頁。

61 竹村信治『言述論―for 説話集論』（笠間書院、二〇〇三年）、570頁。

62 藤原かおり「「伝統的な言語文化と国語の特質に関する事項」の指導―音読で伝統的な言語文化の特性を体験する授業を―」（『教育科学国語教育』第七二九号、二〇一〇年一〇月）、103頁。

63 深谷幸恵「読み聞かせと音読を組み合わせる」（『教育科学国語教育』第六九六号、二〇〇八年八月）、53頁。

64 岩崎淳「学習指導要領の改訂と古典指導の方向」（『月刊国語教育』第二八巻第四号、二〇〇八年六月）、57頁。

65 小峯和明『今昔物語集の形成と構造』（笠間書院、一九八五年）。

66 小峯和明「今昔・宇治成立論の現在―宇治大納言物語の幻影など―」（『国文学』第二九巻第九号、一九八四年七月）。

67 森正人「宇治拾遺物語の本文と読書行為」（有精堂編集部編『日本の文学　第五集』有精堂、一九八九年五月）。

68 前掲注61。

69 梶川信行編『おかしいぞ！　国語教科書―古すぎる万葉集の読み方』（笠間書院、二〇一六年）、松尾葦江編『ともに読む古典―中世文学編―』（笠間書院、二〇一七年）など。

コラム❷

古典教育研究・古典教育実践を知るために

古典教育のこれまでの成果やこれからの展望を知るためには、全国大学国語教育学会編『国語科教育学研究の成果と展望』（明治図書、二〇〇二年）、同編『国語科教育学研究の成果と展望Ⅱ』（学芸図書、二〇一三年）が便利ですが、ともに絶版ですので、近くの図書館などで閲覧する必要があります。また、現在にも大きな影響を与えているとされる論考については、飛田多喜雄ほか監修、小和田仁ほか編『国語教育基本論文集成第17巻　国語科と古典教育論』（明治図書、一九九三年）に収録されています。

インターネット上の検索では、やはりCiNiiが便利です。CiNiiで「古典教育」、「古典　教育」、「古典教材」、「古典　授業」などで検索すると、論考を見つけることができます。ものによってはそのまま無料で読めるので便利です。

J-STAGEには全国大学国語教育学会の学会誌『国語科教育』が登録されていますので、これの目次を眺めてみると、新しい発見があるかもしれません。

また、Googleなどでそのまま「古典　教育」などで検索すると、発見があるかもしれません。

古典に関する授業実践も右記と同様ですが、なかなか出てこないこともあります。『月刊国語教育研究』（日本国語教育学会）や『解釈』（解釈学会）などの学会誌、『教育科学国語教育』（明治図書）、『日本語学』（明治書院）、『月刊国語教育』（東京法令出版、二〇一一年休刊）などの商業誌、それぞれの古典教育や国語教育の特集号に実際に当たった方が見つけられるかもしれません。それらからは、たくさんのヒントを得られると思います。扱う教材が決まっていて、教材研究や授業のアイデアが欲しい場合は、右記に加えて前田雅之ほか編『〈新しい作品論〉へ、〈新しい教材論〉へ―文学研究と国語教育研究の交差―』(右文書院、二〇〇三年。4巻)、明治書院編、全国高等学校国語教育研究連合会協力『高等学校国語科授業実践報告集』(明治書院、二〇一四年。3巻)、早稲田久喜の会編『学びを深めるヒントシリーズ　伊勢物語』(明治書院、二〇一八年)、吉永昌弘編『学びを深めるヒントシリーズ　平家物語』(明治書院、二〇一九年)などが便利です。また、日本国語教育学会監修、高橋邦伯ほか編『シリーズ国語授業づくり　中学校　古典―言語文化に親しむ―』(東洋館出版社、二〇一八年)、古田尚行『国語の授業の作り方―はじめての授業マニュアル―』(文学通信、二〇一八年)は、授業を作る上で考えるべきポイントの押さえ方を教えてくれます。

古典教育に関する論考や実践報告に関しては、国文学研究資料館の論文データベースのようなものがありません。それゆえ、特に実践報告に関しては、図書館などに行って、前に記した雑誌を実際に閲覧していく方が、検索に時間をかけるよりよいかもしれません。二〇〇八年以降のものを見ていくだけでも、ある程度の傾向をつかんだり、授業のヒントを得たりすることはできると思います。もちろんすぐれた実践は二〇〇八年以前にも発表されていますので、それらからも学ぶところは多くあります。少しずつさかのぼって見ていってはどうでしょうか。

第三章　公共性・主体・古典教育——50年代における益田勝実古典教育論

第一節　国語教育に関する益田勝実の仕事

本章と次章では、古典教育の目標や意義を考えるために、益田勝実の古典教育論を参照します。益田勝実は都立神代高等学校定時制の国語科教員としてキャリアを始め、国語教育に関して積極的に発言をしていた人物です。そしてその一方で、第一部第二章でも名前を挙げていたように、古典文学研究においても重要な論考を数多く発表しています。またこれにとどまらず、民俗学や言語学など多様な学問から学び、それらの領域においても成果を残しています。古典教育と古典文学研究との架橋を考える上で、こうした多様な学問から学び、古典文学研究においても古典教育においても後世のわれわれに影響を与えた益田の古典教育論に注目することで、古典教育の目標や意義、古文テキストの教材化に関する有効な手掛かりを得ることができると思われます。

益田の古典教育論はこれまで幾度となく検討されてきました。その中で、国語教育に関する「益田勝実の仕事」は一九六一年前後を一つの画期とする見方が定着しています。例えば、須貝千里は、「(筆者補、益田勝実)氏の国語教育の仕事を考えていく際に、五〇年代と六〇年代の間に看過し得ない、見えるものを問題とする歴史社会的方法から見えないものを問題とする歴史社会的立場へという断層・飛躍がある」[*1]と述べています。また、内藤一志も、「益田氏の古典教育に関する発言は、昭和四〇年代を境にして、「現実(状況)と対決する」ものから、「ことばを通して考える」ものへと変わる」[*2]と、益田の古典教育論を整理しています。

一九六一年という年は、「国語教師・わが主体」や、それと対をなす「一つの試み—十年目の報告—」を益田が発表した年です。益田は、「わたしの最大の倒錯は、自分の教育活動のほとんど大半を生徒たちの学校生活全般のあり方についての探索にふりむけてしまい、国語教師としての努力を二の次にしてきたことです」[*3]と述べており、それまでの国語教師としての自身のあり方を否定してるかのように見えます。と同時に、「わたしはわたしなりにですが、ようやく国語教育のなかみを具体的な新しい体系として、考えはじめています」[*4]とも述べており、国語教育に対する自身の考えを新たにしようとする決意も見られます。

このように国語教育に関する「益田勝実の仕事」が整理されるようになった結果、特に古典教育に関する50年代の益田の発言には目が向けられなくなります。50年代における益田の古典教育論を検討しているものは、わずかに内藤の論考[*5]が挙げられる程度です。これは恐らく、益田が古典教育を文学教育の一領域として捉えていたために、「古典教育」を冠した論考をほとんど発表していないことに起因しているのでしょう。しかし、「古典教育」を冠していなくても、発表した論考や活動報告などから益田の考えていた古典教育のあり方やそれを踏まえた古文テキストとの向き合い方などをうかがうことができます。そして次章でも確認するように、それらは60年代以降の益田古典教育論の基盤となっています。

また内藤は、「指導内容としては益田勝実に代表される学習者の認識形成に深く関与させようとする指導観に基づいた授業を理想として求めながらも、古典文法の知識の徹底と現代語訳をゴールとする入試対応型の授業にとどまる」ことを古典教育の「戦後変わらぬ大きな課題」[*6]としています。この課題が克服されない要因として、内藤は大学入試という現実的な教育制度を挙げていますが、これ以前に内藤自身が述べていた、「抽象的な言葉で語られる益田の古典教育論は、具体的な形で把握することが必要なのではないか」[*7]という、益田古典教育論を検討する際の課題が克服されていないことも要因として挙げられるのではないでしょうか。そこで本章では、目を向けられることが少なかった、50年代における益田の古典教育に関する発言や文学研究に関する論考、益田の活動などに注目します。そして、益田の古典教育論をできるだけ「具体的な形で把握」し、「戦後変わらぬ大きな課題」を克服するための一助としたいと思います。

第二節　益田勝実と文化運動

一九四六年五月、中国の戦地から復員してきた益田は、一九四八年に東京大学文学部国文学科に入学します。入学後、益田は「日本文学史研究会」を主宰し、ガリ版刷りの機関誌『日本文学史研究』を発行し、文学研究の道を歩みます。[*8] この時期の益田が自身の成果を発表する主たる場として選んだのが日本文学協会（以下、日文協）でした。

一九四六年六月に、藤村作《つくる》と西尾実が中心となって創立された日文協は、前田雅之が「戦後の正統思想であった左翼（民主主義は左翼が代表していた。これも日本的変容ともいえるか）の立場を守りつつ」、「反体制であることに存在意義《レゾンデトル》を見出してきた感のある」[*9] と述べるように、左派の色合いが強い団体でした。また、小熊英二によれば、一九五〇年一月、いわゆる「コミンフォルム批判」の影響により、日文協創立当時は「共産党主流派の影響下にあった文化団体は「民族文化」の賞賛を開始し」、「茶の湯・生け花・大仏などが「民族文化」として賞賛され」、「それと同時に、民話や民謡の再評価が唱えられ」、「文学でも、『万葉集』の「人民的」な性格や、近松門左衛門の「民衆性」などが再評価」[*10] されていました。また、竹内好《よしみ》と伊藤整との往復書簡を発端として、さまざまな立場の人を巻きこんだ国民文学論争、「民衆志向とナショナリズムの同居」、「学問成果の民衆への還元」、「成果そのものよりもサークル参加者の人間的成長のほうを重視すべき」[*11] といった考えを共有した国民的歴史学運動、一九五五年に「爆発的に普及した」[*12]生活記録運動など、「生活を記録し、詩を創り、ガリ版文化を創出することによって、たえまなく自分たち自身と自分たちの世界を再創造しようとしていた」「集団的な文化運動」[*13]がありました。日文協も文化運動の前衛として、「近松門左衛門の民衆性や、『平家物語』の英雄叙事詩としての性格など」を討議したり、「日本文学協会と関係が深かった雑誌『文学』も、一九五二年九月号では民謡について、同年一一月号では民話劇について企画を組んだ」[*14]りしています。

こうした左派の色合いが強い日文協でしたが、益田はここを主たる活動の場とし、文学や教育に対する考えを形成していきます。例えば、益田は文学研究について次のように述べています。

民衆のもっていた文芸、民謡や語りや民話の発掘によって、埋れた民衆の文芸の歴史がはっきり浮かび上って来る必要があるとともに、支配階級が占有していた文字に綴られる文芸の中からも、次第に多くの民衆とつながろうとするものが出て来たことをはっきりさせる必要もあるわけです。そして、それよりもっと以前にも、民衆とは断絶していた支配階級の文芸の中にも、社会の矛盾とどう取り組みそれを克服しようとした作品があったか、そうしたことをすべてはっきりさせておく必要があると思います。[*15]

ここには「民衆志向」、「「民族文化」の賞賛」に邁進する益田の姿を見て取ることができます。

「集団的な文化運動」に参入する益田が発表するものの中で特に注目しておきたいのが、文化サークルに関する発言や自身が主宰していたサークルの活動報告です。益田は自身が勤務していた東京都立神代高等学校の卒業生を中心として、一九五二年に「サークル・いしずえ」を主宰します。「サークル・いしずえ」は、「民衆がみずから集って学ぶことを始め」、「真に全国民的なひろがりと発展的創造的内容をそなえた学問・芸術を作り上げて行こうとする」[16]日文協や民主主義科学者協会などの運動に賛同し、活動を始めた文化サークルでした。

また益田は、別のサークルに所属し活動をしていた人物と情報交換もしており、サークルについての考えを深めていきます。そして、サークルの存在意義を「この社会の中では学校も果し得ていない、真の学校の役割りを荷うものという点」に認めており、その役割については、「現実の社会と文化を掘り下げて見て行って、その欠陥を補う新しい社会と新しい文化を呼び寄せようとする実践的な人間が創り出される場」[17]と述べています。これは、益田が教育の果たすべき役割を「実践的な人間」を創り出すことと考えていたこと、こうした益田の教育観の背景にはサークル活動があったことを示してくれます。

では、「実践的な人間」を創り出すとは、いったいどのようなことだったのでしょうか。益田がサークルメンバーとともに「サークル・いしずえ」名義で発表している活動報告などからこれをうかがってみたいと思います。

まず注目するのは、益田も含めたサークルメンバーで発表した書評です。書評の対象となったのは、農民の生活を描いた小説である『洪水』、『風に立つ人』です。益田は、『洪水』、『風に立つ人』のそれぞれの書き手である岡部政裕や樋口寛の、「民衆の中に出て、民衆と共に働」く姿に感銘を受け、テキスト自体には「ここに地道で力強い国民文学形成への一路線がはっきり打ち出されている」[18]と高い評価を示しています。

この書評の中では、『洪水』に収載されている「梅雨の頃」という一編が取り上げられます。「梅雨の頃」には、農事研究会で知り合った富二とれい子が恋愛関係になるものの、山村生活の制約から親に反対され憂鬱な日々を過ごす様子が描かれています。これを評したのはサークルメンバーの野口平一でしたが、彼は次のように感想を記しています。

がっちりと骨組みされた百姓の重苦しい生活と昔のままの農法。その中で矛盾を取り除き明るい生活を営みたい気持は必ずあるものです。それが研究会やサークルとなって表れたと思います。富二もれい子もただ悩むだけでは進歩しません。二人の廻りには高山・飯島君や会員が大勢います。心で応援するだけでなく、もっと自分たちの悩みを取り上げ、研究会やサークルで話し合うべきです。（中略）「若い衆はだめだ」といわれても、青年たちには結びつけば力があります。その力の前には貧乏も、二男三男問題も《（ママ）》。恋愛の問題も何時までも相変らずではおれません。[*19]

登場人物の抱えている問題を、自身も含めた現実の民衆が直面している問題として取り上げ、それに対する自分なりの応答をすべきと考える野口の姿がここにはあります。

次に注目するのは、サークルの活動報告です。そこには、小説『生きる』に対する読書会の様子が報告されています。その読書会報告では、貧しい入院患者である「うた子」の苦境に共感したり、現在の庶民が直面する問題を発見してそれに対する自分なりの考えを述べたり、『生きる』に対する違和感を表明したり、『生きる』の語り方を批評したりするなど、さまざまな意見を交流させる様子が見られます。その中の、次のやりとりに注意を向けたいと思います。

「あのー、わたし今まで外の古典といわれるような作品をよんで、かきたいと思ったことはなかったけど、『生きる』をよんだら、かきたいなと思っちゃった。今『家』というのを書きはじめたんだけど。とても問題になるものじゃないけど、とにかくそんな気になったのははじめて」（中略）

「ぼくはこう思うんだけどなあ。今まで本当に苦しんで働いているものの歴史はなかったんだ。少くとも苦しんでいる本人が書き残しはしなかったろ。それをうた子さんがやったんだ。民衆がね、自分たちの文学の主題を発見したんだって。これ以上の文学の主題はなかったはずなんだ。われわれの苦しみは山のようだったけど、それを自分から芸術でうけとめようとはしなかったんじゃないかなあ[*20]」

現実の民衆の立場でテキストを読み、問題について考えているのは同じです。それに加えて確認できるのはサークル内のテキスト観です。サークル内では、書き手が現実の問題を発見しそれに対する応答を書きつけたものとして文学テキストを捉えています。そうした文学テキストを読みながら、メンバーが現在の自身や民衆を取り巻く問題を発見し、それについて自分なりの応答を書きつけて、思索を深める場としてサークルがあったことがわかります。

ここまで、益田の文化サークルに対する発言や益田が主宰した「サークル・いしずえ」の報告などに注目してきました。「サークル・いしずえ」内では、文学テキストを書き手が自身を含めた現実の民衆を取り巻く問題を発見し、問題に対して自分なりの応答を書きつけたものとして捉えることが共有されていました。サークルメンバーはこうした文学テキストを読み、書き手の発見した問題やそれに対する応答、登場人物が抱える問題とそれへの応答などを承けて、それらと対話し、テキストに記された問題に対する自身の応答をします。そしてほかのメンバーと対話し応答する、を繰り返します。自身を含めた現実の民衆が抱える問題を発見し、それに対して自分なりの応答をしていく主体、これこそが益田の言う「実践的な人間」だったのです。

第三節　益田勝実の文学教育論

益田は「真の学校の役割り」を「実践的な人間」の創出と考えていました。では、サークルではなく国語教室ではどのようにして「実践的な人間」を育てようとしていたのでしょうか。

益田の教育観の根底にはサークル活動での経験のほかに、一九四七年に制定された教育基本法がありました。益田は教育基本法について次のように述べています。

「われらは、さきに、日本国憲法を確定し、民主的で文化的な国家を建設して、世界の平和と人類の福祉に貢献しようとする決意を示した。この理想の実現は、根本において教育の力にまつべきものである。」教育基本法はこう日本の教育の基本的方向を明示して、わたしたちの教育がめざすべき人間像についても、「われらは、個人の尊厳を重んじ、真理と平和を希求する人間の育成を期するとともに、普遍的にしてしかも個性ゆたかな文化の創造をめざす教育を普及徹底しなければならない。」という部分の前半で、はっきりと指摘しています。（中略）憲法の精神が一つ一つの判例に貫かれねばならないように、基本法の明文が国語教育の端端にまで貫かれねばならない。そう考えます。[*21]

この発言から、益田が目指す「実践的な人間」は教育基本法に記されている「真理と平和を希求する人間」でもあったことがわかります。

「実践的な人間」の育成を図る上で益田が注目したのが「文学教育」でした。益田は言語教育と並べて、文学教育について次のように述べています。

国語教育の基底をなす言語教育が、真理と平和を希求する人間の教育という目的に貫かれる時、それは人間を自由にし、個性的にします。束縛されない人間性のもち主にかえていきます。だが、それは言語教育だけでは完成できない。言語教育の実践面としての全学校生活と結びつき、文学教育と不可分に一体化することで、力強いものになります。言語教育がすぐれた文学遺産を生き生きとした言葉の手本としてもつ時、話さずにはおれない、書かずにはおれない、心の中のものを表現していく仕事を重視する時、すでに文学教育と言語教育はわかちがたく結びついているのです。人間性を解放する二つの大きな力、言語と文学のこの関係が、国語教育の大切なかなめではないでしょうか。[*22]

「真理と平和を希求する人間の教育」を目標とし、「すぐれた文学遺産」を「生き生きとした言葉の手本」とした時、文学教育と言語教育とは「不可分に一体化し」、「人間性を解放する」ために不可欠であるといいます。「人間性の解放」とは、「人間関係の愛情に富んだ深まり、民主主義的な深い考え方、豊かな感じとり方、自由な創造的表現、総じて人間らしい生き方をめざ[*23]」すことだと益田は述べています。

また、益田の国語教育論の原点ともいえる「文学教育の問題点」では、「文学」や「文学教育」について次のように述べています。

第一に文学が遊びでないこと、人間の現実との真剣な対決に外ならず、そして個人の創造行為も単なる個人の行為でないこと、従って文学とは文学のみのことではないことが明白にされねばなりません。生徒達が文学から生き方を学びとり、豊かな心的生活の素材を摂取すると同時に、生徒達が文学を武器として現実との対決にたち向うようなものであるべきであります。どこまでも歴史的な現実としての生が（古典であれ現代文学であれ）ふまえられた上で、理解も鑑賞も進められるべきでありまして、よりどころの第一は現実そのものと考えます。従って文学の問題としてのみあつかうことなく、人間の問題としてもあつかい、文学と生活を分離しすぎない点に留意したいと思います。[*24]

益田は文学テキストを、人間が現実と向き合い、葛藤したり対決したり克服したりするその過程や様相を示したものとして捉えます。これは先に見たサークルメンバーにも共有されていた文学テキスト観でした。そして益田は、文学テキストから「生き方を学びとり、豊かな心的生活の素材を摂取」し、「生徒達が文学を武器として現実との対決にたち向か」えるようすることを文学教育の目標とします。ある座談会では「文学を教えることは、ただ文学を理解させるのではなくて、社会の変革をさせることでなければいけない」[*25]とも発言しており、文学教育を通じて、「現実との対決」をし、「社会の変革」を成し遂げられるように生徒たちを育てようとしていたことがうかがえます。

また、益田は文学テキストの読み方として、書き手の立場に立って読むことを求めます。具体的には次の通りです。

文学と現実との関係、文学における人間のしあわせをもとめるたたかいを若い世代の人が認識することは、文学教育の第一の要点で、その点は単に観念的には把握できない。文学を生みつづけて来たわたしたちの祖先と同じ創造的主体の側に立つことによってでなくては、真の認識はできない、認識らしいものはできても、現実を生きぬく人間であるための体ごめの認識ではあり得ない、ここに大切な問題があると思います。同じ創造的主体の立場に立つということは、高級な文学作品を書こうとするこころみをもつことではなく、自分の現実の生活をみつめて、そこに書かずにはおれないようなものを感じ、それにつき動かされて書き、書くことによって、書くこと、創り出すことの意味の一端にふれるということです。この自分自身の素朴で真実な経験が、すぐれた文学遺産にぶつかることにより、限られた狭い範囲の人間であった自分自身の世界を、驚くばかりおしひろげてくれます。そしていかに真実に、いかに豊かに、自由に、創造的に生きるべきかを学ぶのです。[*26]

文学テキストの書き手が、どのような時代状況の中で現実世界の何を問題として、どのように応答しようとしているのかを読みとる。そして、生徒たちはそれと同じ地平に立って、自身が現実に置かれている社会状況を見つめ直すといった「体ごめの認識」をし、「つき動かされて書き」、「狭い範囲の人間であった自分自身の世界」を「おしひろげる」。益田が文化サークル活動をする中で育んでいた文学テキスト観や教育観が、ここにおいて文学教育という形で結実するのです。

さらに、益田は「作者の伝記」や「他の作品のあらすじ」、「評論家の言葉」で文学テキストを語るような「研究主義の作品の読み方[*27]」ではなく、「すごい。にくらしい。かなしい。わくわくするほどうれしい。そういう自分の印象を捨象せず、それを出発点とし、それを深めたり検討したりする。すぐに出来るだけ自分の身にひきつけてよんでいく」という「誰でもするよみ方」を深めた「国民大衆すべてに通じる作品のよみ方[*28]」を求めます。「誰でもするよみ方」を深めることについては、次のように述べています。

すごいとか、うれしいとか、そういう感じに、揺り動かされながら、身につまされたり、自分の生活につきつけて考えたりしながらよむよみ方を、どこで高度なものにしていくか。そのことがはっきりしなければ、今までわたしののべたこと全体無意味なものになりますが、その点どうしたらよいのか。もちろん高度とは学問的粉飾をこらすということではなく、作品をよんだことによって、自分が人間的に一歩前進し得るということです。その手がかりはやはり形象にあると思います。形象を重んじて、それを通じて深く入りこんでいく、という平凡にみえる道ですが[*29]。

自分の感想に終始するのではなく、感想を出発点としてテキストの形象をしっかりと読み込むことで、「作品を貫くものの姿をはっきり見定めること」[30]ができるようになり、「誰でもするよみ方」を「高度なもの」にしていくことができると益田は言います。

これに関して、文学教育を実践する上で忘れてはならないことについて、次のように述べています。

その場合忘れてならない基本的なことがらとして、わたしたちも生徒も、感情と理智と意志の綜合体としての心を働かしており、理智なら理智だけで作品にぶつかってはいけないということだと思います。（中略）過去の情操教育としての文学教育でない、全人間的な感情と理智と意志とを分離しない文学教育こそわたしたちの立場です。感情と理智に加えて意志を見落とさないところに、鴻巣さん（筆者補、鴻巣良雄）の報告の中にもあった、文学の「行為へのいざない」という性格を発揮させる教育の意味があります。[31]

文学テキストを読むことで生起する感情、形象に眼をこらすといった理智、何か行動を起こしたくなるといった意志。文学テキストと向き合わせる際、生徒たちに生起するこれらのどれをも見落とさないことが重要だと益田は述べているのです。

第四節　益田勝実の古典教育論

益田は当時の古典教育の問題点として、大学受験を目的とした文法指導への固執、道徳的教訓的な指導、指導内容の表層性、教科書教材の不適合など、現代の古典教育においても指摘されていることを挙げています。[32]そして、古文テキストも近現代文学テキストも同じ文学テキストであるのだから、古典教育においても古典文学教育がなされなければならないと述べます。

高等学校学習指導要領改訂にむけての動きが見られるようになった一九六〇年、改訂に伴う「現代国語」と「古典」の分離をめぐる座談会が開かれます。その中で益田は、「古典教育というのは古典文学の教育そのものだ、と思うのです。この場合は、理代《（ママ）》国語の場合と違って、文学の教育だと思うのですよ、古典の教育は、言語生活に対する適応とか改善とか、そんなことでない、と思う」[*33]と発言しています。益田にとって「古典教育」は「文学教育」の中の一分野としてあったのです。それゆえ、古典教育においても文学教育と同様のことが目指されます。

> たとえば、「指導要領」が古典文学について、「古典と自分たちの生活とのつながりについて学ぶ」、「古典をとおして過去の時代と過去の人々の生活を理解する」、「古典に書かれた多くの価値ある、また美的な内容を知る」等々と指導の要領をかかげながら、古典文学を貫く「個人の尊厳」にめざめていき、「真理と平和を希求」して来た、古典の古典たるところを学べ、と指導しないのはおかしなことです。[*34]

また、次のような発言も見られます。

> そこまであまりはっきりさせて、近代の文学における人間探究はわれわれに体で切実に続いてくるけれども、古典の場合はそう直接的にはいかない。いかないところに特性があるというふうに設定していくと、かえって、なんかはじめからことが決まりすぎちゃうと思うのですね。教育として考えていくと、そうではないと思うのですね。やはり古典の文学の教育だけを問題にするからそうになるので、古典の文学の教育が問題になるまえに近代の文学との取っ組み合いがいま古典に時間をかけるよりもっと大きな比重でもって行われる必要があり

ます。でなければ、古典はいらない。問題はそこから出てくる。だから、近代の文学と若者たちが教室のなかでどんなにぶつかるか、ということが前提にあって、そこで答えきれないもの、諸要求がもりもりしているのです。それが古典のなかでみごとに取り上げられているものもあるし逆に、古典の取り上げ方はひ弱いといって投げ捨てたくなるものもある、ということで古典教育がはじまってくる。古典教育はそれ以外にない、と思います。[*35]

近現代文学テキストだけでは生徒たちの要求に応えられない時に初めて古文テキストが必要になると述べています。益田は現代の古典教育のように、「古典だからできること」、「古典だからすべきこと」というようには考えません。そのように考えることを、逆に「なんかはじめからことが決まりすぎちゃうと思う」と問題視しています。益田は決して古典不要論者ではありませんが、古典ありきの、古文テキストの範囲だけで思考する古典教育は要らないと述べます。益田にとっての古典教育は、近現代文学テキストを用いた文学教育と相互補完の関係にあるものだったのです。

こうした益田の考えは、文化サークルにおけるテキストの役割を考える中で育まれたと思われます。益田はM君に対しての書状という形式で、文化サークルで古文テキストを取り扱うことについて次のように述べています。

古典をやるか、近代の作品をやるか、現代のものをやるかというような場合になった時、以前に現代の作品を相当やったことがない限り、現代優先という方向にもって行くように努力すべきだと思います。（中略）古典というものを、向うから自然に何か与えてくれるものだろうと考えるのは非常によくないことだと思います。（中略）文学を採り上げる以上、第一に現代文学をとりあげ、文学にあらわれて来ている現代の社会と文学自身の問題を、しっかりと把握していなければ、把握にいたらなくても把握したいという気魄をもっていなければ、古典の美名も何の役にもたちません。近代文学をやるということでも事情は同じでしょう。（中略）サークルで現在の社会についての問題がとりあげられて、その際、その問題と関連しているところの作品を研究しようという風になり、現代の文学を採り上げて、その後更にそれではもっと以前の文学も見て行きたい、そうすればいろいろと一層深いことがわかろう、という風になって、はじめて古典が視野に入って来るのではないでしょうか。（中略）ぼくたちは今日の時点に生きているのですが、今日からの視点だけで自己の生き方を決する時、必ず狭い見解の、あやまりの多いものになります。人間の今日まで歩んで来た大きな歴史をふりかえり、その中に今日まで貫いているようなものを発見し、その発展延長として、自分を生かして行く必要があります。古代文学というものも、そんな立場からだけ、限りなく意味をもつものでしょう。[*36]

益田が古文テキストよりも、「近代の文学」との「取っ組み合い」に「大きな比重」をもたせようとしていたことの理由がここに語られています。益田は、生徒たちに近現代文学テキストを読ませることで、生徒たちを取り巻く社会が抱える問題、すなわち「その時代時代の文学がとり組まねばならなかった主要な対象、人間愛の問題、生と死の問題、支配・被支配の問題、戦争と平和の問題、女性解放の問題、「家」の問題等々」[*37]に対して、生徒たち自身が認識を深められるようになることを目指していました。また、それらに対して認識を深められていない状態では、「古典の美名も何の役にも」立たないとします。

では益田は、古文テキストを読むことの意義をどのように考えていたのでしょうか。これについても直前に挙げた発言から探ることができます。近現代文学テキストだけを読んでいても、「人間愛の問題、生と死の問題、支配・被支配の問題、戦争と平和の問題、女性解放の問題、「家」の問題等々」に対してどう応答していけばよいのか、どう行動していけばよいのかがわからなくなる時がある。そして、生徒たちが自身の生き方を考える際に、「今日からの視点だけ」では、「狭い見解」で、「あやまりの多い」考えに陥ってしまう。その時に、古文テキストは何事かを示してくれ、生徒たちのものの見方や考え方を拡げ、生徒たちの生を豊かにしてくれる。この点に益田は古文テキストを読むことの意義を認めていたのです。

こうしたことを具体化したものとして、益田の実践報告に目を向けたいのですが、そうしたものは筆者の管見の範囲では見つけることができませんでした。そこで益田の教材研究に関する提案に注目しようと思います。まず取り上げるのは、中学校での実践に向けた『徒然草』の教材研究に関する提案です。

益田は『徒然草』の価値について次のように述べています。

『つれづれ草』の価値は、そのすぐれた批評精神にある。一見、王朝憧憬に満されているようなこの作品は、内部に踏みこんでみると、新しい中世の眼で物事をじっと見つめているのである。作者が自己をつき離して見るばかりか、物事を一面的に見ず、同時に多角的・客観的に観察し、人間に対しても、それぞれの立場を認め、それぞれに位置づけることのできる性格を持っている。[*38]

益田は書き手の「すぐれた批評精神」、「自己をつき離して見るばかりか、物事を一面的に見ず、同時に多角的・客観的に観察し、人間に対しても、それぞれの立場を認め、それぞれに位置づけることのできる性格」といった、書き手の思想や精神、ものの見方・考え方に価値を置いています。

また、益田は「指導の目標」を次のように立てます。

中学における古典文学の学習のねらいは、年若い学習者たちが、古典文学をささえる作家たちの、文学を通じての人間探究のきびしさ、芸術創造の新しさ・美しさ・ゆたかさに気づき、自己の民族が育て上げてきた文学への関心と親しさを養うところにある。決して古典語の習練ではない。[*39]

益田が中学生に目を向けさせたいのは、各章段に見られる書き手の批評精神や、ものの見方・考え方であるのはここから明らかでしょう。

また益田は、兼好のどのような精神や、ものの見方・考え方を見いだせるかをいくつか章段を挙げて例示しています。「仁和寺にある法師」（第52段）における、「権威や伝統に盲従する精神から発した、先達尊重主義ではない」、「物事を道理に合うように着実にやっていくための、経験的合理主義から出た先達尊重」といった兼好の「新しい中世的合理精神」、「高名の木のぼり」（第109段）における、「下衆の言からも、教訓を貪欲に発見する人生探究のはげしさ」といった兼好の「中世的なきびしい求道精神の一面」[*40]が、それに当たります。そして、これらはそのまま生徒たちに気づかせようとしていたことでもありました。

さらにここで見逃せないのは、益田にとって兼好は、「新しい中世的精神の荷い手」であったという点です。兼好は「貴族社会に身を置きながら、中世の新興支配階級や農民の世界から吹き込んでくるものの影響も受けて」、「日本ではじめての自由で強靱な批評文学を樹立した」と、益田は述べています。自身の所属した貴族階級にとどまることなく、広く庶民階級にも耳目を向け、「物事を一面的に見ず、同時に多角的・客観的に観察」[*41]する兼好に、益田は社会変革を担う新たな時代の人間の姿を看取したのです。そして、古典教室においてそのような兼好の姿に注目させ、生徒たちが現実と向き合い、社会変革を成し遂げていけるようにと考えます。

加えて益田は、「古典と呼ばれる作品は、つねに、その内容の示すすぐれた思想・精神や描かれた事件の価値によって、ささえられている。が、同時に、それはいつでも、作品の細部の形象のみごとさによっても、ささえられている」[*42]とも述べています。形象は先に見た「誰でもするよみ方」を「国民大衆すべてに通じる作品のよみ方」へと変換していくためにも必要なことでありました。『徒然草』において具体的には、「仁和寺にある法師」では「伝承された世間話としての形態を持」ち、「兼好は一度も自分の意見をさしはさまず、主観的な表現・描写も試みていない」点や、「冗長な外面描写や登場人物の心理の動きの内面描写を避けて、きわめて簡潔にことがらを浮き上らせる」点を、「高名の木のぼり」では「兼好の自己見聞談」で、「会話語の描写、とくに敬語の用いられ方」などから、「その場のようすを、木のぼりや、かれ自身のことばで、いきいきと描き取っていく」[*43]点を、それぞれ例として挙げています。

『徒然草』のほかに、『平家物語』「橋合戦」の教材研究に関する提案も見られます。そこでは、「躍動的な描写」、「語りものの句調」による「リアルな力を発揮する民衆の形象力の特性」を用いて語り、「数詞」によって「事実の外貌」を「適確に伝え」、語りを「ひきし」め、「擬声語の自在な使い方で、息をのむよう」にして「但馬や、それよりまたはるかに強い明秀は、こうした矛盾をはらんで、反平家連合の先頭に立っている。それは本質においては、新しい階級の代表者たちなのである。負け戦の中にあっても屈することも知らなければ、疲れも知らないかれらの姿」[*44]を語っている点に教材価値を見いだします。出来事の語られ方もさることながら、「躍動的な描写」による「新しい階級」に属する登場人物の生き生きとした姿に生徒たちの目を向けさせようとしていたことがわかります。

これらの提案をまとめれば、古文テキスト中の、みごとな描写にささえられた新しい時代を切り拓く新たな階級に属す書き手や登場人物の思想や精神、ものの見方や考え方、躍動する姿などを読むことを通じて、現実と向き合い、社会変革や新たな社会創造を担う人間の育成を目標とした古典教育を益田は構想していたことがわかります。益田の言う「作者」や「登場人物」は「機能としての作者」[*45]や「記号」としての「作中人物」[*46]ではありません。益田にとっての「作者」や「登場人物」は、さまざまな葛藤や矛盾と向き合いながら、ある時代の中で生き抜いた生身の人間であり、「描写」はその様子を伝える書き手や伝承者の声そのものだったのです。

こうした益田のテキストの読み方の背景には、当然のことながら益田の文学研究があります。この時期の益田は、「歴史社会的方法」の立場によっていた、と後に振り返っています。「歴史社会的方法」とは、「歴史と社会への強い関心を重んじ、文学を孤立したものと捉えない立場」で、「日本の社会、日本の歴史と遊離させないで日本の文学を捉える際に、人民大衆を基本にして捉えようとする」という特徴をもっており、テキスト分析の方法としては「多様に模索、試行され」[*47]ていました。この立場に立って研究を行っていた「歴史社会学派」として益田が挙げているのは、永積安明《ながつみあんめい》や西郷信綱など日文協に属し、精力的に活動していた人物です。彼らから学びながら、50年代の益田が古文テキストから何を読みとろうとしていたのかを次のように振り返っています。

> 歴史的社会的研究方（ママ）でわたしが捉えようとしたものは、なまの歴史性・なまの社会性ではなかったろうか。（中略）わたしがなまの歴史性・社会性といっていますのは、いまずらずら並べましたなかでは、〈社会的事実の中にもぐりこんでいる歴史性・社会性〉とほぼ同じなのですが、わたしの歴史的社会的研究法というのは、それをもっぱら相手どろうとするような狭隘さがあり、それがわたしの対象を見る眼をせばめてもいたように思います。[*48]（傍点ママ）

やや批判的に振り返っているのですが、当時の益田の興味や関心の所在は、テキストに記された「なまの歴史性・なまの社会性」の中に描かれる「なまの」人間であったことがわかります。繰り返しになりますが、益田にとって、テキストに記された登場人物の言動や作者の思想、精神は、そのままその時代に生きる人間の言動や思想、精神であり、それをこそ生徒に読ませようとしていたのです。

第五節　公共性・主体・古典教育

以上、50年代における益田の古典教育にかかわる発言を見てきました。益田の教育観、文学観、古典観などの背景には、文化サークルでの活動や思索、文学研究があったことが確認できました。その古典教育構想においては、真理と平和を希求し、「人間関係の愛情に富んだ深まり、民主主義的な深い考え方、豊かな感じとり方、自由な創造的表現、総じて人間らしい生き方」をしながら、自身を取り巻く現実と対決し、社会の変革を目指す人間を育てることを目標とします。

そして、その目標を達成するために、ある時代状況の中で、書き手が自身を取り巻く現実から「人間愛の問題、生と死の問題、支配・被支配の問題、戦争と平和の問題、女性解放の問題、「家」の問題等々」の問題を発見し、その問題に対して自分なりの応答を書きつけた古文テキスト、人間探究の過程が記された古文テキストと生徒たちを向き合わせます。さらに、書き手の発見した問題やそれに対する応答、登場人物が抱える問題とそれへの応答などに対して、生徒たちなりの応答をできるようにします。これにとどまらず、ほかの生徒や教師とも対話し、さらに応答を繰り返していき、生徒たちの認識の深化拡充を図ります。読んでは書き、書いては読み、生徒たちが自身を含めた民衆の抱える問題を発見し、それに対して自分なりの応答をできるようにするのです。言い換えれば、生徒たちが書き手と同じ地平に立って現実に対して「体ごめの認識」をし、「狭い範囲の人間であった自分自身の世界」を「おしひろげる」ことをねらうのです。

ただし、こうした古典教室での読みは「研究主義の作品の読み方」であってはいけません。そこで求められる読み方は、テキストを読んだときに抱いた率直な感想を出発点として、形象を手掛かりに高度なものにしていく「国民大衆すべてに通じる作品のよみ方」でした。このとき、テキストを読んで、生徒がどんな心情を抱いたのか、どのような形象に注目しどのような読みを広げたり深めたりできたのか、大なり小なり何か行動を変えようと考えたのかなど、生徒たちの感情、理智、意志を見落とさないことが教師には求められます。

また、近現代文学テキストの読みなどを通じて現実に対して認識を深めてからでないと、古文テキストを読んでも意味がないとも益田は言っていました。現実に対する認識を深めた上で古文テキストを読ませることで、今日からの視点だけの狭い見解を拡げ、生徒の生を豊かにしていこうというのです。

以上がここまで見てきた50年代における益田の古典教育構想ですが、益田と関係の深い日文協とその周辺について少しだけ見ておきたいと思います。

日文協が発行している『日本文学』には、益田と同様の読みを示すものが見られます。藤原正義は『徒然草』第109段について「ここでは、兼好が十四世紀の初葉においてその貴族的立場と身分意識にもかかわらず、「下臈」の言動の中にさえ普遍的真実を見出し、その意味で旧い拘束をこえて自由に見かつ考え感動していることをはっきり摑まえさせ、そしてそれが何故兼好に可能であったかに生徒の意識を向けさせておかなければならない[*49]」と述べており、益田との接点を見いだすことができます。また、「われわれの教育の目的が、平和と民主主義・民族の独立と自由、の達成にあること、そうした達成を主体的に担っていける人間の形成にあることは云うまでもない[*50]」とも述べており、目指すところも益田と同様です。しかし、これをめぐる討論について、宮本正義によって報告されたものを見てみると、

東京の益田氏が討論の最後で発言された事「生徒から感想を求めると言う形でなしに、生徒と共に話し合い、

考え合い乍ら読んでいく」と言うやり方、これは藤原氏が古典を（徒然草を）文学として読ませるという事を先ず目的とした方法と比較すると、やや異った古典教育の意味と方法を持っておられる様に思える。[*51]

とあって、益田と藤原との間に異なりが見いだされています。そして次のように続けられます。

益田氏の言われる方法が、現在の制約多い現場で、どの程度まで可能なのかが問題になって来ると思う。（中略）例え「徒然草」の学習から、十分な現実認識の深まりと問題意識の喚起がなされなくとも、「徒然草」を、「文学として読ませる事」の意義が否定されてよいものだろうか。徒然草の中には、簡潔で優れた表現も随所に見られると思うが、そういう面はどうなるのだろうか……。[*52]

討論の具体的な様子まで記されていないので推測するしかないのですが、藤原の論考からだけでは見えない、古文テキスト観、教材観の異なりが益田と藤原、宮本らとの間にあったのでしょう。

また、小野牧夫の発表に関する報告によれば、「小野氏の考え方では、古典も現実認識、近代文学も現実認識であって、古典教育の独自の意義がなくなるのではないか。古典には、民族の魂の自抒伝という民族遺産としての意義があるし、また現代には失われているもので、しかも永遠の形象がある。それを教えなければならないのではないか」[*53]との発言があったようで、現代の古典教育観に通じる発言が当時もあったこと、その中で益田の古典教育構想に独自性があったことなどがうかがえます。これらがどのように交渉していったのかなどは、これ以後の経緯を見ていく必要があります。今後の課題としたいと思います。

最後に、益田の古典教育構想の可能性について言及したいと思います。益田は日文協に所属し、文化運動にコミットする中で自身の教育観や文学観を育んでいました。この文化運動は前述したように左派的な色合いをもつ運動でしたが、60年代の左翼的知識人と公共性との関係について、権安理《ごんあんり》は、小熊の『〈民主〉と〈愛国〉―戦後日本のナショナリズムと公共性―』（新曜社、二〇〇二年）を踏まえながら次のように述べています。

小熊が分析する市民運動は、公害を契機とした住民・市民運動ではない。公共事業への反対運動とは時期も異なり、彼の関心もそこにはない。だが、当時の左翼的知識人のエートスが、〈国民的なるもの〉と矛盾しないのみならず、むしろそれを積極的に求めていたという点は注目すべきである。国家に対峙する、あるいは国家の政策に批判的な左翼知識人も、実はナショナリズムを否定してはいなかった。しかしそれは、国家が考えるものとは相違する。（中略）意味転換した新しい公共性は、国家のそれとは相違するような〈国民的なるもの〉を表象する機能を有してもいた。その端緒は、個別的な地域の私的な利害に基づく運動ではある。だがそれが、国民全体が問題とすべき普遍的なテーマへと昇華されることで、ある意味で国民統合の象徴となる。[*54]

権によれば、当時の左翼知識人は、国家とは異なる〈国民的なるもの〉を求めており、彼らが市民運動や住民運動を牽引していった結果、市民運動や住民運動が公共性を担うようになります。[*55] ここでいう国家とは異なる〈国民的なるもの〉とは、小熊のいう〈民主〉でしょう。これを敷衍すれば、「民衆志向」や「「民族文化」の賞賛」を特徴とする文化運動とは、民衆を対象とした、公共性を担う主体構築のための運動だったと言うことができます。そして、時代は少しずれますが、これにコミットしていた益田の言う「実践的な人間」の創出とは、公共性を担う主体構築のことだったといえるのではないでしょうか。そういえば、益田が現実の問題として挙げていた「人間愛の問題、生と死の問題、支配・被支配の問題、戦争と平和の問題、女性解放の問題、「家」の問題等々」は公共性において考えられるべき問題でした。とすればやはり、50年代の益田が目指した古典教育とは、国家とは異なる公共性構築に資する人間の育成を目指していたとは言えるのではないでしょうか。この点において、50年代における益田の古典教育構想は古びておらず、現代的な問題をも引きうける古典教育となり得ています。われわれは益田の提案にもう少し耳を傾けてもよいのではないでしょうか。

注

1 須貝千里「「一寸待って」と呼びかけて……―益田勝実の仕事―」(『日本文学』第五六巻第一号、二〇〇七年一月)、71頁。
2 内藤一志「益田勝実氏の古典教育論再読」(『日本文学』第四五巻第九号、一九九六年九月)、54頁。
3 益田勝実「一つの試み―十年目の報告―」(『日本文学』第一〇巻第七号、一九六一年八月)、119頁。
4 前掲注3、129頁。
5 内藤一志「益田勝実の古典教育論についての検討」(『語学文学』第三一号、一九九三年三月)。
6 内藤一志「古典」(高木まさきほか編『国語科重要用語事典』明治図書、二〇一五年八月)、137頁。
7 前掲注5、32頁。
8 幸田国広「益田勝実　略年譜」(益田勝実著、幸田国広編『益田勝実の仕事5　国語教育論集成』筑摩書房、二〇〇六年六月)。
9 前田雅之「人文学総崩壊の時代と日文協」(『日本文学』第五六巻第四号、二〇〇七年四月)、46頁。
10 以上、小熊英二『〈民主〉と〈愛国〉―戦後日本のナショナリズムと公共性―』(新曜社、二〇〇二年)、281～282頁。
11 前掲注10、340頁。
12 鳥羽耕治『1950年代―「記録」の時代』(河出書房新社、二〇一〇年)、32頁。
13 佐藤泉『戦後批評のメタヒストリー―近代を記憶する場』(岩波書店、二〇〇五年)、21頁。
14 前掲注10、375頁。

15　益田勝実「源氏物語のいのち」(『日本文学』第二巻第四号、一九五三年六月)、37頁。
16　サークル・いしずえ「北多摩につたわる写し絵」(『日本文学』第四巻第二号、一九五五年二月)、52頁。
17　以上、益田勝実「サークルの古代文学研究」(『日本文学』第二巻第二号、一九五三年三月)、2頁。
18　以上、サークル・いしずえ「書評　農文協の『洪水』と『風に立つ人』」(『日本文学』第三巻第七号、一九五四年七月)、61頁。
19　前掲注18、60〜61頁。
20　サークル・いしずえ「「生きる」をめぐって」(『日本文学』第三巻第一〇号、一九五四年一〇月)、26頁。
21　益田勝実「しあわせをつくり出す国語教育について」(益田勝実著、幸田国広編『益田勝実の仕事5　国語教育論集成』筑摩書房、二〇〇六年六月)、92〜93頁。初出は、『日本文学』第四巻第七・八号(一九五五年七月・八月)。
22　前掲注21、107〜108頁。
23　前掲注21、108頁。
24　益田勝実「文学教育の問題点」(益田勝実著、幸田国広編『益田勝実の仕事5　国語教育論集成』筑摩書房、二〇〇六年六月)、24〜25頁。初出は日本文学協会編『日本文学の伝統と創造』(岩波書店、一九五三年五月)。
25　益田勝実ほか「座談会　文学教育をめぐって―その課題と方法―」(『日本文学』第二巻第七号、一九五三年九月)、4頁。
26　前掲注21、111〜112頁。
27　以上、前掲注21、114頁。
28　以上、前掲注21、123頁。
29　前掲注21、124頁。
30　前掲注21、129頁。
31　前掲注21、131〜132頁。
32　益田勝実「古典教育の反省」(『文学』第二二巻第七号、一九五四年七月)。
33　益田勝実ほか「座談会　古典教育について―高等学校学習指導要領改訂草案を中心に―」(『文学』第二八巻第八号、一九六〇年八月)、70頁。

34　前掲注21、94頁。
35　前掲注33、81頁。
36　前掲注17、3〜4頁。
37　前掲注21、80頁。
38　益田勝実「徒然草―中学三年の教材研究―」（益田勝実著、幸田国広編『益田勝実の仕事5　国語教育論集成』筑摩書房、二〇〇六年六月）、201頁。初出は、倉沢栄吉ほか編『国語教材研究講座5　文学的教材と説明文的教材（中学校）』（朝倉書店、一九五九年一〇月）。
39　前掲注38、195頁。
40　以上、前掲注38、185〜186頁。
41　以上、前掲注38、201頁。
42　前掲注38、193頁。
43　以上、前掲注38、187〜192頁。
44　以上、益田勝実「平家物語・橋合戦―高校国語（乙）教材の研究―」（益田勝実著、幸田国広編『益田勝実の仕事5　国語教育論集成』筑摩書房、二〇〇六年六月）、168〜173頁。初出は『日本文学』第五巻第七号（一九五六年七月）。
45　M・フーコー著、根本美作子訳「作者とは何か」（小林康夫ほか編『フーコー・コレクション2　文学・侵犯』筑摩書房、二〇〇六年六月）。初出は『フランス哲学協会会報』第六三巻第三号（一九六九年七月）。
46　小森陽一「主人公」（石原千秋ほか『読むための理論―文学・思想・批評』（世織書房、一九九一年六月）。
47　以上、益田勝実「歴史社会学的研究」（『解釈と鑑賞』第三一巻第一〇号、一九六六年八月）、33〜34頁。
48　益田勝実「歴史社会的方法から歴史社会的立場へ」（『日本文学』第一六巻第一〇号、一九六七年一〇月）、17頁。
49　藤原正義「古典教育―徒然草を中心として―」（『日本文学』第四巻第二号、一九五五年二月）、27頁。
50　前掲注49、24頁。
51　宮本正義ほか「関西大会　報告と感想　古典教育―徒然草を中心として―」（『日本文学』第四巻第一号、一九五五年一月）、

30頁。

52　前掲注51、31頁。

53　小野牧夫「古典の教育―徒然草をめぐって―」(『日本文学』第三巻第一二号、一九五四年一二月)、56～57頁。

54　権安理『公共的なるもの―アーレントと戦後日本』(作品社、二〇一八年)、168～169頁。

55　前掲注54、166頁。

第四章　公共性・言説の資源・古典教育——60年代における益田勝実古典教育論

第一節　益田勝実の反省

本章では60年代の益田勝実の古典教育論を検討します。

60年代の益田は「いまの日本の社会の人間状況、ぼくらを自己疎外に追いこむ状況、それをささえている生活状況、もっといえば、その生活状況を生み出している生産様式までが、好きになれない」[*1]と、自身を取り巻く社会状況に不満を募らせます。そして、

わたしは、この十年間、高等学校定時制で労働者・農民の教育に従事してきました。その十年間の自分の足どりをふりかえってみますと、実に無方策・無体系なやり方であり、さまざまな錯誤・倒錯の連続でありました。わたしは、そのために自分の若くて活動力に富んだ時期をいかに浪費してしまったか、昨今ようやく気づきはじめました。わたしの最大の倒錯は、自分の教育活動のほとんど大半を生徒たちの学校生活全般のあり方についての探索にふりむけてしまい、国語教師としての努力を二の次にしてきたことです。[*2]

ぼくも、自分のいままでやってきたこと、このごろみないやになっているんだけど、その中で一番気がとがめ

るのは、やっぱりあなたのいわれたようなこと（筆者補、質疑応答的な発問、確認の発問が多いこと）です。ぼくは非常に重要な暗示を与えて発問して、かつ誘導しているつもりでも、こどもたちの方は、どう答えていいかほんとうはわからないような大問題を、いきなりぶっつけています。それから、大問題の後がその確認です。「わかった。」「わからない。」「それでは、教えて聞かせよう」式をくりかえしているんです。[*3]

と、それまでの自身の国語教師として教育実践や国語教育に対する考え方を否定的に捉えます。益田の国語教育論を検討してきた諸氏が「断層」[*4]、「基本姿勢」の「変化」[*5]を強調するゆえんです。

　では、60年代における益田の国語教育論、特に古典教育論とはどのようなものだったのでしょうか。

第二節　柳田国男との出会い

　益田は国語教育に関する反省とともに、自身の展望についても次のように述べています。

わたしは、社会科学的思考を国語教育において重要視する点では、今日も少しも変っていませんが、さらに、それ以前に、国語そのものの〈ことばの持つ考える機能〉〈ことばの考えていく生きた力〉に即して、国語教育を展開する必要がある、と反省するゆとりをごく少しずつ持ちはじめました。[*6]

まえに、「憲法」「基本法」から、上から考えてきての、民主社会の建設→民主的な言語生活の確立→〈正しいことば〉〈科学的なことば〉〈人間愛のこもったことば〉の観念的な規定をうしろめたく思いつづけてきた、といったが、あらためて、それを下から、民族の歴史的状況と今日的状況のかさなりあう地点、ぼく自身の自己変革と若い世代の新しい人間の形成上の要求とが重なりあう点からつかみ直し、その上でぼくの教育上の目的意識を強化しなければならない、と考える。[*7]

生徒たちを取り巻く状況をつかみ、彼らのことばを育てることを通じて「人格の完成」を目指す国語教育。ことばそのものに目を向け始め、新たな国語教育を構想する60年代の益田が出会ったのが、柳田国男のテキストでした。益田は次のように述べています。

ぼつぼつ何となくそういう傾向の考え方――自分の国語生活の現実状況から、現実追随でなく、現実直視によって、ことばの教育の問題を見つけ出していきたい、という考え方になっていった時、柳田国男の「喜談日録」に遭遇して、ハッと胸をつかれたのだった。[*8]

「喜談日録」は、筑摩書房から刊行された雑誌『展望』に連載されたもので、第1回は敗戦の翌年である一九四六年発刊の創刊号に収められています。益田によれば、「日本降伏の年は、柳田国男にとっても、めざましい学問上の進展の年」で、「喜談日録」は「かれ（筆者補、柳田国男）にとっては重要なもの」[*9]であったようです。「喜談日録」は全4回の連載でしたが、その中でも益田が目を奪われたのは第1回の以下の記述でした。

言論の自由、誰でも思つた事を思つた通りに言へるといふ世の中を、うれしいものだと悦ばうとするには、先づ最初に「誰でも」といふ点に、力を入れて考へなければならない。もしも沢山の民衆の中に、よく口の利ける少しの人と、多くの物が言へない人々とが、入り交つて居たとすればどうなるか。事によると一同が黙りこくつて居た前の時代よりも、却つて不公平がひどくなることがあるかも知れない。自由には是非とも均等が伴はなければならぬ。故に急いで先づ思ふことの言へる者を出来るだけ沢山に作り上げる必要がある。

いつの世になつても、我々の能力には、差等は免れぬだらう。さうして人は必ずしも手前勝手ばかり、述べ立てる者ではないことは勿論である。あなたの思ふことは私がよく知つて居る。代つて言つてあげませうといふ親切な人が、これからは殊に数多くなることも想像せられる。さういふ場合にどこがちがふ、又はどういふのが最も我意を得て居るを決定するには、先づ以て国語を細かに聴き分ける能力を備へて居なければならぬ。まして平生自分の口不調法を知り、もしくは到底思つたことは言へぬものと、断念して居る人の中には、ついそこ迄は、まだ考へて見なかつた、といふ者も多いのである。即ち聴く力の修練に先だつて、各自に考へるといふ習慣を付ける必要があり、それには又めい〳〵の思ふ言葉といふものを、十分に持たせて置く必要があつた。国語教育といふ語が発見せられてから、五十年はもう確かに過ぎて居るのだけれども、この二つのものを与へる学校は、実はまだ日本には無かつたのである。[*10]

こうした発言をする柳田の根底には、敗戦に際しての反省がありました。

今までの所謂軍国主義を、悪く言はねばならぬ理由は幾つでも有るだらうが、たゞ我々の挙国一致を以て、悉く言論抑圧の結果なりと、見ることだけは事実に反して居る。独り利害の念に絆されやすかつた社会人だけでは無く、純情にして死をだも辞せざる若い人たちまでが、口を揃へてたゞ一種の言葉だけを唱へ続けて居たのは、勿論強ひられたのでも欺かれたのでも無い。言はゞ是以外の思ひ方言ひ方を、修練するやうな機会を与へられなかつたのである。一方には又或少数者の異なる意見といふものは、国に聴き方の教育が少しも進んで居ない為に、抑圧せられるまでも無く、最初から発表しようとする者が無かつたのである。(中略)爰でみつしりと一つ所謂話し方の教育、活きた国語の覚え方を、考究して置かなければならぬと思ふ。[*11]

これらの発言から、柳田の国語教育にかける思いがうかがえます。戦前戦中においては、プロパガンダの言葉以外の「言い方」(=言説)、あるいはそれに抗するような「言い方」を民衆は知らず、周囲と同調して「ただ一種の言葉だけを唱え続けた」ことが、戦中の総動員体制を引き起こす一つの原因であったと柳田は述べています。そして戦後、民主主義や言論の自由がもたらされ、誰もが自由にものを言えるようになったが、戦中と同じように多くの民衆が「一種の言葉」しか知らなければ、あるいは「よく口の利ける少しの人」が「代わって言ってあげ」ることになれば、同じ惨禍がもたらされることを柳田は危惧します。それゆえ、「誰でも」同じように「口の利ける」ことを目標とする国語教育の構想に至るのです。

こうした柳田のテキストに出会った益田は次のように述べています。

「とにかく内に根のある語、心で使つて居るものが其まゝ音になつたのを、心の外でも使ひ得るやうに是非させたい。改良するならば根こそげ改良して、出口で翻訳して人に聴かせるやうな、外国語じみた標準語の教へ方は止めさせたいと思ふ。」(「国語教育への期待」『国語の将来』所収)という大戦前の考えが、深刻な戦争の体験を通して、よりはっきりしてくる点を、僕は特に重視しようと思う。[*12]

柳田は戦前から、生活実感と結びつき、心で思ったことを十全に表現した「内に根のある語」が使えるように子どもを育成することが必要であると説いていました。そして「深刻な戦争の体験を通して」、これからの民主的な社会に生きる子どもこそ、「内に根のある語」が使えるようにしなければならないと柳田は思いを強くします。これを益田は受けつぎ、これからの国語科教育や自身の国語教師としての仕事を考えていく際の出発点とします。

また、益田は別のところで次のように述べています。

この間、柳田国男先生の「現代科学といふこと」（『民俗学新講』所収）を読んで胸を打たれたのですが、そこで、戦後、柳田先生は「どうして此様に負けてしまったか」と大問題を、自分の学問の荷うべき問題として背負おうということを、はっきりいっておられる。（中略）「少なくともどうして敗れたかといふやうな痛烈なる問題が起れば、それを更に細かく見分けて行って、段々と具体的に、又答へられやすい形に引きなほし、その何の部分もしまひには、はっきりと説明し得られるやうにすること」が必要だと強調しておられるのです。ぼくはその時、教師としての自分をふりかえって愕然としました。集団の学習を組織し、リードする上での一番技術的な仕事は、発問をいかに体系的に組織するか、ということだけど、残念ながら、ぼくはそれを大学で習ったことがない。だれからも教えられない。[*13]

大きな問題に迫るための柳田の問いの立て方を、授業の中で生徒たちに問題に迫らせる際の教師の発問の立て方に変換して、自身の国語教師としての経験を見直しています。益田は、柳田の民俗学について、「かれは自己の学問を〝問いの科学〟と呼び、原理が現実に働きかけるように要求する一般の〝答える科学〟と区別していた」[*14]、「多くの社会科学や哲学のしたように、人々が抱いている疑問の抽象化をまず行なわず、生活の中の疑問をそのままに掬い取ろうとするところに、彼の特徴がある」[*15]と述べており、柳田の「問いの立て方」にも関心を抱いていたのです。

ここまで見てきた益田の発言は、益田が柳田のどのテキストからどのような手掛かりを得ていたかを明言したものばかりですが、益田はほかの多くの柳田のテキストにも目配りしており、益田の発言と柳田のテキストとを突き合わせることで益田が柳田から得たことをもっと指摘することができるでしょう。

国語教育への柳田民俗学の援用。ここにはほかの国語教師や国語教育研究者にはない益田の独自性を見いだすことができます。新しい国語教育を構想するにあたって、益田が柳田のテキストを参照するに至った理由の一つに、国民の主体形成が考えられます。柳田が民俗学を構想する際の出発点について、関口敏美は次のように述べています。

柳田は、農民や農村が置かれている状況に直面し、農業改良政策・産業組合の啓蒙普及活動以前に、「人間の所業」を根底で規定し拘束するものを解明しなければならないと考えたのである。(中略)その後、『明治大正史世相篇』(一九三一)では、物質的な面と精神的な面の双方から、人々の思考・行動を規定し方向づけるものの探究を試みている。なぜなら、たとえ科学的な根拠はなくても、人々の不安を和らげ、安心をもたらす観念や慣習があれば、それに代わるべきものを見つける必要があると考えるからであり、それを当事者に見つけさせ、自覚的主体的に改革を行うべきだと考えていたからである。このため柳田は、①社会問題を解決するために必要な知識を提供すること、②「常識の改訂」を行って国民自身を担い手とする「生活改善」を実現すること、を自らの学問の課題として位置づけている。

こうして柳田は、「郷土研究」の時期を経て、「国民総体の幸福」の増進を実現すべき真の主体が国民自身であることを明らかにする。その結果、国民を担い手とした社会改造・生活改善・主体形成に貢献する「学問」として民俗学を構想してゆくことになる。[*16]

「新しい民主的な人間の形成」に資する国語教育を志向していた益田が、「国民を担い手とした社会改造・生活改善・主体形成に貢献する「学問」」を構想していた柳田のテキストを参照することは至極当然のことだったのです。

第三節　60年代における益田勝実古典教育論

第一項　50年代からの連続性

一九六〇年一〇月、高等学校の新学習指導要領が告示されます。この学習指導要領では、「現代国語」と「古典」とが分けられることになったのですが、その背景には「理数科教育と職業教育の重視」といった「産業界から教育への要求」[*17]がありました。これに伴って、社会生活に参与するための言語技術の習得が要請されるようになります。[*18]この改訂は特に古典教育に大きな影響を与えたとして、田近洵一は次のように述べています。

「解説」は、「(略) 中学校国語科の学習の基礎の上に立ち、生活と密接な関係のある現代国語を指導するものと、さらに言語文化を広く深く学習させるための古典(古文と漢文)を指導するものとに大きく分けて、それぞれの指導を徹底し、高等学校としての特色を明らかにした。」と述べている。昭和三十五年版における科目編成の趣旨はこれで十分であろうが、この改訂を史的に見るなら、科学技術振興の時代的な潮流の中で、国語科には特に思想の明確な表現と伝達とが求められ、これまでどうしても古文に片寄りがちだった高校現場の現状からの脱却を図るために、「現代国語」という科目を新設したということなのだが、しかし、一方この改訂で、「古典」が高校国語の表舞台から一歩引いた形になったことは否めない事実である。それは、「古典甲」で、2単位でもいいということになったということ(「古典乙I」をとっても三年間で5単位になったということ)によるものである。[19]

こうした状況に対して益田は危機感を抱いていました。ただし、益田は古典学習の時間が縮小されたことに危機感を抱いていたのではありません。益田は「「現代国語」と「古典」のつながりが全くないこと」[20]を問題視していたのです。益田は50年代から常に、近現代の文学テキストを読み、生徒たちが自身の生きる現在に対して問題意識を十分に深めた上で、古文テキストをひも解くことを提案しています。

やはり古典の文学の教育だけを問題にするからそうになるので、古典の文学の教育が問題になるまえに近代の文学との取っ組み合いがいま古典に時間をかけるよりもっと大きな比重でもって行われる必要があります。でなければ、古典はいらない。問題はそこから出てくる。だから、近代の文学と若者たちが教室のなかでどんなにぶつかるか、ということが前提にあって、そこで答えきれないもの、諸要求がもりもりしているのです。それが古典のなかでみごとに取り上げられているものもあるし逆に、古典の取り上げ方はひ弱いといって投げ捨てたくなるものもある、ということで古典教育がはじまってくる。古典教育はそれ以外にない、と思います。[21]

しかし、古典教育を取り巻く状況は益田の提案とは逆に向かい、特に古典学習は「国語科の中の特別な領域」[22]と化してしまいます。そして、「夏目漱石も森鷗外もとてもむつかしくて読みづらがっている生徒に、古典文学をやいのやいのと注入しようとする」状況が生み出され、益田をして「奇妙奇天烈な国語教育が進行中なのです」[23]と言わしめます。

60年代に入ってからの古典教育をめぐる状況は、益田にとっては悪化の一途をたどることになります。60年代に入ってからの古典学習重視は、「偏狭ナショナリズムのくりかえし」として益田の目には映っていたようで、次のように述べています。

八世紀の偉大な自国文学、十世紀・十一世紀の偉大な自国文学、十三世紀の偉大な自国文学などを用いて、若い世代の脳裏に栄光ある古典文学の印象を刻したいのでしょう。かれらを精神的に鼓舞したいのでしょう。なんだ、それでは、あのいつかと同じ偏狭ナショナリズムのくりかえしではないか、とわたしは思います。[*24]

益田は「最近とみに〈愛国心〉が教育の世界で口の端に上りはじめた[*25]」と当時の社会状況を認識しており、古文テキストがそれに利用されようとしているのではないかと危機感を抱きます。また、ナショナリズムの勃興という政治的要請から、「神話教育の復活」がなされたと批判的な眼差しを向けます。[*26] これらに加えて、古典が「〈科挙〉のための、すなわち受験のための科目[*27]」となってしまっていることを憂慮します。これは50年代において益田が抱えていた問題意識とも通じます。[*28]

受験のための古典教育に加え、カノンとしての古文テキストを用いた愛国心教育、「特別な領域」としての古典教育。益田自身の反省に加えて、こうした古典教育をめぐる状況に異議申し立てをするために、益田は古典教育に関する論考を多く発表することになったのでしょう。

では、60年代において、益田はどのような古典教育を構想していくのでしょうか。

前述した通り、60年代の益田が新たな国語教育を構想する際に手掛かりとしたのは柳田のテキストでした。古典教育においてもそれは同様で、柳田のテキストを参照しながら、自身の古典教育構想について述べていきます。例えば、古文テキストの捉え方を問題にする際には、「古典文学の伝統が桎梏である、という柳田国男の深刻な否定的な認識」[*29]に言及し、自身の古文テキストの捉え方を開陳していきます。これについては、別のところでより詳しく述べています。

古典があってわれわれがあるのではない。われわれがあって古典があるのだ。より厳密にいえば、古典は一定していない。時代が古典を探り出していく。人が古典を掘りあてていく。古典の方も変り、動くのである。あらゆる時代を超えて生きる力をもつから古典ではないか、の論はもう今日では通用しない。それは、後代が現代をもふりかえって歴史を巨視の眼で見て言うべき、結果の論で、〈現代の古典〉は、現代が模索すべきである。古典の探索・創出は、それぞれの時代の責務と考える必要がある。[*30]

益田はカノンとして古文テキストを捉えることを否定します。そして提案するのが、「関係概念あるいは機能概念としての〈古典〉」[*31]です。また、70年代に入っては、「花鳥諷詠、和歌物語というのが基準でしょう。できればそんなものぶっ飛ばしてね、既成概念としての古典をぶっ飛ばしたい」[*32]、「第一級の古典と、第二級、第三級の古典というものがあると思うんですよ」[*33]などと述べており、古文テキストが「古典」として一括りされてしまうことに抵抗します。後述するように、従来では古典教材になり得なかった古文テキストを、自身が編集に携わった教科書に教材として採録しています。

また、前に確認した通り、古典だけを「特別な領域」として扱うことにも益田は否定的でした。益田は「近代の文学を厚く広くつかみ直し、さまざまなことばによる表現や熾烈な文学の精神の展開にも触れさせつつ、近代前夜のころにまで遡っていく。それが当面、若い世代のことばと心を実質的に鍛え上げる点で最もよい策ではないか」[*34]と、近現代との関連をもたせた古典学習の必要性について言及します。古典を「特別な領域」としない益田の姿勢は、先に確認した「「現代国語」と「古典」のつながりが全くないこと」を危惧する益田の姿と重なります。
そして益田は、「古典文学教育は、あくまでも、古典文学による文学の教育であり、それ以外であってはならない[35]」（傍点ママ）と古典文学教育としての古典教育を提唱します。その内実については、次のように述べています。

作品には、読み手の全人間でぶつかり、その形象の奥に横たわるものが貪欲につかみ出されねばならない。今日の急務としては、古典文学教育に一般の文学教育の方法を導入することが、まず挙げられる。古典文学教育の特殊性を問題にする以前に、である[36]。

益田は、古典学習においても「一般の文学教育の方法」を導入することを提案します。ここでいう「一般の文学教育の方法」とは、

すでにそこにあるものとしてのヒューマニズムみたいなものを追求するということではなくて、自分のヒューマニズムに対する観念を入れかえたり、鍛え直したり、ゆさぶったりするというようなときに、はじめて文学は役割を果たす。だからリアリティの問題でも、自分を取り囲んでいて、自分とは体質的につながって、その間にはイエスしかない、改善する余地がないようなものであるようなリアリティを再確認するようなことではちっとも進まない[37]。

と、ものの見方や考え方を深化拡充することによって、「人格の完成」（教育基本法）に資する教育であるといえるでしょう。これが後には、「現代の立場に立って古典文学の芸術性から多くのものを汲み上げ、現代人の芸術の魂

を研ぎ、ゆたかにしていく教育[*38]」と、芸術ということが強調されるようになりますが、論旨に大きな変化は見られません。

ここまで益田の古文テキスト観や古典教育構想の一部を見てきましたが、これらは実はすでに50年代において益田が構築してきた古文テキスト観や古典教育構想でもありました。例えば、益田の古文テキストに対する見方や近現代の文学テキストと古文テキストとの関連のもたせ方については、前章で確認した通り、50年代における「集団的な文化運動[*39]」への参入やサークル活動などを通じて構築されたものとして認められます。「集団的な文化運動」への参入によっていわゆる民衆の文学に目を向けていたことは、益田の多様な古文テキストの教材化にもつながっているでしょう。

また、益田自身、サークルでの文学の扱いについては「文学を採り上げる以上、第一に現代文学をとりあげ、文学にあらわれて来ている現代の社会と文学自身の問題を、しっかりと把握していなければ、把握にいたらなくても把握したいという気魄をもっていなければ、古典の美名も何の役にもたちません[*40]」と述べており、近現代のテキストを読んで生徒たちが自身を取り巻く現実について認識を深めた上で古文テキストに取り組むことを提案していました。そして、古典文学教育としての古典教育についても、「古典教育というのは古典文学の教育そのものだ、と思うのです。この場合は、理《（ママ）》代国語の場合と違って、文学の教育だと思うのですよ。古典の教育は、言語生活に対する適応とか改善とか、そんなことでない、と思う[*41]」と述べていました。

さらに、古典教育のみならず国語教育全般において益田が目指したことも、50年代と60年代とで連続性を見いだすことができます。

「われらは、さきに、日本国憲法を確定し、民主的で文化的な国家を建設して、世界の平和と人類の福祉に貢献しようとする決意を示した。この理想の実現は、根本において教育の力にまつべきものである。」教育基本法はこう日本の教育の基本的方向を明示して、わたしたちの教育がめざすべき人間像についても、「われらは、個人の尊厳を重んじ、真理と平和を希求する人間の育成を期するとともに、普遍的にしてしかも個性ゆたかな文化の創造をめざす教育を普及徹底しなければならない。」という部分の前半で、はっきりと指摘しています。（中略）憲法の精神が一つ一つの判例に貫かれねばならないように、基本法の明文が国語教育の端端にまで貫かれねばならない。そう考えます。[*42]

これは50年代において見られた発言ですが、60年代においては、「〈個人の尊厳を重んじ、真理と平和を希求する人間の育成を期する〉のだという『基本法』の立場に立つべきだと考えています[*43]」、「国語教育の内部に、現に、新しい民主的な人間の形成などというのは教育全体の目標で、国語教育の目標からははずすべきだ、という考えがでているところにつけこむ形で、国語と道徳の授業のけじめをつけられてはたまりません[*44]」といった発言が見られます。これらの発言から明らかなように、50年代において教育基本法に記された「人格の完成」、「新しい民主的な人間の形成」、「社会の形成」などを国語教育の目標として据えていた益田の「基本姿勢」に「変化」はありません。「断層」、「変化」というよりは、50年代からの益田の古典教育に対する考えが60年代において理論的に深まっていったと見る方が自然でしょう。

第二項　「云ひ表はし方の技術」を身につける古典教育の構想

60年代の益田は自身の国語教師としての反省と柳田のテキストとの出会いから始まりました。古典教育を構想する際にも柳田のテキストを参照していたことは先に確認した通りです。ここでは益田が古典教育を構想する際、柳田のテキストからどのようなヒントを得、それが益田の古典教育論とどう結びついているのかをもう少し詳しく見ていきたいと思います。

柳田国男は、「一体古文学が国語教育に必要なのは、云ひ表はし方の技術の点にある。その点古文学を軽蔑する事は出来ない。然し古文学の由来する所を究めないで教へるのは不可《まず》い。古文学と今の文学の由来する所を知らないで教へてゐるために、古文学を無闇と讃めて、少年をして尚古派たらしめずんば止まないのである。教へるならば、お前が学ぶのはこの世の中の一人前の人間になる為であると教へ、口語が現実語であり、此処迄来るのには其れ相当の道筋があり、読本はその道筋を教へてゐるのだといふ事を解らせ、又昔の人はかう云つたが今はかう云はなければならないと云つた風に教へ、かうして文章語と口語との事を判然させなければならないのである。」（『国語史論』）といったことがありますが、この「一体古文学が国語教育に必要なのは、云ひ表はし方の技術の点にある」という見解は、古典文学教育においてひとつの重要なかなめだと思います。[*45]

ここで益田が注目する、「云ひ表はし方の技術」を教える古典教育という考え方自体は戦前の柳田の考えではありますが、先に見た柳田の戦後の問題意識と通底しています。「云ひ表はし方の技術」を身につけるというのは、単なる「外的なコミュニケーションの便宜」[*46]のための言語技術を身につけることではなく、「ことばと心を実質的に鍛え上げる」[*47]ことです。そこで益田が採用したのが、柳田のいう「内に根のある語」、すなわち「内言」という考え方でした。内言と外言との関係について益田は次のように述べています。

少なくとも指導要領が思考力とか批判力とかいう事で匂わせているような問題、すなわちコミュニケーションの外面的な要素、外言語的要素でなくて、もう少し内言語といいますか内面領域に相わたるような所をねらって行かなきゃいけないんじゃないか。現代の社会科学や自然科学や芸術のような精神文化の領域が蓄積して来たものを自分の心の中にも蓄積して行って、そして心の中に言葉が太って心の中の思いが深まって行って、そして人間と人間を結びつける心となってその一端がにじみ出てくるような構造の教育でなければ、どうも人間の教育にならないんじゃないか、[*48]（後略）

諸学問に流通する「云ひ表はし方」を生徒が「蓄積」し、自身のものの見方や考え方を深化拡充し、新たな「云ひ表はし方」を創造し、他者との新たな関係のとり結びまでを視野に入れた古典教育。「国語教育は言葉の蓄えという大きな役割も果さなければならないのではないか、古典教育でそこを頑張る以外に、ちょっと土俵がないんだという詮ない気持も持っているのです[*49]」と、これこそ古典教育が生きる道だと益田は述べます。

これに関連して、ほかにも次のような発言を残しています。

たんぼから上がって、昼めしに帰る人に、「お精が出ます。」もだめ。「こんにちは。」と「お精が出ます。」以外のあいさつのことばを失ってしまっている……。生きた生活とむすびついたことばを喪失しきっている自分——しかも、それで、ぼくは国語の教師なのだ。[*50]

（筆者補、西尾実の「僕らも八月になるとね「秋来ぬと目にはさやかに見えねども風の音にぞおどろ」くのですね、毎年」という発言を承けて）僕なんか自分の鈍感な感覚だけでは、秋にさきがけて吹いてくるささやかな風を感じとれないかもしれない。しかし文学のほうから規定されて、目に見えないものを見なければならない、見ようという待ち構える姿勢をもつでしょう。そうすると風吹いてくる。[*51]

ともすると、『源氏物語』にしても『伊勢物語』にしても出来上ったものとして受容しやすいのですが、それぞれの時代に作家がことばにつかまれるなり、ことばを創り出すなりしたときの、いろいろな具体的な内部葛藤、さまざまな力のひきしめ合いというものを考えねば、今日的自己体験に照らしても、研究としてはうそということになりそうです。ということは、『源氏物語』が生まれたのはそれ以前の日本語をふまえてですけれども、源氏物語が出たことによって日本語が変ってしまった、というような面もまた含まれてです。（中略）歴史の創造にかかわり合っていく言語と文学の関係、そこで創造史を探ることを先にしなくてはならない。[*52]（傍点ママ）

最初の発言は、国語教師でありながら生活と結びついたことばを使えなくなってしまっていることを反省する益田の様子が語られています。こうした反省も念頭にあって、「内言」「外言」という考えに注目し、新しい古典教育を構想するに至ります。二つ目の発言では、古文テキストと「内言の蓄積」との関係をめぐる自身の経験について語っています。この発言からは、テキストのものの見方や考え方が表れた「云ひ表はし方」を内に取り込み、自身のものの見方や考え方の変容につなげようとする益田の姿を見て取ることができます。そして最後の発言では、この種の体験を数多く経験し、「具体的な内部葛藤」を経て、自身における「云ひ表はし方」、その時代の日本語における「云ひ表はし方」を変容する、あるいは創造するあり様をテキストから見いだそうとしていることがわかります。このように、益田が構想する古典教育において目指されていたことの内実をこれらの発言はよく伝えてくれています。

ここで、益田の授業実践報告や授業提案を見ていきたいところですが、60年代後半に益田は国語教師の職を辞したこともあって、それらはほとんどのこされていません。しかし、その手掛かりとなるような教材化の提案をいくらかのこしています。

まず注目したいのは益田による謡曲「隅田川」の分析です。

母親の「誘はれて」の善意の解釈と、渡し守のそれとは反対の、「買ひ取つて」という売った親への非難を暗に籠めた表現との対立ののちに、「かどはされて」という真相が観客にわかる。三人三様の言い方をさせ、その錯雑のかなたに真相を、その錯雑によって人それぞれの思いというものを表現しているのが、作者である。作品のそういう細部描写がいかに主題をしっかりささえ、複雑な人間社会の問題を複雑なままに捕捉しえているか。わたしたちが教室で学習者とともに眼を留めなければならないのは、そういう人間社会の真実の表現され方であろう。[*53]

謡曲「隅田川」は人買いの問題を扱ったもので、子どもがさらわれ、その母が死に物狂いで子どもの消息にたどり着いた時にはすでに子どもは死んでいたという次第です。「子どもと人買いが共に都を離れる」という一つの出来事に対して、母、渡し守、子どもそれぞれの立場から生活実感と結びつけて、「誘はれて」、「買ひ取つて」、「かどはされて」と表現されています。益田はここに「生活と結びついた」「内に根のある語」で、「複雑な人間社会の問題を複雑なままに捕捉」したことばを用いる主体を見いだすのです。

また、『おあん物語』では、

又、子ども、「彦根の話なされよ」といへば、「おれが親父は、知行三百石とりて居られたが、その時分はいくさが多くて何事も不自由な事でおじやつた。おれが兄様は、折々山へ鉄砲撃ちに参られた。勿論、用意は面々貯へあれども、多分、朝夕雑水を食べておじやつた。おれが兄様は、折々山へ鉄砲撃ちに参られた。その時に、朝菜飯をかしきて、昼飯にも持たれた。その時にわれらも菜飯をもらうて、食べておじやつたゆゑ、兄様を、さい〲すすめて鉄砲撃ちに行くとあれば、うれしうてならなんだ。さて、衣類もなく、おれが十三の時、手作りの花染めの帷子一つあるより他にはなかりし。その一つの帷子を十七の年まで着たるによりて、脛が出て難儀にあつた。せめて脛の隠れるほどの帷子一つ欲しやと思ふた。此様に昔は、物事不自由な事でおじやつた」

という場面を引いて、「中世末期の娘ごころを、これほどに語るものはほかにない[*54]」と述べています。自身の生活を回想して、生活実感に根ざしたことばを用いながら飾らず素朴に語っている点を益田は評価しているのでしょう。

ほかにも益田は、花鳥諷詠を扱った古文テキストにとどまらない、生徒たちの「云ひ表はし方の技術」を身につけさせるための古文テキストの教材化を精力的に行い、自身が編集に携わった教科書に採録しています。特に、益田が何度か紹介し、教科書に採録されているものとして、『おもろそうし』や『おあん物語』、『イソポのハブラス』、『船長日記』などがあります。これらを益田は「口語遺産[*55]」と捉えます。「口語遺産」には、「いわゆる「国文学」の古典[*56]」とは違った「人間ないし人間関係の奥深いもの、社会の新鮮未知なる現実を語りとっていく、あるいは、語り手たちの内奥の願望・幻想の外在する影を探りとっていく[*57]」「云ひ表はし方」があるという点に、教材価値を見いだしていたのでしょう。

そして、益田はこうした教材を生徒たちにどのように読ませるかについても言及します。まず、益田は「今の教科書の分量じゃだめ」だという認識から、「うんとたくさんの古典遺産からの分量があって、乱読する領域とガチッとやる領域とがもうすこし多角的に組み合わせられなければ」ならないとし、「慣れの感性的領域と理性的領域を組み合わせていく」[*58]ことを考えます。つまり、ある教材は朗唱や暗唱などを行い感性的に把握する、ある教材は精読などを行い理性的に把握するなどして、ある程度の分量を読み、生徒たちが古典世界に対する像を結べるようにすることを提案しているのです。そして、理性的に把握するのに適した古文テキスト、感性的に把握するのに適した古文テキストというものが益田の中にあり、益田が積極的に紹介していた『おあん物語』や『イソポのハブラス』などは、複数で組み合わせて、感性的把握に適した教材として考えていたことがわかります。[*59]また、『徒然草』や『源氏物語』などは理性的把握に適した教材と考えられ、書き手の言語活動「全体の営なみ」[*60]をも視野に入れた上で読ませようとしていました。

これらに加えて、教師の積極的な働きかけが必要であると益田は述べます。[*61]教師だけでなく、「先人の読み」、つまり作家などによる古文テキストの現代語訳や解説文などを読み、「問題意識を触発されることや、その読みの深さ・ゆたかさに教わ」ることをも益田は提案するのです。

第四節――公共性・言説の資源・古典教育

以上、60年代における益田の古典教育論について見てきました。前述したように、60年代の益田古典教育論は50年代とのそれとの断絶を強調されることが多いのですが、「基本姿勢」に変化はないことが確認できました。益田は古文テキストをカノンとして捉えず、読み手との関係の中で価値を発見されるテキストとして捉えます。そのような古文テキストを、近現代のテキストを読んで問題意識を深めた生徒たちと向き合わせ、生徒たちのものの見方や考え方を深化拡充し、公共的な問題に対する生徒たちなりの応答をできるようにすること、そして、真理と平和を希求し、「人間関係の愛情に富んだ深まり、民主主義的な深い考え方、豊かな感じとり方、自由な創造的表現、総じて人間らしい生き方」をしながら、自身を取り巻く現実と対決し、社会の変革を目指す人間に育てることを目標としていました。こうした「基本姿勢」に、益田自身の国語教師としてのこれまでの反省と柳田の諸テキストとの出会いが加わり、「言葉による見方や考え方」に重点をおくようになります。益田が惹かれた柳田の考えとは、「内に根のある語」を用いながら「言論の自由、誰でも思った事を思った通りに言える」ようにすること、そのために「古文学」が「云ひ表はし方の技術の点」において必要であるという考えでした。益田は、生徒たちが古文テキストのものの見方や考え方を学ぶとともに、その「云ひ表はし方」(=「社会の新鮮未知なる現実」の「語りと」り方、「語り手たちの内奥の願望・幻想の外在する影」の「探りと」り方)を内に取り込んでいき、生徒たち自身が「云ひ表はし方」を鍛え、創造していくことができるようにする、そのような古典教育を構築しようとしていたのです。

こうした益田の古典教育構想に問題がないわけではありません。現在からみれば、益田の口承文学の捉え方は民衆との関連を強調しすぎているように思われますし、口頭言語の称揚などは、その現前性や純粋性、独自性などに高すぎる評価を与えているようにも見受けられます。また、テキストの読み方においても、益田のいう「感性的な把握」では、無批判にそのリズムに馴れたり、暗唱や音読が行われようとしている点で、イデオロギー教育に転向してしまう脆弱性を有しています。「云ひ表はし方」の獲得にしても、これと同様に行われれば同じことが危惧されます。さらに、「関係概念としての古典」という古文テキスト観にしても、古文テキストの選別においてはフィルターがかけられますが、いったん教材化されてしまうと、そのテキストの対話や応答の質は問われず、古文テキストと生徒たちとの関係が一方的な「教える—学ぶ」の関係に確立されてしまっているきらいも見られます。

しかし、それでもなお益田の古典教育論が現代において有効だと考えるのは、現代の問題でもある公共性の議論と関係するように思われるからです。先述したように益田は柳田の「喜談日録」に着想を得たのですが、この「喜談日録」は次のような公共性の議論とかかわってきます。

「言説の資源」は、公共性への実質的なアクセスを根本から左右する。というのも、公共性におけるコミュニケーションは、ほかでもなく言葉というメディアを用いておこなわれるからである。そこでは、「言説の資源」に恵まれた者たちが「ヘゲモニー」(文化的・政治的に他者を指導する力)を握る。この資源は量的な多寡ではなく質的な優劣によって測られる。(中略)

言説の資源は、第一に、人びとがどのような語彙をもっているかにかかわる。自らの問題関心を説明し、他者を説得しうる理由を挙げるためには、当面のコンテクストに相応しい(とされている)言葉をある程度自由に使用できることが必要である。(中略)

第二に、見過ごされやすい問題だが、言葉をどのように語ることができるかという言説のトーン(語り方・書き方)は、重要な資源の一つである。(中略)

第三に、本書の関心にとって最も重要なのは、公私の区別をわきまえ、公共の場に相応しいテーマを語らなければならないという暗黙の規範的要求の問題である。言説の資源は、その意味で、場に相応しい主題を選択できるかどうかという能力にもかかわっている。*62

こういうわけで、60年代における益田の古典教育論は必然的に公共性の議論とかかわってきます。つまり、60年代の益田古典教育論は、誰もが公共性にアクセスできるように(=「新しい民主的な人間の形成」、「社会の形成」、「人格の完成」などに携わる)、公共的な話題を認識し、「自らの問題関心を説明し、他者を説得し得る理由を挙げるために」「当面のコンテクストに相応しい(とされている)言葉をある程度自由に使用でき」るようにしたり、「言説のトーン（語り方・書き方）」を身につけさせたりすることを目指す古典教育だった、というわけです。前章で確認したように、益田の古典教育論は50年代においても公共性の議論と関連をもつものでした。「基本姿勢」に変化の見られない60年代の益田古典教育論においても、公共性の問題とかかわってくるのは当然のことです。これに「言葉による見方や考え方」が加わって、「言説の資源」との関連を見いだしたのが、60年代における益田の古典教育論だったのです。また、前章や本章で確認した通り、益田の古典教育論は古典と生徒たちの生や社会との接点を見いだそうとしており、生徒たちの興味・関心をひくことに専念してしまっている現代の古典教育に対して重要な異議申し立てとなり得ています。

前章で述べた通り、益田の古典教育論はこれまでに何度も検討されています。しかし、益田が残したものは膨大で、どうしても一部だけに注目されて語られてきたきらいがあります。益田の古典教育、国語教育に関する資料だけでなく、文学研究の成果やそのほかの成果を視野に入れ、益田のテキスト観、教育観、言語観などを見直し、何と向き合っていたのかを見定めていくことが重要だと思われます。そしてこれは益田のみならず、この時期に積極的に国語教育について発言していた研究者や実践者の考えを検討していく上でも必要なことではないでしょうか。こうした検討を重ねれば、これまで発表されてきた古典教育論などからわれわれが学ぶことはまだ多くあると思われます。

注

1　益田勝実「国語教師・わが主体」（益田勝実著、幸田国広編『益田勝実の仕事5　国語教育論集成』筑摩書房、二〇〇六年六月）、308頁。初出は、日本文学協会編『教師のための国語』（河出書房新社、一九六一年一〇月）。

2 益田勝実「一つの試み─十年目の報告─」(『日本文学』第一〇巻第七号、一九六一年八月)、119頁。
3 益田勝実ほか「座談会　今日における教育の仕事」(『日本文学』第一〇巻第三号、一九六一年三月)、52頁。
4 須貝千里「「一寸待って」と呼びかけて……─益田勝実の仕事─」(『日本文学』第五六巻第一号、二〇〇七年一月)。
5 渡辺春美『戦後古典教育論の研究─時枝誠記・荒木繁・益田勝実三氏を中心に─』(溪水社、二〇〇四年)。ほかにも内藤一志「益田勝実氏の古典教育論再読」(『日本文学』第四五巻第九号、一九九六年九月)などがあります。
6 前掲注2、122頁。
7 前掲注1、315頁。
8 前掲注1、310頁。
9 以上、「『炭焼日記』存疑」(益田勝実著、鈴木日出男ほか編『益田勝実の仕事1　説話文学と絵巻』筑摩書房、二〇〇六年五月)、372〜373頁。初出は、『民話』第一四・一五・一七号(一九五九年一一月・一二月・一九六〇年二月)。
10 柳田国男「喜談日録(一)」(伊藤幹治編『柳田国男全集31　昭和18年〜昭和24年』筑摩書房、二〇〇四年二月)、231〜232頁。初出は『展望』創刊号(一九四六年一月)。
11 前掲注10、233頁。
12 前掲注1、314頁。
13 前掲注3、52頁。
14 前掲注9、351頁。
15 益田勝実「柳田国男の思想」(後藤総一郎編『柳田国男研究資料集成　第9巻』日本図書センター、一九八六年六月)、58頁。初出は益田勝実編『現代日本思想大系29　柳田国男』(筑摩書房、一九六五年七月)。
16 関口敏美『柳田國男の教育構想─国語教育・社会科教育への情熱』(塙書房、二〇一二年)、31〜32頁。
17 以上、桝井英人『「国語力」観の変遷─戦後国語教育を通して─』(溪水社、二〇〇六年)、229頁。
18 前掲注17、230頁。
19 田近洵一『現代国語教育史研究』(冨山房インターナショナル、二〇一三年)、280〜281頁。

20　益田勝実「近代の厚みを再認識することが先決」（益田勝実著、幸田国広編『益田勝実の仕事5　国語教育論集成』筑摩書房、二〇〇六年六月）、227頁。初出は『教育科学国語教育』第一〇七号（一九六七年九月）。

21　益田勝実ほか「座談会　古典教育について―高等学校学習指導要領改訂草案を中心に―」（『文学』第二八巻第八号、一九六〇年八月）、81頁。

22　前掲注19、329頁。

23　以上、前掲注20、228頁。

24　前掲注20、236頁。

25　益田勝実「祖国愛のふたつのコース」（『教育科学国語教育』第六二号、一九六四年一月）、12頁。

26　益田勝実「神話教育復活をめぐって」（『日本文学』第一七巻第一〇号、一九六八年一〇月）、4頁。

27　益田勝実「古典文学の教育」（益田勝実著、幸田国広編『益田勝実の仕事5　国語教育論集成』筑摩書房、二〇〇六年六月）、242頁。初出は西尾実編『文学教育』（有信堂、一九六九年八月）。

28　益田勝実は「古典教育の反省」（『文学』第二二巻第七号、一九五四年七月）において、当時の古典教育の問題点として、大学受験を目的とした文法指導への固執、道徳的教訓的な指導、指導内容の表層性、教科書教材の不適合などを挙げていました。

29　益田勝実「古典の文学教育」（益田勝実著、幸田国広編『益田勝実の仕事5　国語教育論集成』筑摩書房、二〇〇六年六月）、210頁。初出は、日本文学協会編『文学教育の理論と教材の再評価』（明治図書、一九六七年三月）。

30　益田勝実「古典文学教育の場合」（『解釈』第二二巻第五号、一九七六年五月）、16頁。

31　前掲注30と同。

32　益田勝実ほか「座談会　「古典」とはなにか―新版「古典」教科書をめぐって―」（『国語通信』第一四六号、一九七二年五月）、12頁。

33　益田勝実ほか「対談　国文学界の新しい状況と古典教育―「古典」教科書の編集を終わって―」（『国語通信』第一七六号、一九七五年五月）、21頁。

34 前掲注20、237〜238頁。
35 前掲注29、220頁。
36 前掲注29、221頁。
37 益田勝実ほか「座談会　事実と虚構―新しい文学教育の可能性」（『国語通信』第一〇六号、一九六八年五月）、17頁。
38 前掲注27、250頁。
39 佐藤泉『戦後批評のメタヒストリー―近代を記憶する場』（岩波書店、二〇〇五年）。
40 益田勝実「サークルの古代文学研究」（『日本文学』第二巻第二号、一九五三年三月）、4頁。
41 前掲注21、70頁。
42 益田勝実「しあわせをつくり出す国語教育について」（益田勝実著、幸田国広編『益田勝実の仕事5　国語教育論集成』筑摩書房、二〇〇六年六月）、92〜93頁。初出は、『日本文学』第四巻第七・八号（一九五五年七月・八月）。
43 前掲注2、303〜304頁。
44 益田勝実「国語教育研究者の立場から〈二〉―国語授業と道徳授業との本質的な違いとはなにか2」（『教育科学国語教育』第九七号、一九六六年一一月）、17頁。
45 前掲注20、235〜236頁。
46 益田勝実「〈現代国語〉の必要とするナショナルなもの」（益田勝実著、幸田国広編『益田勝実の仕事5　国語教育論集成』筑摩書房、二〇〇六年六月）、373頁。初出は『国語通信』第九四・九六号（一九六七年三月・五月）。
47 前掲注20、238頁。
48 益田勝実ほか「討論座談会　国語教育における古典と現代」（『言語と文芸』第二六号、一九六三年一月）、9頁。
49 益田勝実ほか「シンポジウム　古典教材は現状でいいか」（『言語と文芸』第四一号、一九六五年七月）、75頁。
50 前掲注1、300頁。
51 前掲注32、18頁。
52 益田勝実ほか「座談会〈文学と言語〉の瀬踏み」（『日本文学』第一八巻第四号、一九六九年四月）、12頁。

53　前掲注27、266頁。

54　益田勝実「古典文学教育でいまなにが問題なのか」（益田勝実著、幸田国広編『益田勝実の仕事5　国語教育論集成』筑摩書房、二〇〇六年六月）、292頁。初出は『季刊　文芸教育』第一四号（一九七五年四月）。

55　前掲注54、293頁。

56　前掲注29、246頁。

57　益田勝実「新しい説話文学の教材」（『国語通信』第一一二号、一九六八年一二月）、18頁。

58　以上、前掲注48、21頁。

59　前掲注34。

60　前掲注32、13頁。

61　前掲注48、注49。

62　齋藤純一『思考のフロンティア　公共性』（岩波書店、二〇〇〇年）、10〜12頁。

第三部

教材化の構想

——『宇治拾遺物語』を例に

第一章　教室の『宇治拾遺物語』

第一節　中等教育国語科教科書の『宇治拾遺物語』

本章では、『宇治拾遺』をめぐる古典教育の状況を確認していきます。

まず、教科書の中で『宇治拾遺』のどのような章段が、どのような教材として生徒たちに差し出されようとしているのかを見ていきます。『宇治拾遺』を含めた説話教材は、第二部第一章で確認したとおり入門教材として扱われていました。教科書では、『宇治拾遺』は次のような性格のテキストであると解説されています。

説話集。編者は未詳。十三世紀初めごろに成立。百九十七話から成る。仏教説話、法師・成人の逸話、民話的説話などを含み、人間的興味を中心とした庶民性・平俗性が特徴となっている。[*1]

説話集。編者未詳。鎌倉時代初期の成立。百九十七話からなる。仏の功徳や高僧の逸話などの仏教説話のほか、昔話や笑話なども収められており、平安から鎌倉にかけての人々の生活をうかがうことができる。[*2]

『宇治拾遺』は、「人間的興味」から「平安から鎌倉にかけての人々の生活」が記された説話を多く収録し、「庶民性・

平俗性」を帯びた説話集テキストであるといわれています。西尾光一のいう「中世説話集の文学性*3」が『宇治拾遺』にはあるというわけです。

では、具体的に『宇治拾遺』は教科書の中でどのように教材化されているのでしょうか。以下、整理したものを掲げます。

説話集名	教材化されている章段		計	中	総	A	B	教材タイトル例
宇治拾遺物語	10	秦兼久、向通俊卿許向悪口事	2				2	秦兼久の悪口
	12	児ノカイ餅スルニ空寝シタル事	20		20			児のそら寝
	16	尼、地蔵奉見事	2		2			尼、地蔵を見奉ること
	17	修行者、逢百鬼夜行事	1			1		百鬼夜行
	28	袴垂、合保昌事	6			1	5	袴垂、保昌に合ふ事／袴垂と保昌
	30	唐卒都婆ニ血付事	1				1	唐に卒塔婆血つくこと
	38	絵仏師良秀、家ノ焼ヲ見テ悦事	11		10	1		絵仏師良秀／絵仏師の執心
	39	虎ノ鰐取タル事	2				2	虎の鰐取りたること
	40	樵夫歌事	1			1		きこりの歌
	49	小野篁広才事	5			1	4	小野篁、広才の事／十二の「子」文字
	86	清水寺ニ二千度参詣者、打入双六事	1				1	清水寺二千度参り
	89	信濃国筑摩湯ニ観音沐浴の事	1			1		観音になった男
	95	検非違使忠明事	8		5	1	2	検非違使忠明（のこと）
	101	信濃国聖事	1		1			空を飛ぶ倉
	104	猟師、仏ヲ射事	2	1			1	とらわれた心に突き立つ矢／猟師、仏を射ること

111	歌読テ被免罪事	3			1	2	歌詠みの徳／歌詠みて罪を許さるること
113	博打子聟入事	1		1			博打の子の婿入り
114	伴大納言焼応天門事	1			1		応天門炎上／伴大納言応天門を焼く
130	蔵人得業、猿沢池竜事	1			1		猿沢の池の竜の事
164	亀ヲ買テ放事	1				1	亀を買ひて放つ事
165	夢買人事	2			1	1	夢を買う／夢を取ること／夢を買ふ人のこと
184	御堂関白御犬、晴明等、奇特事	1			1		呪いを知らせた犬
196	後之千金事	1			1		後の千金

※現行の学習指導要領での高等学校国語科教科書を対象とした。補足的に中学校国語科教科書も取り上げている。
※須藤敬編「二〇一六年度　中学校・高等学校国語教科書採録中世文学作品一覧」（松尾葦江編『ともに読む古典―中世文学編―』笠間書院、二〇一七年）をもとに、筆者が調査したものをまとめた。
※それぞれの章段区分や標題などは新大系（岩波書店刊）によった。

右記の通り、『宇治拾遺』から23の章段が説話教材として採録されています。この採録状況を見ると、「堂内から縁の下にひょいと移したと思ったら、それが実際には摂津国から九州肥前国まで移っていたという、鬼の超自然的な霊力を語る着想は奇抜でスケールも大きく、おもしろい」（第17段）[*4]といった物語内容の面白さを伝える章段、「夢占い、夢を取ること、夢の売買――夢にまつわる俗信の根強く生活化することを示す説話」（第165段）[*5]といった当時の俗信や生活を伝える章段、「老尼」（第16段）、「木こり」（第40段）、「猟師」（第104段）といった「庶民」が登場する章段が中心に採録されていると思われます。

また、これらのそれぞれには「学習のてびき」が付されています。そのいくつかを以下に整理して挙げてみます。[*6]

①登場人物の心中とその整理

【例】

・袴垂の保昌に対する心情は、どのように変化していったか。話の展開を追って整理してみよう。（第28段、教育出版［古典B古文編］）

・「帝ほほ笑ませ給ひて、事なくてやみにけり」から読み取れる嵯峨天皇の心情を話し合ってみよう。（第49段、三省堂［精選古典B］）

・「何の登らんぞ」とは、誰の、どのような気持ちを表しているか、説明してみよう。（第130段、右文書院［徒然草・説話・枕草子］）

②登場人物の行動の整理

【例】

・「僧たちわらふことかぎりなし」とあるが、それはなぜか。（第12段、東京書籍［精選国語総合］）

・通俊が「さりけり、さりけり。ものな言ひそ。」と言っているのはなぜか、話し合ってみよう。（第10段、桐原書店［探究古典B　古文編］）

・尼が、極楽に行くことができたのはなぜか、考えてみよう。（第16段、明治書院［新高等学校国語総合］）

③登場人物の人物像

【例】

・絵を描くことに対する、良秀のどのような姿勢がうかがわれるか。（第38段、三省堂［精選国語総合］）

・猟師と聖は、どのような人間として語られているか。両者を比べながら考えなさい。（第104段、筑摩書房［古典B古文編」）

④話の興趣

【例】

・この話のおもしろさはどのようなところにあるか、話し合おう。（第89段、三省堂［古典A］）

・当時の人々は、どのような点に興味を持ってこの話を語り伝えたのだろうか。話し合ってみよう。（第95段、数研出版［改訂版高等学校国語総合］）

・この話でどのようなところを興味深く読むことができたか、話し合おう。（第184段、三省堂［古典A］）

⑤語り手と語り手の登場人物に対する評価

【例】

・この話の語り手は、良秀をどのように見ているか、考えなさい。（第38段、筑摩書房［国語総合改訂版］）

・「……とぞ、京に来て語りけるとぞ」とあるが、誰が語ったというのか、明らかにしよう。（第17段、三省堂［古典A］）

・この話の筆者は、伴大納言に対してどう感じているだろうか、話し合おう。（第114段、三省堂［古典A］）

⑥内容に関するほかのテキストの参照

【例】

・大地が陥没して海になるという伝説について調べてみよう。（第30段、大修館書店［古典B古文編］）

・「応天門の変」やその周辺のできごとについて調べ、発表し合おう。（第114段、三省堂［古典A］）

・備中守の子について、「夢を取られざらましかば、大臣までもなりなまし」と述べてある記事を参考に、当時の人々にとって夢はどのように考えられていたか、話し合ってみよう。（第165段、右文書院［徒然草・説話・

枕草子」）

⑦表現上の工夫

【例】

・この話に臨場感を与えるために、表現上どのような工夫がなされているか、考えてみよう。（第39段、桐原書店「古典B」）

・「この銭いまだ濡れながらあり」という表現の効果を考えてみよう。（第164段、第一学習社〔標準古典B〕）

登場人物をめぐる心情や行動の整理、出来事の整理、内容・登場人物・表現に対する語り手や生徒自身の評価、内容に関するほかの伝承や史実に関する調べ学習など、さまざまな学習活動が提示されています。これらの中の①〜③、⑥などは各章段の説話内容の確認とそれに関する背景知識の確認であり、説話内容の読みとりが主な目的となっています。それゆえ、生徒が『宇治拾遺』の説話を読み、話の〝可笑しみ〟に興じながら、『宇治拾遺』成立期の人々の生活を知ることが学習の目的となるでしょう。

その一方で、④、⑤、⑦のように物語内容や登場人物、表現に対する語り手や生徒自身の評価を考えたり話し合ったりする活動も見られます。語り手の登場人物に対する評価を考える活動は、例えば、「其後にや、良秀がよぢり不動とて、今に人々めであへり」（第38段）、「いかにくやしかりけむ」（第114段）などの話末評の読みとりを企図したものと考えられます。また、話の興趣を生徒が評価する活動においても、説話内容の確認・整理から話の興趣を評価する学習活動が提案されています。これらもうがった見方をすれば、ほかのテキストを参照しながら登場人物の行動の奇抜さや話の可笑しみを読みとることを企んだものとも見て取ることができます。

以上、『宇治拾遺』の各章段は、生徒が話の可笑しみに興じながら、『宇治拾遺』成立期の人々の生活にふれ、「古文入門」、「古文に親しむ」ことを果たすという目的のもとに、教材として採録されていることがうかがえました。しかし、こうした学習目的では、古文学習は知的欲求を満たさないつまらないものとなってしまうことは、第二部第一章で見てきた通りです。また、『宇治拾遺』の解説が70年代の西尾の「説話文学」観と符合した通り、『宇治拾遺』に対するテキスト観は更新されていないままでした。*7

第二節 ―― 『宇治拾遺物語』に対する教材観

本節では、『宇治拾遺』を教材として扱う際の提言に注目していきます。

ここでまず注目したいのは、『宇治拾遺』をめぐる一つの座談会です。この座談会は、国語教育に携わる現場の教員を対象とした『月刊国語教育』に収録されたもので、文学研究者の小林保治、高等学校教員の福島公彦、川本公幹、中学校教員の菅谷鶴子が参加したもので、『宇治拾遺』の教材としての可能性を追究した座談会です。この座談会において、『宇治拾遺』の中で最も多く教科書に採録される第12段「児のそら寝」について、小林は次のように発言しています。

それから高校の場合は、「児のそら寝」など、私がむかし非常勤で教えていたころから、もう二〇年以上もとりあげ方が変わらないんです。つまり、説話を一種の心理劇として読もうとしています。（中略）説話文学で心理描写の読みとりを強要しているかのような扱い方には、おおいに問題があると思います。ことに初心者は授業の中で、説話とはこういうたわいもない一口ばなしのようなものなのだという先入観を持つことになってしまいます。そういう意味でも、この「児のそら寝」は、私は教科書からはずすべきだと思うんです。*8

現代においても、高等学校の教科書で第12段を心理劇として読ませようとするきらいがあることは、竹村信治が指摘する通りです。[*9] そうした扱いをすることで、説話（集）を「たわいもない一口ばなし」として生徒が享受することを小林は危惧しているのです。この発言に対して、福島は「私はだいぶ前から「児のそら寝」はやめてくれ」と言っていたと賛同し、菅谷も「入門期に説話をとり上げるという意図はそれでいいと思います。しかし、話を読むと内容が理解できるし、本当に面白いし、楽しいんですが、それで終わっていいのかなと思います[*10]」と賛意を示す発言をします。また、『宇治拾遺』も含めた説話教材が入門教材の位置にとどまってしまっていることも問題視されます。[*11]

この状況を打開するために、彼らは説話（集テキスト）や『宇治拾遺』の教材としての可能性を見いだし、これを活かすことを次のように提案します。

つまり文学というのは、もっとトータルなものであり、豊かなものである。そこを教えたい。説話にはそうした豊かさをもたらす要素があって、新しい人間像や民衆的なエネルギー、それからさっき菅谷先生がおっしゃった時代の中の生の息吹といいますか、そういうものを伝えてくれる。『宇治拾遺物語』にもそういうものがいくつもあるんです。[*12]

『今昔物語集』にしろ、『宇治拾遺物語』にしろ、よく見ますと、本当にその時代の担い手である人たち、移り変わっていく時代の生の人たちの姿というものが伝わるという大変貴重な資料であるにもかかわらず、それがそういうふうに軽視されるということは非常に残念ですし、私どももっと教室でそのことに重点を置いた指

導をしていかなければならないのではないか、[13]（後略）

私が（筆者補、『宇治拾遺』から教材として可能性のあるものを）選んだ観点を申し上げますと、やはり人物が出てきて、その人物が生き生きと動いているということが一番大きな特徴だと思うんです。[14]

（筆者補、『宇治拾遺』から教材として可能性のあるものとして選んだ章段には）やはり人間というものを考えさせるような行動の仕方であったり、判断の仕方であったり、あるいは人間性の露呈であったり、人間というのはこんなに面白いものかということを感じさせてくれるような要素が、みなそれぞれ濃厚なのではないかと思います。それは絶対学びたいという場合と、反面教師でこんなものはとても学びたくないという両方の意味を含めてですが。[15]

彼らに共通しているのは、『宇治拾遺』には「新しい人間像」、「移り変わっていく時代の生の人たちの姿」が「生き生きと」記されているとする点です。そして、小林は生徒たちに『宇治拾遺』と出会わせることで、「行動の仕方」や「判断の仕方」、「人間性」、人間の面白さなどを学ばせようとします。こうした『宇治拾遺』に対する教材観は、第二部第一章で指摘した50年代から続く説話教材観と変わるところがありません。そして、現代の教科書においてこうした説話教材観がなお根強くあることも第二部第一章で確認した通りです。

また、古典教育に関する論考や提言では『宇治拾遺』の教材価値について議論の場が拓かれることはほとんどなく、『宇治拾遺』との出会わせ方をどうするかに議論が集中しています。[16] そもそも『宇治拾遺』が扱われることが少なくなっているのかもしれません。[17] ともあれ『宇治拾遺』は、各章段に描かれた躍動する人間の姿を読みとり、人間の面白さを知るのに恰好の教材であったというわけです。

第三節　国語教室の『宇治拾遺物語』

ここまで『宇治拾遺』の教材化をめぐる状況について確認してきました。『宇治拾遺』は新しい時代の人間を生き生きと描いており、生徒たちにこれと出会わせることで、人間の面白さを知り、人間探究の一助とすることが目指されていました。また、教科書に採録される『宇治拾遺』の章段は、面白く、当時の人々の生活を描いているものとしてありました。教科書においても古典教育の提言などにおいても、『宇治拾遺』では各々の章段に描かれる人間の生き生きとした姿や内容を読みとり、生徒が人間の面白さや内容の面白さにふれることが目指されることになります。登場人物の読みとり、内容の読みとり、そしてその面白さに気づくことは大事なことです。しかしそれが〝可笑しみ〟、「新しい人間像」、「民衆的なエネルギー」というところに収斂され、それを伝えることだけに終始してしまえば、『宇治拾遺』は読まれないことになるでしょう。そしてこれは第二部第一章でも確認した通り、『宇治拾遺』に限らず古文テキストを扱った古典教育全般に言えることでもあります。それゆえ、『宇治拾遺』に関してこの状況を打開していくことは、古典教育全般の現在の状況を少しでも変えていくことにつながるでしょう。

注

1　第一学習社『高等学校改訂版新訂国語総合古典編』。
2　三省堂『精選国語総合』。

3　西尾光一は『中世説話文学論』（塙書房、一九六三年）の中で次のように述べています。

わたくしがここで特に（筆者補、説話的興味を話題として）取り上げたのは、中世説話集において、文学性を濃厚にもった説話は、ほとんどすべて、庶民的平俗性を発想の契機とする説話的興味によって記載された説話の中に発見されるという事実を、見逃し得ないからである。しかも、そのような地方的・庶民的な、いわば雑多平俗な人間が活躍する有様を、事件的・行動的にとらえていきいきと描出した説話が、『今昔物語集』をはじめ『宇治拾遺物語』『古今著聞集』その他の後続説話集に散見するのであって、わたくしはここに、中世説話集の文学性を認め得るとおもう。（88頁）

4　小林智昭訳注『日本古典文学全集28　宇治拾遺物語』（小学館、一九七三年）、第17段「鑑賞と批評」。

5　前掲注4、第165段「鑑賞と批評」。

6　竹村信治「教材発掘 No.6　宇治拾遺物語―序文を読む―」（『国語教育研究』第五七号、二〇一六年三月）を参考にしました。

7　これらの問題が『宇治拾遺』に限らないことは、第二部第一章で見てきた通りです。

8　小林保治ほか「座談会　今昔・宇治拾遺―教材としての可能性―」（『月刊国語教育』第七巻第二号、一九八七年二月）、32～33頁。

9　前掲注6。

10　以上、前掲注8、33～34頁。

11　前掲注8の中で、福島は次のように発言しています。

もちろん説話文学は入門教材として適当であると思うんです。だが短くまとまっているとか、口語的な要素でわかりやすいとか、内容も面白いとか、そういうことだけが前面に出てきて、高校ですと、古典入門期の導入教材として位置づけられてしまって、そのためにどうもそれから先に進まなくなっています。（35頁）

12　前掲注8、36頁、福島の発言。

13　前掲注8、37頁、菅谷の発言。

14　前掲注8、45頁、川本の発言。

15　前掲注8、45頁、小林の発言。

16　序章で確認した通り、『宇治拾遺』を対象とした古典教育に関する論考や実践報告に限ったことではありません。

17　古典教育に関する実践報告を集めた近年の明治書院編、全国高等学校国語教育研究連合会協力『高等学校国語科授業実践報告集　古典編1～3』（明治書院、二〇一四年）や河添房江編『アクティブ・ラーニング時代の古典教育─小・中・高・大の授業づくり─』（東京学芸大学出版会、二〇一八年）では、『宇治拾遺』を扱ったものが見られません。

第二章　『宇治拾遺物語』の教材化にむけて

第一節　これからの古典学習にむけて

このたびの学習指導要領改訂に至った経緯は次のように述べられています。

今の子供たちやこれから誕生する子供たちが、成人して社会で活躍する頃には、我が国は厳しい挑戦の時代を迎えていると予想される。生産年齢人口の減少、グローバル化の進展や絶え間ない技術革新等により、社会構造や雇用環境は大きく、また急速に変化しており、予測が困難な時代となっている。また、急激な少子高齢化が進む中で成熟社会を迎えた我が国にあっては、一人一人が持続可能な社会の担い手として、その多様性を原動力とし、質的な豊かさを伴った個人と社会の成長につながる新たな価値を生み出していくことが期待される。[*1]

そして、こうした時代の子どもの成長に携わる学校教育には次のようなことが求められます。

このような時代にあって、学校教育には、子供たちが様々な変化に積極的に向き合い、他者と協働して課題を解決していくことや、様々な情報を見極め、知識の概念的な理解を実現し、情報を再構成するなどして新たな価値につなげていくこと、複雑な状況変化の中で目的を再構築することができるようにすることが求められている。

「多様性を原動力」とした「質的な豊かさを伴った個人と社会の成長につながる新たな価値」の創出、それに向けた「様々な変化」との「向き合い」、「他者」との「協働」、「様々な情報」の「見極め」、「知識の概念的な理解」、「情報」の「再構成」、「複雑な状況変化の中で」「目的」の「再構築」をできるように子どもを育成すること。現代の学校教育に求められているのはこの通りですが、そこで求められる古典学習は、「我が国の文化や伝統に裏付けられた教養としての古典の価値を再認識し、自己の在り方生き方を見つめ直す」[*2]といった、古典テキストに記された「普遍的な教養」を身につける学習としてあります。しかし、これは「教育水準の国際比較、現代のグローバル資本主義への対応を基軸に置きながら、それがもたらすだろうひずみを、表層的で観念的なナショナリズムのイメージによって上書きしていく」[*3]とする見方があるように、「改訂の経緯」に記された学校教育の目標に見合ったものとなり得ていません。

では、どのような古典学習を目指していくべきでしょうか。その手掛かりとなるのが、第二部第三章と第四章で確認した益田勝実の古典教育論です。先行きが見えず、時々刻々と状況が変化する敗戦後の日本において、益田が古典教育において目指していたことは「誰でも思った事を思った通りに言えるように」し、生徒たちがテキストに記された「他者」と向き合い、ほかの生徒や教師らと協働しながら現実と対決し、自分なりの応答を生み出し、社会の変革を担う主体の育成でした。これには、現代の学校教育が目指すものと通じるところがあります。とすれば、益田の古典教育論は現代の古典教育を考えていく上でも有効でしょう。従ってここでは益田古典教育論に学びながら、「我が国の文化や伝統に裏付けられた教養としての古典の価値を再認識」するのとは異なるかたちで、「自己の在り方生き方を見つめ直す」古典教育の在り方を探っていきます。結論を先に言えば、それは古典教室を公共的空間[*4]とすることです。

第二節 公共的空間

先に確認した益田古典教育論のキーワードは「公共性」でした。ここでは益田の目指した「公共性」を追究するのではなく、益田が当時の状況と対話しながら見いだした、公共性を担う主体を育てる古典教育に学びながら、「一九九〇年代後半以降、日本で」「大量に生産された」「〈公共的なるもの〉に関する言説[*5]」などにも学び、これを発展させてみたいと思います。

公共性については前引のように「大量に生産された」言説がありますが、ここでは公共性研究の第一人者である齋藤純一のいう意味で「公共性」という語を用います。齋藤は「公共性」と「共同体」とがどう違うのかについて言及しながら、公共性の特徴を次のように述べています。

オープンであること、閉域をもたないことが公共性の条件である。（中略）公共性の条件は、人びとのいだく価値が互いに異質なものであるということである。公共性は、複数の価値や意見の〈間〉に生成する空間であり、逆にそうした〈間〉が失われるところに公共性は成立しない。（中略）公共性においては、それ（筆者補、成員を統合するメディア）は、人びとの間にある事柄、人びとの間に生起する出来事への関心（interest）――interestは"inter-esse"（間に在る）を語源とする――である。公共性のコミュニケーションはそうした共通の関心事をめぐっておこなわれる。（中略）最後に、アイデンティティ（同一性）の空間ではない公共性は、共同体のように一元的・排他的な帰属（belonging）を求めない。（中略）公共性の空間においては、人びとは複数の集団や組織に多元的にかかわること（affiliations）が可能である。[*6]

また、公共性は「現われの空間」でもあるといいます。「現われの空間」とは、人間がH・アレントの言う「誰」（who）として現れる空間のことですが、[*7]齋藤はアレントを参照しながら次のように述べます。

「現われの空間」は、他者を有用かどうかで判断する空間ではない。それは、他者をどのような必要を抱えているかによって判断する空間でもない。「現われの空間」は、他者を一つの「始まり」と見なす空間、他の一切の条件にかかわりなく、他者を自由な存在者として処遇する空間である。他者を自由な存在者として処遇するということは、他者を非―決定の位相におくという態度、予期せぬことを待つという態度を要求する。[*8]

公共性（公共的空間）においては、それぞれが他者にとって「誰」として「現われ」、共通の関心事に対して複数のさまざまな意見が交わされます。そして、自分の〈世界〉とは異なる他者の〈世界〉を知り、それぞれの〈世界〉に対する見方を豊かにしていくことになります。[*9]こうした空間は各々の意見が特権化されることがなく、また逆に排除されることもないゆえに民主的であるといえます。[*10]民主的な公共性において重要なのは他者の声に耳を傾けることです。齋藤は「聴くこと」について次のように述べています。

聴くという行為は、おそらく見ること以上に、自らをヴァルネラブルにする行為である。というのも、聴くという行為は、他者の声や言葉を、他者にとっての世界の受けとめ方を自らのうちへ引き入れる行為であり、他者と自己の間にある差異や抗争のみならず、自己と自己との間の抗争をも露わにする行為だからである。聴くことがリアルな出来事として成立するならば、それは何ほどかは聴取の位置を動揺させ、思考を誘発するはずである。思考とは、自己と自己との間に成立する内的対話であり、この自己と自己との間（距離）は、一部には現実の他者のアクチュアルな声に触れることによって惹き起こされる。内的な対話は、現実の対話の後にいわばそれを倣《なぞ》るものとして起こるのであり、思考は、他者の声を後に引き、語られた言葉を想起する「追─思考」（afterthought,Nachdenken）としておこなわれる。聴くという行為は、その意味で、自己を安定した位置から不安定な位置へと移動させ、他者との交渉の解除から再交渉へと導く能動的な行為であり、「新しい始まり」としての行為に劣らぬイニシアティヴを必要とする。[*11]

他者の声に耳を傾けることとは、他者の〈世界〉を知り自分の〈世界〉を豊かにする反面、それまでの自己の〈世界〉が揺らぎ、宙づりの位置に置かれることにもなるゆえ、「ヴァルネラブルな存在者」になると齋藤はいいます。しかしその一方で、「ある種の傲慢さ」を避けることができるようにもなります。

他者の声を聴くことが重要なのは、すでに触れたように、意見はあくまでもその人に固有のもので、利益のように集合的には代理＝代表されえないからである。共通の世界がいかに多様な相貌をもつかを知りうるのは他者の意見に接することによってであり、自らにとっての世界の現われがいかに部分的かを経験しうるのも他者の意見に耳を傾けることによってである。そして「自己への配慮」が陥りうるある種の傲慢──自己の内部で「他者性」を維持しようとする態度──が破れるのも、他者が自ら語る一人称の声を現実に聴かされるときである。デモクラシーにとって意見の複数性が「最高の条件」であるのは、一人ひとりの意見が他者には現われない世界の複数の「真実」（truths）をそれぞれ語るからである。その意味で、意見と意見との交換は、道徳的確信の共有を目指す論議のコミュニケーションではなく、相互に「世界開示」が交わされるコミュニケーションと親和性をもつ。[*12]

他者の〈世界〉を受け入れることによって、自身の〈世界〉は揺らぎ、確かにヴァルネラブルな存在者となり得るでしょう。しかし一方で、そういう契機を経ることなく自身の〈世界〉に固執していると、現実世界で起こる事象を受け入れられなくなります。そうした時に生じるのは他者の排除、自己の閉鎖でしょう。こうした事態の解決に向けて、自己の〈世界〉を揺るがせながらも、他者の声に耳を傾け自身の〈世界〉を豊かにしていく公共的空間を創出していくことが重要でしょう。

これを承けて、古典教室の公共的空間化を目指していくとして、そこではどのような話題を取り上げていけばよいのでしょうか。これについても齋藤が言及しています。

公共的空間は、公私の境界をめぐる言説の政治がおこなわれる場所であり、公共的なテーマについての言論のみがおこなわれるべき場所ではない。何が公共的なテーマかはコミュニケーションに先行して決定されているわけではないのである。[*13]

これによれば、意見を交わすべき話題が決まっているわけではない、公共的空間で取り上げるべき話題であるかどうかはそこに存在する人々の「言説の政治」によって決まる、というわけです。

そうした時に問題になってくるのが、自らのニーズを語れず、「言説の政治」に参入できない人々の存在です。

「ニーズ解釈の政治」は、私的なものと公共的なものとの境界線をめぐる最も重要な抗争の一つである。この政治が言説の抗争であるかぎり、そこで重要なのは、第I部で言及した「言説の資源」――フレイザーはこれを「解釈とコミュニケーションのための社会文化的な手段」とよぶ――が人びとの間にどのように分配されているか、である。「ニーズ解釈の政治」においては、言説の資源の非対称性は決定的な重みをもっている。というのも、そこでは最も切実な必要を抱えているはずの人びとが「ニーズ解釈の政治」に参入する資源において最も乏しいという逆説的な事態がしばしば起こるからである。自らのニーズを（明瞭な）言語で言い表せない、話し合いの場に移動する自由あるいは時間がない、心の傷ゆえに語れない、自らの言葉を聞いてくれる他者が身近にいない、そもそも深刻な境遇に長い間おかれているがゆえに希望をいだくことそれ自体が忌避されている（「適応的選好形成」とよばれる事態）……。[*14]

「言説の資源」とは、自らの考えやニーズを語る時に必要な「語彙」、「言説のトーン」、「場に相応しい主題選択の能力」[*15]のことですが、これらの資源に乏しいがゆえに語ることができず、「切実な必要を抱えている」人ほど公共性に参入できないという事態が出来しているといいます。とすれば、教育現場においては公共的空間を創出することのみならず、生徒たちに言説の資源を提供していくことも必要となるでしょう。[*16]

以上、ここまで齋藤の論に依拠して公共性について見てきました。他者にとって「何」ではなく「誰」として現れ、各々の「誰」が複数の多様な意見を交わし、各々が自己を安定した位置から不安定な位置へと移しながら、〈世界〉を豊かにしていく空間。[*17]古典学習の空間をこうした空間としていくことで、「自己の在り方生き方を見つめ直す」

古典学習が可能となるでしょう。[18] こうした古典学習において必要なことは、言説の資源を獲得していくこと、他者の声に耳を傾けられるようになること、他者の〈世界〉を引き受け自らの〈世界〉を豊かにしていくことです。
では、公共的空間において古文テキストはどのような役割を担うことができるのでしょうか。

第三節　テキストの対話、テキストとの対話

M・バフチンはテキスト（=作品）について次のように述べています。

作品は、対話のことばと同じく、他者（たち）の返答を、その能動的な返答の理解を求める。この理解は、読者への教化的な影響、読者の確信、［読者の］批判、追随者や継承者への影響といった具合に、さまざまなかたちをとる。この理解が、所与の文化領域の言語コミュニケーションの複雑な条件のもとでの、他者の返答の立場を規定するのである。作品――それは言語コミュニケーションの連鎖の一環なのである。作品は、対話のことばと同じく、他の作品――発話――とむすびついている。返答される方の作品［先行の環］とも、返答する方の作品［後続の環］ともむすびついている。しかも作品は、対話のことばと同じく、ことばの主体がつくりだす絶対的な境界によって他の作品とは隔てられている。[19]

あらゆるテキストを発話と見なすことは序章で確認した通りです。それゆえ、テキストも発話と同様、言語コミュニケーションの連鎖の一環で、先行するテキストとの対話、応答はもちろん、後続するテキストの「ありうべきさまざまな返答の反応」[20] と対話、応答がなされています。

また、バフチンは次のように述べています。

じっさい、くりかえすが、どんな発話も、その対象とは別に、先行する他者の発話につねになんらかのかたちで返答（語のひろい意味で）しているのである。話者はアダムではない、したがってそのことばの対象自体が、（なにかある日常の出来事をめぐる会話や論争で）面とむかって対談する者たちの諸々の意見や、（文化的コミュニケーションの領域の）さまざまな観点、世界観、思潮、理論等と出会う舞台になるのは避けられないのである。世界観、思潮、観点、意見は、かならず言葉で表現される。それはすべて、他者のことば（誰かある個人の、あるいは特定の個人のものではない）であって、そのことばは、発話におのずと反映されることになるのである。発話は、その対象だけでなく、対象についての他人のことばにも向けられている。じっさい、ほんのちょっと他者の発話のことをほのめかすだけで、純粋に対象に向かうテーマがけっしてもたらすことのない対話的な変化を、ことばにもたらすことになるのである。他者の言葉への関係は、対象への関係とは根本的に異なるものだが、しかしそれは、この後者［対象への関係］につねに随伴しているのである。[*21]

テキストは常に何事かについて、複数の他者の「世界観、思潮、観点、意見」と対話関係を結び、時には自身の〈世界〉を固持しながら、時には他者の〈世界〉に目移りしながら、時には宙づりになり〈世界〉を捉え直しながら為される一つの発話なのです。それゆえテキストは公共的空間における、複数の多様な意見を交わす中の一つの発話（言論）[*22]と捉えることができます。

とすれば、テキストは公共的空間における他者の声として聞き届けられなければなりません。テキストはどのような話題について、どのような他者の言葉と対話し、どのような応答（言論）をしているのか。そして、どのように〈世界〉を捉えているのか。こうしたことを聴き取り、その対話に生徒自身も参入し、テキストが向き合った何事かについて、自分なりに応答していくこと。これが古典教室を公共的空間にする際のテキストと生徒たちとの関係です。この関係を構築するためには、各々のテキストが何について応答しているのか、その最中でどのような他者の言葉〈言論〉と対話しているのかが生徒たちに示される必要があるでしょう。

第四項――『宇治拾遺物語』と公共的空間

山藤夏郎は古典の間テクスト性をめぐって次のように述べています。

> 「中世」のリテラシーは、古典の再現前（再編集）を実践規範とするものであったため、書かれたもの《エクリチュール》は、（明示的に註釈という形態をとっていないものであったとしても）顕在的―潜在的に古典世界と必ず連結《リンク》したものであって、一個の作品として独立したものではありえなかった。いかなる作品であれ、古典の間《インター》テクスト構造の内部において組織されることで初めて作品としての「意義」が（仮構的に）発生するのであって、作品は自らの経験の反照でなければならない必然性はなく、むしろ乖離していることが通常であった。「中世」において、古典を読むということは古典世界を読むということであって、決して一個の作品、一人の作家、一つのジャンルを読むことではなかった。[*23]（傍点ママ）

また、辛島正雄は『今とりかへばや』の表現について、物語の伝統的な設定・場面・表現等の類型に寄りかかりながら、あるいはほとんど手を加えず、あるいは少し変化させ、さらにはまた逆手にとるなどして、読み手の知的興趣を喚起しつつ、歓心をかおうとする技法であろう。[*24]

と指摘したり、別のところでは、『源氏物語』の中世王朝物語に対する影響を論じる視点として、

『源氏物語』の偉大さをいうためではなく、あとにつづく数々の物語が、いかに自らのバイブル＝『源氏物語』と相対峙したか、それを明らかにする視点からでなければなるまい。[*25]

と述べたりと、古文テキストがほかのテキストと「連結」していることを指摘します。

さらに、前田雅之は前近代的思考（古典的思考）は「要約を拒絶した記憶・連想・アナロジーを核とする」[*26]ことを著書の随所で述べています。実際、定家や俊成などによって盛んに行われていた「本歌取り」という技法も、あるテキストの表現がほかのテキストの表現と「連結」しつつ差異を仕組むことを示しています。

諸氏の古典論によれば、古文テキストは先行するテキストとの対話を看取しやすいテキストであることがわかります。従って、古文テキストを用いた古典学習でこそ、テキストの対話を読みとり、テキストとの対話と応答を図っていかなければならないのです。その際必要なことは、テキスト以前にどのようなことがどのように語られていたのか、また、テキストはそれを〝喚び起こされるもの〟[*27]としてどのように仕組み、どのような差異を設け、どのような表現を成立させているのか、といった視点で古文テキストを読み解くことです。

こうした先行するテキストとの対話、〝喚び起こされるもの〟の仕掛け、それに差異を設けての表現、といった

ことを見通しやすいテキストが、第一部で詳述したように『宇治拾遺』でした。『宇治拾遺』は、先行するテキストに潜む欲望や権力性を認知し、これへの問い直しといったかたちで先行テキストとの対話を始めます。そして、語りのかたどり、文体模倣、話型模倣、語のモティーフ性の利用というかたちで〝喚び起こされるもの〟を仕組み、これとの差異を設け、表現を成立させます。このような『宇治拾遺』の表現を読み解いていくことは、テキストの対話と応答を読みとるレッスンに適しています。

また、『宇治拾遺』は、〈信〉、〈仏教〉（＝〈宗教〉）、〈歴史〉、〈言語〉などさまざまなテーマ（問題領域）を扱い、各々の問題領域において先行するテキストを問い直し、対話をひらくテキストでもありました。現代にも通じるテーマに関して、『宇治拾遺』の対話に参入することで、生徒自身の〈世界〉を豊かにすることにつながるでしょう。そして、『宇治拾遺』の対話そのものを学ぶことで、対話の仕方や応答の仕方を身につけることもでき、「言説の資源」獲得も可能となるでしょう。こうした点で、『宇治拾遺』は公共的な空間としての古典教室において扱うに足るテキストである、といえるのです。

注

1　文部科学省『高等学校学習指導要領解説　国語編』（東洋館出版社、二〇一九年）、1頁。

2　前掲注1と同。

3　五味渕典嗣「高等学校国語科が大きく変えられようとしています（7）」（http://note.mu/ngomibuchi/n/ndc974a7e1ba3）。

4　「公共的空間」に類似する用語として、「公共圏」がある。本研究では、齋藤純一『思考のフロンティア　公共性』（岩波書店、二〇〇〇年）による次の整理、

その（筆者補、二つの次元の区別の）一つは、複数形で扱うことができる「公共」である。これは、一定の人びとの

間に形成される言論の空間を指すものであり、本書では「公共圏」という言葉をこの意味で用いる（英語では"publics"、ドイツ語では"Öffentlichkeiten"）。もう一つは、単数形で表現されるものであり、本書では主に「公共的空間」という言葉を用いる（英語では"public space"ないし"public sphere"、ドイツ語で"Öffentlichkeit"）。これは、さまざまな「公共圏」がメディア（出版メディア・電波メディア・電子メディア等）を通じて相互に関係し合う、言説のネットワーキングの総体を指す。「公共圏」が特定の人びとの間での言説空間であるとすれば、「公共的空間（領域）」は不特定多数の人びとによって織りなされる言説の空間である。（x頁）

や、「戦後日本という具体的な歴史の内に、〈公共的なるもの〉の概念を再構成」（7頁）した権安理『公共的なるもの―アーレントと戦後日本』（作品社、二〇一八年）の中の、

公共性は意味内容に多義性を許容し得るが、それに対して公共圏という言葉は「ハーバーマス的」であることを留め続ける。公共圏と表象される〈公共的なるもの〉は、必然的にハーバーマスが込めた含意を持たざるを得ないだろう（185頁）

現代市民社会は市民活動のみが行われる領域ではない。ときとして市民による批判的な討論が展開され、公論の形成という形で政策に影響を与えることが目指される。本書は、このような批判的な機能を担う場を「公共圏」と呼称する。（200頁）

そして市民社会が、近代市民社会と現代市民社会に区分されるとするならば、市民活動もまた二区分され得る。私的な活動と公共的な活動であり、後者の代表例がボランティアやNGO、NPOの活動といったものであろう。本書では、後者の意味での活動が展開される領域を、アーレントの用語を使って「公共空間」と呼称する。同語反復的であるが、公共空間は〈公共的なるもの〉にかかわる活動、そしてアーレントの定義に倣うなら、労働や仕事と区別される活動が行われる場である。（201頁）

といった用語の用い方などに学び、本書が齋藤純一の公共性論を参照し、齋藤がH・アレントの可能性を探りながら公共性論を展開していることから、「公共圏」ではなく、「公共的空間」の語を用います。

5　前掲注4、権著書、33頁。

6　前掲注4、齋藤著書、5～6頁。

7　H・アレント著、志水速雄訳『人間の条件』（筑摩書房、一九九四年）には次のようにあります。

人びとは活動と言論において、自分がだれであるかを示し、そのユニークな人格的アイデンティティを積極的に明らかにし、こうして人間世界にその姿を現わす。しかしその人の肉体的アイデンティティの方は、別にその人の活動がなくても、肉体のユニークな形と声の音の中に現われる。その人が「なに」（“what”）であるか――その人が示したり隠したりできるその人の特質、天分、能力、欠陥――の暴露とは対照的に、その人が「何者」（“who”）であるかということの暴露は、その人が語る言葉と行なう行為の方にすべて暗示されている。しかし、その暴露は、それをある意図的な目的として行なうことはほとんど不可能である。人は自分の特質を所有し、それを自由に処理するのと同じ仕方でこの「正体《フー》」を扱うことはできないのである。それどころか、確実なのは、他人にはこれほどはっきりとまちがいなく現われる「正体《フー》」が、本人の眼にはまったく隠されたままになっているということである。（291～292頁）

8　前掲注4、齋藤著書、43頁。

9　前掲注4、齋藤著書には次のようにあります。

他者が現われることに興味をいだくのは、私たちがその他者ではないからである。私たちは他者の生を生きることができないからこそ、他者の行為と言葉を見聞きしようとする関心をもつのである。「現われの空間」を成り立たせるのは、他者の〈世界〉――誤解のないようにいえば、それはこれから取り上げる「共通世界」のことではない――の一端が開示されること、そうした世界開示への欲求なのである。（45頁）

公共性は真理ではなく意見の空間なのである。意見はギリシア語ではドクサとよばれる。意見とは、「私にはこう見える《ドケイ・モイ》」という世界へのパースペクティヴを他者に向かって語ることである。世界は、私たち一人一人にとってそれぞれ違った仕方で開かれている。公共的空間における私たちの言説の意味は、その違いを互いに明らかにすることにあり、その違いを一つの合意に向けて収斂することにはない。むしろ、この空間においてはある一個のパースペクティヴが失われていくことの方が問題なのである。（49～50頁）

10　齋藤純一『政治と複数性―民主的な公共性にむけて―』（岩波書店、二〇〇八年）には次のようにあります。

一人ひとりの意見が代理、代表不可能なものであり、しかも、特権的なパースペクティヴが誰にも与えられていないとすれば、意見と意見が交わされる言説の空間は、排除がなく、特権化が禁じられているという意味で、民主的な公共性である。意見相互の交換が成り立つためには、意見を異にする他者が現前し、しかも、それぞれの意見が他者によって応答される関係性が創出され、維持されるのでなければならない。アーレントによれば、「政治的に見る」ということは、「同じ事柄をできるだけ異なった視点から眺める」ことを意味し、「政治的に語る」ということは、他者との間での意見の交換が継続するように語ることを意味する（佐藤和夫訳『ハンナ・アーレント　政治とは何か』岩波書店、二〇〇四年、八一頁）。民主的な公共性は、自らの立場やものの見方にとらわれないという運動の自由（自己への自由）、そして、意見の交換を相互的なものとする政治的な対等性（イソノミア）をその条件として求める。（傍点ママ）（277頁）

11　前掲注10、96頁。

12　前掲注10、31頁。

13　前掲注4齋藤著書、13頁。

14　前掲注4齋藤著書、63～64頁。

15　前掲注4齋藤著書には次のようにあります。

「言説の資源」は、公共性への実質的なアクセスを根本から左右する。というのも、公共性におけるコミュニケーションは、ほかでもなく言葉というメディアを用いておこなわれるからである。そこでは、「言説の資源」に恵まれた者たちが「ヘゲモニー」（文化的・政治的に他者を指導する力）を握る。この資源は量的な多寡ではなく、質的な優劣によって測られる。（中略）

言説の資源は、第一に、人びとがどのような語彙をもっているかにかかわる。自らの問題関心を説明し、他者を説得しうる理由を挙げるためには、当面のコンテクストに相応しい（とされている）言葉をある程度自由に使用できることが必要である。（中略）

第二に、見過ごされやすい問題だが、言葉をどのように語ることができるかという言説のトーン（語り方・書き方）は、重要な資源の一つである。（中略）

第三に、本書の関心にとって最も重要なのは、公私の区別をわきまえ、公共の場に相応しいテーマを語らなければならないという暗黙の規範的要求の問題である。言説の資源は、その意味で、場に相応しい主題を選択できるかどうかという能力にもかかわってくる。（10〜12頁）

16　これは現代日本の教育現場においても切実な問題であると思われます。「第134回　全国大学国語教育学会」（於大阪教育大学）で行われた課題研究発表「国語科教育を問い直す①―学習者の多様性から考える―」もこれとかかわるところがあるのではないでしょうか。

17　東浩紀・大澤真幸『自由を考える―9・11以降の現代思想―』（日本放送出版協会、二〇〇三年）には、約十五年前の情報化社会において、すでに「現われ」が過剰となり、自由の脅威となっているのではないかという議論があります。情報通信機器がより発展した現代において、この指摘が妥当であるかどうかは、今後考えていきたいと思います。

18　公共性の議論は「自由」や「幸福」と関係します。公共性を担う主体の育成を目指していた益田勝実は「しあわせをつくり出す国語教育について」（益田勝実著、幸田国広編『益田勝実の仕事5　国語教育論集成』筑摩書房、二〇〇六年六月。初出は、『日本文学』第四巻第七・八号（一九五五年七月・八月））の中で、「国語教育の基底をなす言語教育が、真理と平和を希求する人間の教育という目的に貫かれる時、それは人間を自由にし、個性的にします。束縛されない人間性のもち主にかえていきます」（107頁）と、教育現場における「しあわせ」、「自由」、「公共性」との関係をうかがわせます。また、「公共性」と「自由」との関連については、齋藤純一『思考のフロンティア　自由』（岩波書店、二〇〇五年）に次のように述べられています。

公共性とは、人びとの〈間〉にある共通の問題や出来事への関心を媒体とする関係性を指すが、他者の生に生じている事態への関心が失われるとすれば、他者が直面する問題は、自らには関係のない「彼らの」問題として視野の外に閉めだされることになろう。他者の自由の喪失は、他者だけの自由の喪失にけっして完結することはないということが20世紀の歴史から得られる経験であるとすれば（M・マイヤー、田中浩・金井和子訳『彼らは自由だと思っていた』未来社、1983年を参照）、いかに他者への関心をあらためて開き、他者の自由を擁護していくかは、それを擁護することが自らの当面の利益に関わらないとしても、「世界の自由」を擁護していくうえでは、不可欠である。（傍点ママ。109頁）

また、現代の学校教育における「公共性」「自由」「幸福」の関係について示唆を与えてくれるものとして、苫野一徳『「自由」はいかに可能か—社会構想のための哲学—』（日本放送出版協会、二〇一四年）があります。これらについては、今後の課題として引き続き考えていきたいと思います。

19 M・バフチン著、佐々木寛訳「ことばのジャンル」（M・バフチン著、新谷敬三郎ほか訳『ミハイル・バフチン著作集⑧ ことば　対話　テキスト』新時代社、一九八八年三月）、143～144頁。

20 前掲注19、180頁。

21 前掲注19、178～179頁。

22 前掲注7。

23 山藤夏郎『〈他者〉としての古典—中世禅林詩学論攷—』（和泉書院、二〇一五年）、25頁。

24 辛島正雄『中世王朝物語史論　上巻』（笠間書院、二〇〇一年）、67頁。

25 前掲注24、49頁。

26 前田雅之『古典的思考』（笠間書院、二〇一一年）、130頁。

27 竹村信治「宇治拾遺物語論—表現性とその位相—」（『文芸と思想』第五五号、一九九一年二月）。

第三章　『宇治拾遺物語』の教材化案

第一節　第104段の編述

ここまでのことを踏まえて、本章では『宇治拾遺』の教材化案を提示します。取り上げる章段は第104段です。

昔、愛宕《あたご》の山に久しく行ふ聖ありけり。年比《としごろ》行て坊を出づる事なし。西の方に猟師あり。此聖をたうとみて、常にはまうでて、物奉りなどしけり。

久しく参らざりければ、餌袋《ゑぶくろ》に干飯など入てまうでたり。聖悦て、日比のおぼつかなさなどの給ふ。その中に居寄りての給やうは、「この程、いみじくたうとき事あり。此年比、他念なく経をたもち奉りてあるしるしやらん、この夜比、普賢菩薩、象に乗りて見え給。こよひとゞまりて拝給へ」といひければ、この猟師、「よにたうとき事にこそ候なれ。さらばとまりて拝み奉らん」とてとゞまりぬ。さて聖のつかふ童のあるに問ふ、「聖のたまふやう、いかなる事ぞや。をのれもこの仏をば拝み参らせたりや」と問へば、「童は五六度ぞ見奉りて候」といふに、猟師、「我も見奉る事もやある」とて、聖のうしろに寝ねもせずして起きゐたり。

九月廿日の事なれば夜も長し。いまや〳〵と待に、夜半過ぬらんと思ふ程に、東の山の嶺より月の出るやうに見えて、嶺の嵐もすさまじきに、この坊の内、光さし入たるやうにて明く成ぬ。見れば、普賢菩薩、白象に乗て、やう〳〵おはして、坊の前に立給へり。聖泣く〳〵拝みて、「いかに、ぬし殿は拝み奉るや」といひければ、「いかゞは。この童も拝み奉る。をい〳〵。いみじうたうとし」とて、猟師思やう、「聖は年比、経をもたもち読給へばこそ、その目ばかりに見え給はめ。此童、我身などは、経のむきたるかたもしらぬに、見え給へるは心得られぬ事也」と心のうちに思て、「此事、心みてん。これ、罪得べき事にあらず」と思ひて、とがり矢を弓につがいて、聖の拝み入たるうへより、さし越して、弓を強く引て、ひやうど射たりければ、御胸の程にあたるやうにて、火をうち消つごとくにて光も失せぬ。谷へとゞろめきて逃行音す。聖、「これは、いかにし給へるぞ」といひて、泣きまどふ事限りなし。男申けるは、「聖の目にこそ見え給はめ。わが罪深きものの目に見え給へば、心み奉らんと思ひて射つる也。まことの仏ならば、よも矢は立給はじ。されば、あやしき物なり」といひけり。

夜明て、血をとめて行て見ければ、一町ばかり行て、谷の底に大なる狸の、胸よりとがり矢を射とをされて、死てふせりけり。

聖なれど無智なれば、かやうにばかされける也。猟師なれども慮ありければ、狸を射害、その化けをあらはしける也。

法華経持経者である聖が、数夜普賢が自身の前に現れるということで、親しくしている猟師にもその姿を見てもらおうと自身の坊に滞在させます。すると当夜も普賢菩薩が現じ、猟師も聖に仕えている童もこれを目にします。このこと自体を不審に思った猟師は普賢菩薩に矢を向けます。すると、矢が突き立ち、その普賢は狸が化けたものであったことが露見します。そして、普賢菩薩が持経者でない童や猟師にも見えることを不審にも思わない無智の聖と、それを不審に思って行動に移した猟師の思慮とが対比され一段が結ばれます。

本章段は『今昔』巻二〇13と同話関係にあります。『今昔』巻二〇13の本文は次の通りです。

今昔、愛宕護《あたご》ノ山ニ久ク行フ持経者ノ聖人有ケリ。年来法花経ヲ持《たもち》奉テ他ノ念《おもひ》無シテ坊ノ外ニ出事無ケリ。智恵無シテ法文ヲ不学《まなばざり》ケリ。

而ニ、其山ノ西ノ方ニ一人ノ猟師有ケリ、鹿・猪ヲ射殺スヲ以テ役トセリ。然ドモ、此ノ猟師、此ノ聖人ヲナム懃ニ貴ビテ、常ニ自モ来リ、折節ニハ可然物《しかるべきもの》ヲ志ケル。

而ル間、猟師久ク此ノ聖人ノ許ニ不詣《もうで》ザリケレバ、餌袋ニ可然菓子ナド入テ、持詣《もて》タリ。聖人喜テ日来ノ不審《いぶかし》キ事共ナド云ニ、聖人居寄テ猟師ニ云ク、「近来《このごろ》極テ貴キ事ナム侍ル。我レ年来他ノ念無ク、法花経ヲ持チ奉テ有ル験ニヤ有ラム、近来、夜〻普賢ナム現《げ》ジ給フ。然レバ、今夜ヒ留テ礼《をが》ミ奉リ給ヘ」ト。猟師、「極テ貴キ事ニコソ候ナレ。然ラバ、留テ礼ミ奉ラム」ト云テ、留ヌ。

而ル間、聖人ノ弟子ニ幼キ童有リ。此ノ猟師、童ニ問テ云、「聖人ノ、「普賢ノ現ムジ給フ」ト宣《のたま》フハ。汝モヤ其普賢ヲバ見奉ル」ト。童、「然カ、五六度許《ばかり》ハ見奉タリ」ト答フレバ、猟師ノ思ハク、「然ハ我モ見奉ル様モ有ナム」ト思テ、猟師、聖人ノ後《しりへ》ニ不寝ズシテ居タリ。九月二十日余ノ事ナレバ、夜尤《もと》モ長シ。今ヤ〱ト待テ居タルニ、夜中ハ過ヤシヌラムト思フ程ニ、東峰ノ方ヨリ、月ノ初メテ出ガ如テ、白ミ明ル、峰ノ嵐ノ風吹掃《のご》フ様ニシテ、此坊ノ内モ、月ノ光ノ指入タル様ニ明ク成ヌ。見レバ、白キ色ノ菩薩、白象ニ乗テ、漸下リ御《おはし》マス。其有様実ニ哀レニ貴シ。菩薩来テ、房ニ向タル所ニ近ク立給ヘリ。

聖人、泣〻礼拝恭敬シテ、後ニ有猟師ニ云ク、「何《いかに》ゾ、主ハ礼ミ奉給ヤ」ト。猟師、「極テ貴ク礼ミ奉ル」ト答テ、心ノ内ニ思ハク、「聖人ノ、年来法花経ヲ持チ奉リ給ハム目ニ見エ給ハムハ、尤可然シ。此童我ガ身ナドハ、経ヲモ知リ不奉《たてまつら》ヌ目、此ク見エ給フハ、極テ怪キ事也。此ヲ試ミ奉ラムニ、信ヲ発サムガ為ナレバ、更二罪可得事《うべき》ニモ非《あらじ》」ト思テ、鋭雁矢《とがりや》ヲ弓ニ番《つがひ》テ、聖人ノ礼ミ入テ低《うつふ》シ臥タル上ヨリ差シ越シテ、弓ヲ強ク引テ射タレバ、菩薩ノ御胸ニ当ル様ニシテ、火ヲ打消ツ様ニ光モ失ヌ。谷サマニ動《どよみ》テ逃ヌル音ス。其時ニ聖人、「此ハ何《いか》ニシ給ヒツル事ゾ」ト云テ、呼バヒ泣キ迷フ事無限《かぎりな》シ。猟師云ク、「穴鎌給ヘ。心モ不得《え》ズ怪思ヱツレバ、試ムト思テ射ツル也。更ニ罪不得《え》給《たま》ハジ」ト懃ニ誘《こしら》ヘ云ヒケレバ、聖人ノ悲ビ不止《やま》ズ。夜明テ後、菩薩ノ立給ヘル所ヲ行テ見レバ、血多流タリ。其血ヲ尋テ行テ見バ、一町計下テ、谷底ニ大ナル野猪《くさゐなぎ》ノ、胸ヨリ鋭雁矢ヲ背ニ射通シテ死ニ臥セリケリ。聖人此ヲ見テ、悲ビノ心醒《さめ》ニケリ。

然レバ、聖人也ト云ドモ、智恵無キ者ハ此ク被謀《たばから》ル也。役ト罪ヲ造ル猟師也ト云ヘドモ、思慮有レバ、此ク野猪ヲモ射顕ハス也ケリ。

此様ノ獣ハ、此ク人ヲ謀ラムト為ル也。然ル程ニ、此ク命ヲ亡ス、益無キ事也トナム語リ伝ヘタルトヤ。

本章段における『宇治拾遺』と『今昔』との異なりについては、山口眞琴が次のように指摘しています。

『今昔』の場合、その（筆者補、第169段の）同話が巻二十前半にある天狗説話群（1〜12）の最末尾に置かれるのに対し、『宇治』巻一〇四話の同話は、天狗ではなく「野猪」＝狸の話であるため、その次の13に配される。そうして、欠話ながら「野干」＝狐に関する話題の14とともに、天狗を中心とする異類説話群をしめ括るかたちをとるのだが、むろん『今昔』にとって12・13の両話は、霊山で修行にはげむ聖が智恵なきゆえに欺かれる点で、まさに一対というべきもの。*1

すなわち、『今昔』は最初から、聖を法文を学ばぬ無智の者、猟師を動物をよく射殺す生業の者として紹介する。

（中略）

そのように「智恵なき聖」と「思慮ある猟師」のコントラストをきわだたせた『今昔』該話だが、『宇治』該話の方は、むしろそれを抑制しているといってよかろう。少なくとも冒頭部にあっては、読者にも配慮して、つとめてニュートラルであろうとしたことが明らかで、じつはそれゆえ、のち完全な失態を演じてしまう聖に対して、わずかにしろ読者が同情を寄せる余地は生じやすい、と見ることもできるようだ。*2

『今昔』の話末で「此様ノ獣ハ」と猟師に射殺された狸に目が向けられる点、初めから聖は無智で猟師は罪業ある人物として語られる点、それゆえに聖と猟師との異なりが強調される点、山口が指摘する通りです。特にここで注目しておきたいのは、聖の語られ方の異なりです。

見てきた通り、『今昔』では「智恵無シテ法文ヲ不学ケリ」とその「無智」が強調される聖ですが、『宇治拾遺』ではそうした記述は見られず、「愛宕の山に久しく行ふ聖ありけり」とのみ語られます。こうした異なりにより、『宇治拾遺』では、仏道修行に専念する聖として読み手に差し出されることになります。そもそも、愛宕山は高僧が修行する場としてありました。例えば、

（仁鏡《にんきやう》ハ）「浄《きよ》キ所ヲ尋テ最後ノ棲ト為ムト思フニ、愛宕護ノ山ハ、地蔵・竜樹ノ在《ましま》ス所也。震旦ノ五台山ニ不異《ことなら》ズ。然レバ、其ノ所ヲ以テ最後ノ所ト為ム」ト思テ、愛宕護ニ行テ、大鷲峰ト云フ所ニ住ヌ。日夜ニ法花経ヲ読誦シテ、六時ニ懺法《せんぼふ》ヲ行フ。（巻一三15）

（睿実《えいじつ》ハ）初メハ愛宕護ノ山ニ住シテ、極寒ノ時ニ衣無キ輩ヲ見テハ、服《きた》ル衣ヲ脱テ与ツレバ、我レハ裸也。然

レバ、大ナル桶ニ木ノ葉ヲ入レ満テ、、夜ハ其レニ入テ有リ。有ル時ニハ食物絶ヌレバ、竃ノ土ヲゾ取テ食テ命ヲ継ギケル。其ノ味《あぢは》ヒ甚ダ甘カリケリ。或ル時ニハ心ヲ至シテ経ヲ誦スルニ、一部ヲ誦畢ル時ニ、髣《ほのか》ニ白象来テ聖人ノ前ニ見ユ。経ヲ読ム音甚ダ貴シ。聞ク人皆涙ヲ流ス。如此《かくのごと》ク年来行ヒテ、後ニハ神明ニ移リ住ス。

（巻一二―35）

後者においては、愛宕山での睿実の慈悲心や法華経読誦などの修行によって普賢菩薩が現れます。この点においては、睿実と第104段の聖は重なり、「昔、愛宕の山に久しく行ふ聖ありけり。年比行て坊を出づる事なし」との語り出しは、高僧称賛譚として読むように構えることを読み手に促します。第104段の冒頭においては、聖は決してその無智を言い立てられるような僧ではないと語られるのです。

またこの聖は、少なくとも「知識」の面においては決して「無智」ではありませんでした。前に挙げた『今昔』巻一二―35が示しているように、普賢は法華経持経者を守護する仏としてあります。それは『法華経』普賢菩薩勧発品第二八自体に記されていることでもありました。

世尊、於後五百歳、濁悪世中、其有受持是経典者、我當守護除其衰患、令得安穏。

では、普賢の現れ方はどうだったでしょうか。これについても同じく普賢菩薩勧発品に記されています。

爾時普賢菩薩、以自在神通力威徳名聞、与大菩薩無量無辺不可称数、従東方来。（中略）世尊、若後世、後五百歳、濁悪世中、比丘、比丘尼、優婆塞、優婆夷、求索者、受持者、読誦者、書写者、欲修習是法華経、於三七日中、応一心精進。満三七日已、我当乗六牙白象、与無量菩薩而自囲遶、以一切衆生所喜見身、現其人前、而為説法、示教利喜。

第104段で普賢が現れる際、「東の山の嶺より月の出るやうに見えて」、「普賢菩薩、白象に乗て、やう〳〵おはして」やってくると語られていますが、これも『法華経』の記述通りであったことが確認できます。「月の出るやうに」という点も不審な点としては認められないこと、山口が指摘している通りです。[*3] すると、第104段で語られる「久しく行ふ」の「久しく」には、『法華経』に記される「三七日」が響いてはこないでしょうか。「（猟師ハ）久しく参らざりければ」も、普賢菩薩勧発品に記される、

如是之人、不復貪著世楽、不好外道、経書手筆。亦復不喜、親近其人、及諸悪者、若屠児、若畜猪羊鶏狗、若猟師、若衒売女色。

を踏まえれば、「三七日」の間、猟師を遠ざけたとも考えられます。これも山口が指摘する通りです。

これらの『法華経』の記述との響き合いから、決して聖は「智恵無シテ法文ヲ不学ケリ」ではないことがわかります。『宇治拾遺』は、経典などの「知識」を確かにもつ僧として聖を語るのです。この点においては決して「無智」であると聖を糾弾することはできません。

では、これと対比される猟師はどうだったでしょうか。山口は次のように述べています。

以上、『宇治拾遺物語』第一〇四話について、従来の「智恵なき聖」と「思慮ある猟師」を対比させる読み方から、

いったん途絶えた二人の関係がニセ普賢菩薩事件によって回復したと見るそれへと、更新的な読み替えをおこなった上で、さらに事件そのものが猟師の手になったという可能性をさぐってみた。[*4]

山口は「ニセ普賢菩薩事件」は猟師の手によるものだとする読みを提示します。その際、根拠として挙げているのが、猟師が聖に「干飯」を渡すことと、「まことの仏ならば、よも矢は立給はじ」という猟師の発言、狸が猟師になじみのある動物であることなどを挙げています。

まず前者ですが、山口は『法華験記』中44を挙げます。

登金峯山、尋仙旧室、籠住南京牟田寺、習仙方法。最初断穀、菜蔬為食、次離菜蔬菓蓏為食。漸留飲食、服粟一粒、身着蘿薜、口離飧食。

著名な陽勝仙人に関する説話で、神仙の身を目指す持経者が食などをどうしていくべきかが語られます。その中で「最初断穀」とあり、猟師が聖に渡す「干飯」は真っ先に断たねばならないものでした。『宇治拾遺』第104段の次段、第105段では陽勝仙人の説話が置かれており、こうした仕掛けもあいまって、猟師が聖をつなぎとめるために、わざと「干飯」を渡したことを語っているのではないかと山口は推測します。

また、後者に関しては、代理受苦の形では仏に矢が立つことを、『法華験記』中72を挙げて説明します。『法華験記』中72の該当箇所は次の通りです。

兵部其夜夢見、有金色普賢、乗白象王。普賢腹間立多箭。兵部平公夢中問、「以何因縁、普賢菩薩御腹立此多箭哉。」

答言、「汝於昨日依無実事、殺持経者。代其沙門我受此箭」

普賢が持経者の身代わりになって、矢を受けたことが語られています。また山口は、天狗には矢が立たないことを『比良山古人霊託』を挙げて述べます。そして、「じつは偽仏だから箭は立つと見越した該話の猟師は、その正体が愛宕山ゆえ誰もが予想するはずの天狗ではないことも、あらかじめ承知していたことになる。それはどう考えても不自然ではないか」[*5]と述べ、ニセ普賢菩薩事件は、実はなじみのある狸を用いた猟師の計略だったのではないかと解釈するに至ります。

山口が挙げている例はどれも第104段を解釈する上で、重要な例であると言えます。ただし、筆者の解釈は山口とは異なります。持経者は殺断が必要であることが仏教の常識でありながら「干飯」を渡す点、仏に矢が立つ例がありながら、「まことの仏ならば、よも矢は立給はじ」と述べる点、これらはともに聖ならぬ猟師の「無智」を語っていると考えられないでしょうか。

仏教に関して、正確な「知識」をもつ聖と、正確な「知識」をもたない猟師。しかし、話末で「無智」と糾弾されていたのは聖で、「慮」があると称賛されたのは猟師でした。とすれば、第104段の「無智」とは「知識」がないことを言うのではないことは明らかです。そもそも、猟師も知識があることを称賛されていたのではなく、「慮」があることを称賛されていたのでした。猟師の「慮」、それは「経のむきたるかたもしらぬ」自分や童にまで普賢菩薩が見えることを不審に思い、行動に移し、偽仏看破を成し遂げたことを指します。聖の「無智」、それは経典に記された文言のみを妄信する聖の姿に向けて発せられた批判だったと言えるでしょう。第104段は、仏教経典中に記された仏教の「知識」を有し、その知識をもとに現実世界を捉える主体、言い換えれば仏教言説にとらわれてしまっている主体に対して、批判的な眼差しが向けられていた章段と見ることができます。

何かをひたすらに信じる主体は『宇治拾遺』のほかの章段にも見られます。例えば、第一部第四章に取り上げた第16段の尼はひたすらに地蔵に値遇することを求めて、「ひと世界をまどひ歩く」主体でした。これも第104段の聖の姿と似通うところはありますが、尼は経典などを自ら読み、そこに記された文言を妄信していたわけではありません。「ほのかに聞」いたことをもとに行動した結果、経典の文言通りの行動になったということでした。こうした点において、仏教言説からのとらわれではない、別の〈信〉のあり様を体現していたのが第16段の尼だったということになります。ここに『宇治拾遺』の〈信〉に対する応答を探ることができそうですが、それにはほかの章段の分析も必要であるため、ここでは立ち入りません。

第二節　第104段教材案

以下では、『宇治拾遺』第104段の教材化案を示します。一つの単元、一つの授業をつくるというよりは、生徒に合わせた授業に利用してもらえるように、第104段における話題や注目すべき部分、第104段に関連する資料の提示などを行いたいと思います。なお、文法事項や現代語訳を問うものは省略しております。これも目の前にしている生徒たちに合わせて問いをつくってもらえればと思います。

まず、第104段の本文を提示します。以下では、本文は読みやすさを考慮して、表記を変えています。表記を変える前の本文は前節などを参照していただければと思います。

（1）『宇治拾遺物語』第104段

昔、愛宕の山に久しく行ふ聖ありけり。年ごろ行きて坊を出づる事なし。西の方に猟師あり。この聖を貴みて、常にはまうでて、物奉りなどしけり。

久しく参らざりければ、餌袋に干飯など入れてまうでたり。聖悦びて、日ごろのおぼつかなさなどのたまふ。その中に居寄りてのたまふやうは、「この程、いみじく貴き事あり。この年ごろ、他念なく経をたもち奉りてあるしるしやらん、この夜ごろ、普賢菩薩、象に乗りて見え給ふ。今宵留まりて拝み給へ」といひければ、この猟師、「よに貴き事にこそ候なれ。さらば、とまりて拝み奉らん」とて、留まりぬ。さて聖の使ふ童のあるに問ふ。「聖のたまふやう、いかなる事ぞや。おのれも、この仏をば拝み参らせたりや」と問へば、「童は五六度ぞ見奉りて候ふ」といふに、猟師、「我も見奉る事もやある」とて、聖のうしろに寝ねもせずして起きゐたり。

九月二十日の事なれば夜も長し。今や今やと待つに、夜半過ぎぬらんと思ふ程に、東の山の嶺より月の出づるやうに見えて、嶺の嵐もすさまじきに、この坊の内、光さし入りたるやうにて明かくなりぬ。見れば、普賢菩薩、白象に乗りて、やうやうおはして、坊の前に立ち給へり。聖泣く泣く拝みて、「いかに、ぬし殿は拝み奉るや」といひければ、「いかがは。この童も拝み奉る。おいおい。いみじうたうとし」とて、猟師思ふやう、「聖は年ごろ、経をもたもち読み給へばこそ、その目ばかりに見え給はめ。この童、我が身などは、経の向きたるかたも知らぬに、見え給へるは心得られぬ事なり」と心の内に思ひて、「この事、試みてん。これ、罪得べき事にあらず」と思ひて、とがり矢を弓につがひて、聖の拝み入りたる上より、さし越して、弓を強く引きて、ひやうど射たりければ、御胸の程に当たるやうにて、火をうち消つごとくにて光も失せぬ。谷へとどろめきて逃げ行く音す。聖、「これは、いかにし給へるぞ」といひて、泣きまどふ事限りなし。男申しけるは、「聖の目にこそ見え給はめ。わが罪深き者の目に見え給へば、試み奉らむと思ひて射つるなり。

まことの仏ならば、よも矢は立ち給はじ。されば、あやしき物なり」といひけり。

夜明けて、血をとめて行きて見ければ、一町ばかり行きて、谷の底に大なる狸の、胸よりとがり矢を射通されて、死にてふせりけり。

聖なれど無智なれば、かやうに化かされけるなり。猟師なれども慮りありければ、狸を射殺し、その化けをあらはしけるなり。


第104段は平成28年度用『中学校国語1』（学校図書）に採録されています。そこでは次のように段階を踏んで第104段の取り上げる問題、すなわち〈信〉に迫っています。

①聖は普賢菩薩の存在を信じているか。
②猟師は普賢菩薩の存在を信じているか。
③聖と猟師のものの見方の違いは何か。
④語り手が言う「無智」「慮」とは、それぞれどのようなことか。それが具体的に現れている部分を示しながら話し合おう。*6

取り上げる話題や現代語訳、注釈、発問などを工夫すれば、生徒たちに合わせて古文テキストを教材化できることを示す好例だと思われます。こうした問いを考える中で、聖については、「仏教をむやみに信仰して自分で考えることがない」、「寺に籠もっていた世間知らずだ」、猟師については、「自分で考えることができる」、「疑い深い人物だ」などの答えが出ることが予想されます。

しかし、これを安直に「信じる者が救われない話」として了解されてしまえば、『宇治拾遺』第104段の呼びかけは聞かれないことになってしまいます。そうしたことを避けるために、以下の資料を用いることができます。

（2）『今昔物語集』巻二〇13

今は昔、愛宕護の山に久しく行ふ持経者の聖人ありけり。年ごろ、法花経を持ち奉りて、他の思ひなくして坊の外に出づる事なかりけり。智恵なくして法文を学ばざりけり。

しかるに、その山の西の方に一人の猟師ありけり。鹿、猪を射殺すをもつて役とせり。しかれども、この猟師、この聖人をなむ懇ろに貴びて、常に自らも来たり。折節にはしかるべき物をこころざしける。

しかる間、猟師久しくこの聖人のもとに詣でざりければ、餌袋にしかるべき菓子など入れて、もて詣でたり。聖人喜びて日ごろのいぶかしき事どもなどいふに、聖人居寄りて、猟師にいはく、「近ごろきはめて貴き事なむ侍る。われ年ごろ他の思ひなく、法花経を持ち奉りてある験にやあらむ、近ごろ、よなよな普賢なむ現じ給ふ。しかれば、今宵留りて拝み奉り給へ。」と。猟師、「きはめて貴き事にこそ候ふなれ。しからば、留りて拝み奉らむ。」といひて、留まりぬ。

しかる間、聖人の弟子に幼き童あり。この猟師、童に問ひていはく、「聖人の、『普賢の現じ給ふ。』とのたまふは。汝もやその普賢をば見奉る。」と。童、「しか、五六度ばかりは見奉りたり。」と答ふれば、猟師の思はく、「さは、われも見奉る様もありなむ。」と思ひて、猟師、聖人の後に寝ずして居たり。九月二十日あまりの事なれば、夜もつとも長し。今や今やと待ちて居たるに、夜中は過ぎやしぬらむと思ふ程に、東の峰の方より、月の初めて出づるがごとくして、白み明くる。峰の嵐の風吹きのごふ様にして、この坊の内も、月の光のさし入れたる様に明かくなりぬ。見れば、白き色の菩薩、白象に乗りて、やうやく下りおはします。そのありさま、まことにあはれに貴し。菩薩来たりて、房に向かひたる所に近く立ち給へり。

聖人、泣く泣く礼拝恭敬して、しりへにある猟師にいはく、「いかにぞ。ぬしは拝み奉り給ふや。」と。猟師、「きはめて貴く拝み奉る。」と答へて、心の内に思はく、「聖人の、年ごろ法花経を持ち奉り給はむ目に見え給はむは、もつともしかるべし。この童、わが身などは、経をも知り奉らぬ目、かく見え給ふは、きはめてあやしき事なり。これを試み奉らむに、信を発さむがためなれば、さらに罪得べき事にもあらず。」と思ひて、とがり矢を弓につがひて、聖人の拝み入りてうつぶし臥したる上よりさし越して、弓を強くひきて射たれば、菩薩の御胸に当たる様にして、火をうち消つ様に光もうせぬ。谷さまにどよみて逃れぬる音す。その時に聖人、「こはいかにし給ひつる事ぞ。」いひて、よばひ泣きまどふ事かぎりなし。猟師いはく、「あなかま給へ。心もえずあやしくおぼえつれば、試みむと思ひて射つるなり。さらに罪得給はじ。」と懇ろにこしらへいひければ、聖人の悲しびやまず。夜あけて後、菩薩の立ち給へる所を行きて見れば、血多く流れたり。その血をたづねて行きて見れば、一町ばかり下りて、谷底に大なる野猪の、胸よりとがり矢を背に射通して死に臥せりけり。聖人、これを見て、悲しびの心さめにけり。

しかれば、聖人なりといへども、智恵なき者はかくたばからるるなり。役と罪をつくる猟師なりといへども、思慮あれば、かく野猪をも射あらはすなりけり。

かやうの獣は、かく人をたばからむとするなり。しかるほどに、かく命をほろぼす、やくなきことなりとなむ語り伝へたるとや。

第104段とこれとの比較を通じて、第104段の語りのあり様を捉えることが目的となります。それゆえ、次のような活動と問いを設けました。

①『宇治拾遺』第104段と『今昔』巻二〇13を比較して、『宇治拾遺』だけに見られる表現に〰〰を、『今昔』だけに見られる表現に━━を、『宇治拾遺』と『今昔』で異なる印象を与える表現に━━を付そう。
②『今昔』には「智恵なくして法文を学ばざりけり」と僧を紹介しているが、これの有無で僧の印象はどう変わるか。また、『宇治拾遺』はなぜその表現を省略しているのか。
③聖が猟師に普賢が見えるかどうかを尋ねる場面では、『宇治拾遺』と『今昔』では、猟師の印象は異なるか。
④猟師が普賢を射た理由を聖に語る場面では、『宇治拾遺』と『今昔』では、猟師の印象は異なるか。

『今昔』との比較を通じて、『宇治拾遺』は『今昔』と異なって僧を「無智」と紹介しようとはしていないこと（②）、『宇治拾遺』では猟師が普賢を見たことの感動を僧に合わせて強調していること（③）、『宇治拾遺』では猟師の僧への説明がやや長くなっており、落ちついた口調として読めること（④）、これらのことから猟師の思慮深さが『今昔』よりも強調されていることに注目することがねらいです。そして前節で引用した山口の論文が指摘する通り、「まことの仏ならば、よも矢は立ち給はじ。されば、あやしき物なり」といった『宇治拾遺』にのみ見られる表現や、「干飯」、「象に乗りて見え給ふ」などの『今昔』とは異なる印象を受ける表現に注目することができます。なお、①の例を次に示しておきます。上段が『宇治拾遺』、下段が『今昔』です。

昔、愛宕の山に久しく行ふ聖ありけり。年ごろ行きて坊を出づる事なし。

今は昔、愛宕護の山に久しく行ふ持経者の聖人ありけり。年ごろ、法花経を持ち奉りて、他の思ひなくして西の方に猟師あり。この聖を貴みて、常にはまうでて、物奉りなどしけり。

久しく参らざりければ、餌袋に干飯など入れてまうでたり。聖悦びて、日ごろのおぼつかなさなどのたまふ。その中に居寄りてのたまふやうは、「この程、いみじく貴き事あり。この年ごろ、他念なく経をたもち奉りてあるしるしやらん、この夜ごろ、普賢菩薩、象に乗りて見え給ふ。今宵留まりて拝み給へ」といひければ、この猟師、「よに貴き事にこそ候なれ。さらば、とまりて拝み奉らん」とて、留まりぬ。

さて聖の使ふ童のあるに問ふ。「聖のたまふやう、いかなる事ぞや。おのれも、この仏をば拝み参らせたりや」と問へば、「童は五六度ぞ見奉りて候ふ」といふに、猟師「我も見奉る事もやある」とて、聖のうしろに寝ねもせずして起きゐたり。

坊の外に出づる事なかりけり。智恵なくして法文を学ばざりけり。

しかるに、その山の西の方に一人の猟師ありけり。鹿、猪を射殺すをもつて役とせり。しかれども、この猟師、この聖人をなむ懇ろに貴びて、常に自らも来たり。折節にはしかるべき物をこころざしける。

しかる間、猟師久しくこの聖人のもとに詣でざりければ、ゑぶくろ餌袋にしかるべき菓子など入れて、もて詣でたり。聖人喜びて日ごろのいぶかしき事どもなどいふに、聖人居寄りて、猟師にいはく、「近ごろきはめて貴き事なむ侍る。われ年ごろ他の思ひなく、法花経を持ち奉りてある験にやあらむ、近ごろ、よなよな普賢なむ現じ給ふ。しかれば、今宵留りて拝み奉り給へ。」と。猟師、「きはめて貴き事にこそ候ふなれ。しからば、留りて拝み奉らむ。」といひて、留まりぬ。

しかる間、聖人の弟子に幼き童あり。この猟師、童に問ひていはく、「聖人の、『普賢の現じ給ふ。』とのたまふは。汝もやその普賢をば見奉る。」と。童、「しか、五六度ばかりは見奉りたり。」と答ふれば、猟師九月二十日の事なれば夜も長し。今や今やと待つに、夜半過ぎぬらんと思ふ程に、東の山の嶺より月の出づるやうに見えて、嶺の嵐もすさまじきに、この坊の内、光さし入りたるやうにて明かくなりぬ。

見れば、普賢菩薩、白象に乗りて、やうやうおはして、坊の前に立ち給へり。

聖泣く泣く拝みて、「いかに、ぬし殿は拝み奉るや」といひければ、「いかがは。この童も拝み奉る。おいおい。いみじうたうとし」とて、猟師思ふやう、「聖は年ごろ、経をもたもち読み給へばこそ、その目ばかりに見え給はめ。この童、我が身などは、経の向きたるかたも知らぬに、見え給へるは心得られぬ事なり」と心の内に思ひて、「この事、試みてん。これ、罪得べき事にあらず」と思ひて、とがり矢を弓につがひて、聖の拝み入りたる上より、さし越して、弓を強く引きて、ひやうど射たりければ、御胸の程に当た

の思はく、「さは、われも見奉る様もありなむ。」と思ひて、猟師、聖人の後に寝ずして居たり。九月二十日あまりの事なれば、夜もつとも長し。今や今やと待ちて居たるに、夜中は過ぎやしぬらむと思ふ程に、東の峰の方より、月の初めて出づるがごとくして、白み明くる。峰の嵐の風吹きのごふ様にして、この坊の内も、月の光のさし入れたる様に明かくなりぬ。見れば、白き色の菩薩、白象に乗りて、やうやく下りおはします。そのありさま、まことにあはれに貴し。菩薩来たりて、房に向かひたる所に近く立ち給へり。

聖人、泣く泣く礼拝恭敬して、しりへにある猟師にいはく、「いかにぞ。ぬしは拝み奉り給ふや。」と。猟師、「きはめて貴く拝み奉る。」と答へて、心の内に思はく、「聖人の、年ごろ法花経を持ち奉り給はむ目に見え給はむは、もつともしかるべし。この童、わが身などは、経をも知り奉らぬ目、かく見え給ふは、きはめてあやしき事なり。これを試み奉らむに、信を発さむがためなれば、さらに罪得べき事にもあらず。」と思ひて、とがり矢を弓につがひて、聖人の拝み入りてうつぶし

るやうにて、火をうち消つごとくにて光も失せぬ。
谷へとどろめきて逃げ行く音す。聖、「これは、いかにし給へるぞ」といひて、泣きまどふ事限りなし。男申しけるは、「聖の目にこそ見え給はめ。わが罪深き者の目に見え給へば、試み奉らむと思ひて射つるなり。まことの仏ならば、よも矢は立ち給はじ。されば、あやしき物なり」といひけり。

夜明けて、血をとめて行きて見ければ、一町ばかり行きて、谷の底に大なる狸の、胸よりとがり矢を射通されて、死にてふせりけり。

聖なれど無智なれば、かやうに化かされけるなり。猟師なれども慮りありければ、狸を射殺し、その化けをあらはしけるなり。

臥したる上よりさし越して、弓を強くひきて射たれば、菩薩の御胸に当たる様にして、火をうち消つ様に光もうせぬ。谷さまにどよみて逃れぬる音す。その時に聖人、「こはいかにし給ひつる事ぞ。」いひて、よばひ泣きまどふ事かぎりなし。猟師いはく、「あなかま給へ。心もえずあやしくおぼえつれば、試みむと思ひて射つるなり。さらに罪得給はじ。」と懇ろにこしらへいひければ、聖人の悲しびやまず。

夜あけて後、菩薩の立ち給へる所を行きて見れば、血多く流れたり。その血をたづねて行きて見れば、一町ばかり下りて、谷底に大なる野猪の、胸よりとがり矢を背に射通して死に臥せりけり。聖人、此を見て、悲しびの心さめにけり。

しかれば、聖人なりといへども、智恵なき者はかくたばからるるなり。役と罪をつくる猟師なりといへども、思慮あれば、かく野猪をも射あらはすなりけり。かやうの獣は、かく人をたばからむとするなり。しかるほどに、かく命をほろぼす、やくなきことなりとなむ語り伝へたるとや。

『宇治拾遺』と『今昔』表現の異なりがどのような違いを生み出すかは、両テキストを見るだけでは解決できません。そこで状況に応じて、次に提示する資料を生徒に読ませたり、注釈として提示したりすることが必要でしょう。

（3）『法華経』普賢菩薩勧発品第二八（一部）

（本文）

爾時、普賢菩薩、以自在神通力威徳名聞、与大菩薩無量無辺不可称数、従東方来。（中略）世尊、若後世、後五百歳、濁悪世中、比丘、比丘尼、優婆塞、優婆夷、求索者、受持者、読誦者、書写者、欲修習是法華経、於三七日中、応一心精進。満三七日已、我当乗六牙白象、与無量菩薩而自囲遶、以一切衆生所喜見身、現其人前、而為説法、示教利喜。

（書き下し文）

爾《そ》の時、普賢菩薩、自在なる神通力と威徳と名聞を以て、大菩薩の無量無辺の不可称数なるとともに、東方より来れり。（中略）世尊、若し後の世の五百歳の濁悪の世の中に、比丘《びく》、比丘尼《びくに》、優婆塞《うばそく》、優婆夷《うばい》の求索《くしやく》せん者、受持せん者、読誦せん者、書写せん者ありて、この法華経を修習せんと欲せば、三七日の中において、応に一心に精進すべし。三七日を満たし已《おわ》らば、我当に六牙の白象に乗りて、無量の菩薩のしかも自ら囲遶せると与《とも》に、一切衆生の見んと喜《ねが》ふ所の身を以て、其の人の前に現れて、為に法を説きて、示し教え利し喜ばしむ。

※書き下し文は坂本幸男ほか訳注『法華経　下』（岩波書店、一九六七年）によりました。一部変えているところがあります。

（4）『法華験記』中72（一部）

（本文）

兵部其夜夢見、有金色普賢、乗白象王。普賢腹間立多箭。兵部平公夢中問、「以何因縁、普賢菩薩御腹立此多箭哉。」答言、「汝於昨日依無実事、殺持経者。代其沙門我受此箭」

（書き下し文）

兵部其の夜の夢に見らく、金色の普賢有り、白象王に乗りたまへり。普賢の腹の間に多くの箭立てり。兵部平公、夢の中に問はく、「何の因縁を以て、普賢菩薩の御腹に此の多くの箭を立てたまふや。」と。答へて言はく、「汝が昨日無実の事に依りて、持経者を殺さんとせり。其の沙門に代はりて、我此の箭を受けたり。」と。

①『法華経』の記述と『宇治拾遺』の普賢が現れる場面では大きな異なりは見られるか。
②『法華験記』を読んで、猟師の発言を再考しよう。
③①、②を踏まえて聖と猟師との異なりを見出そう。
④僧は何を信じていたのだろうか。
⑤僧のような例を身近に探してみよう。

これらの資料の提示によって、「知識」のある僧が「無智」と批判され、一見「無智」な猟師が「慮」があるとして称賛されていることが分かります。そして僧の〈信〉のあり様は、経典の文言をひたすらに信じるような〈信〉

であって、そうしたものに批判的な眼差しが向けられていることに気づけば、〈信〉の内実を問う一歩になるでしょう。その時、生徒や現代のわれわれにも近い例を出すことができれば、生徒はもっと〈信〉のあり様に迫ることができるでしょう。

さらに〈信〉について生徒の見方や考え方を深化拡充するためには、『宇治拾遺』第16段を提示することが有効でしょう。

（5）『宇治拾遺物語』第16段

今は昔、丹後国に老尼ありけり。地蔵菩薩は暁ごとに歩き給ふといふことを、ほのかに聞きて、暁ごとに、地蔵見奉らんとて、ひと世界まどひ歩くに、博打の打ち呆けてゐたるが見て、「尼君は、寒きに何わざし給ふぞ」といへば、「地蔵菩薩の暁に歩き給ふなるに、あひ参らせんとてかく歩くなり」といへば、「地蔵のありかせ給ふ道は、我こそ知りたれば、いざ給へ、あはせ参らせん」といへば、「あはれ、うれしき事かな。地蔵のありかせ給はむ所へ、われを率ておはせよ」といへば、「我に物を得させ給へ。やがて率て奉らん」といひければ、「この着たる衣奉らん」といへば、「いざ給へ」とて、隣なる所へ率て行く。

尼悦て急ぎ行くに、そこの子に、地蔵といふ童ありけるを、それが親を知りたりけるによりて、「地蔵は」と問ひければ、親「遊びにいぬ。いま来なん」といへば、「くは、ここなり、地蔵のおはします所は」といへば、尼、うれしくて、つむぎの衣を、脱ぎて取らすれば、博打は、急ぎて取りていぬ。

尼は、地蔵見参らせんとてゐたれば、親どもは、心得ず、などこの童を見むと思ふらんと思ふ程に、十ばかりなる童の来るを、「くは、地蔵」といへば、尼、見るままに是非も知らず、臥しまろびて、拝み入りて、土にうつぶしたり。童、すはへをもて遊びけるままに、来たりけるが、そのすはへして、手すさびのやうに、額をかけば、額より顔の上までさけぬ。さけたる中より、えもいはずめでたき地蔵の御顔見え給ふ。尼拝み入りて、うち見上げたれば、かくてたち給へれば、涙を流して拝み入り参らせて、やがて極楽へ参りけり。
されば心にだにも深く念じつれば、仏も見え給ふなりけりと信ずべし。

①尼は何を信じているか。
②博打にだまされた尼はどのような結末を迎えたか。
③第16段の尼の〈信〉と第104段の聖の〈信〉は何が違うのか。
④ここまでのことを踏まえて、「何かを信じること」について考えたり話し合ったりしよう。[*7]

ひたすらに信じて行動する点においては、尼も聖も同様です。しかし、尼は自ら経典を読み、そこに記された文言を妄信していたわけではありませんでした。尼は「ほのかに聞」いたことをもとに行動した結果、それが経典に記されたことの実現につながったということでした。尼は仏教言説にとらわれない〈信〉を実践していたのです。尼の〈信〉に対する称賛、聖の〈信〉に対する批判については、もう少し考えないといけないことがあるのでこれ以上は言及できませんが、第16段との比較を通じて、生徒の〈信〉に対する考えはさらに揺さぶられることになるでしょう。

生徒たちはどこかで、「とにかく信じることがどこかで報われる」、「信じれば救われる」、「信念をもつことが大事だ」などのことばを聞いており、それを内面化している生徒もいると思われます。信じても救われなかった経験をしていながらも、「信じる力が弱かった」などと自分に言い聞かせてしまう生徒もいるかもしれません。一方で、そうしたことばに対して斜に構えている生徒もいるかもしれません。しかし「信じるとはどういうことか」という、〈信〉の内実を考える機会はそこまで多くはないのではないでしょうか（対象とする生徒にもよると思いますが……）。あるいは宗教に対する信仰についてはどうでしょうか。こうした時期の生徒が、〈信〉について思索を深めること、〈信〉の「云ひ表はし方」を身につけることは有意義なことであると考えたのですがいかがでしょうか。

注

1　山口眞琴「真贋のはざまの「聖と猟師」―『宇治拾遺物語』第一〇四話「猟師、仏ヲ射事」考―」（『Problématique』第七号、二〇〇六年一〇月）、132〜133頁。
2　前掲注1、134頁。
3　山口は前掲注1の中で次のように述べています。
　思えば、その出現の多くが普賢の放つ光明によって感得される以上、夜の方が似つかわしいのはむしろ当然のこと。どうやら「夜比」「月の出るやうに見え」たということで、該話の普賢をニセモノと見破ることは難しかった、というほかなさそうだ。（136〜137頁）
4　前掲注1、145頁。
5　前掲注1、143頁。
6　平成28年度用『中学校国語1』（学校図書）の本章段を教材化したものに付されている「学びの窓」。
7　金子直樹「古典との出会い（2）―中学1年「宇治拾遺物語」の授業から―」（『中等教育研究紀要（広島大学附属福山中・高等学校）』第五六巻、二〇一六年三月）を参考にしました。

コラム❸ 説話（集テキスト）の表現・教材分析のために

ここでは説話（集テキスト）の表現分析や教材分析について、本論で述べたことの補足をしたいと思います。

まず説話（集テキスト）の表現分析についての補足ですが、わたしが参照した著書や論考などを挙げておきたいと思います。

説話（集テキスト）の表現分析の観点を端的に述べたものとして、森正人『今昔物語集の生成』（和泉書院、一九八六年）があります。表現分析を編纂行為、説話行為、表現行為の観点から分析する必要を述べたもので、説話教材の教材研究をする上でもヒントをもらえる著書です。

ここから出発し、説話（集テキスト）の表現分析を例として、人が表現するということを人文学のさまざまな領域の知見を援用して論じたものとして、竹村信治『言述論―for 説話集論』（笠間書院、二〇〇三年）があります。これは高価で絶版でもあるので、もう少し手に入りやすいものとしては、説話と表現を副題にもつ竹村の諸論考があります。やや難解なものもありますので、読むのに骨を折るかもしれませんが、古典文学研究と古典教育との接点を示したり、文学研究や古典教育の向かう先を考える上でヒントを与えてくれたりと、学びがたくさんあります。本書でも多くのところで参照しました。

ほかに、小峯和明『説話の言説―中世の表現と歴史叙述―』（森話社、二〇〇二年）も、「説話」の用例を古文テキストから探り、当時における説話（集）のメディア性に関する指摘がなされており、学ぶところがあります。

次に教材分析についての補足ですが、ここではわたしなりのテキスト分析の手順などを示したいと思います。

テキストを読み、何がどのように語られているのかを自分なりに何となくつかんだり、話の構造を考えたり、疑問点を抱いたりした後、注釈書を読みます。注釈書としては新大系、大系（以上、岩波書店）、新全集、全集（以上、小学館）、集成（新潮社）、種々の文庫（岩波文庫、講談社学術文庫、角川ソフィア文庫、ちくま学芸文庫など）などが挙げられますが、その中で近くの図書館や自身で所持しているものを参照します。そこで疑問点を解消したり、どのように読み得る教材なのかを把握します。そうして解釈を固めながら、インターネットなどで、まさに教材とする古文テキストが解釈されている論考や、テキスト全般について述べられた論考、それがどのようなことを提示するテキストなのかについて述べた論考、それが授業で用いられている実践報告などを探し、あれば参照します。参照するときは、それぞれの論考や報告の書き手が、どのような言語観、テキスト観、人間観をもっている人なのかを想像しながら読みます。その中でヒントになるものがあれば、それからヒントをもらい、教材の解釈を固め、それからどのようなことばの学びを見いだせるかを考えます。

教材とする場面だけを読んで、その教材からことばの学びを見いだすことは簡単ではありません。やはり、そのテキストのほかの部分、できればテキスト全部を読んでいる方が見いだしやすくはなります。教科書に採録される古文テキストは大体決まっているので、それらについては全文通読していると役に立つと思います。時間がない、ということであれば、角川ソフィア文庫のビギナーズクラシックなどは役に立つと思います。また、新書なども役に立つと思います。

生徒たちに古文テキストを差し出すために、教員もこれまで以上に古文テキストやそれに関するテキストを読んでおく必要があるでしょう。

参考引用文献

【本文引用依拠文献】

▼日本古典文学大系（岩波書店刊）
・愚管抄・古今著聞集・沙石集・新撰髄脳
▼新日本古典文学大系（岩波書店刊）
・宇治拾遺物語・古事談・今昔物語集・三宝絵・類聚本江談抄
▼日本古典文学全集（小学館刊）
・大鏡・近代秀歌
▼新編日本古典文学全集（小学館刊）
・日本書紀・栄花物語・十訓抄
▼新編国歌大観（角川書店刊）
・院御歌合・古今集・詞花集・順徳院御集・百首歌合・万葉集
▼日本歌学大系（風間書房刊）
・詠歌一体・新撰髄脳・後鳥羽院御口伝・源承和歌口伝
▼国訳一切経（大東出版刊）
・延命地蔵菩薩経
▼日本思想大系（岩波書店刊）
・続本朝往生伝・法華験記・選択本願念仏集・大胡の太郎実秀の妻室のもとへつかわす御返事・熊谷直実入道蓮生へつかわす御返事・津戸の三郎へつかわす御返事・鎌倉の二品比丘尼に進ずる御返事・興福寺奏状・催邪輪
▼大日本古記録（岩波書店刊）
・後二条師通記・小右記・御堂関白記
▼増補史料大成（臨川書店刊）
・左経記
▼新訂増補国史大系（吉川弘文館刊）

・日本紀略・元亨釈書
▼岩波文庫（岩波書店刊）
・おあん物語・法華経
▼そのほか
・簸河上…中川博夫「校本『簸河上』」（『国文学研究資料館紀要』第二二号、一九九六年三月）
・真言伝…『対校真言伝』（説話研究会編、勉誠社刊）
・十二問答…『法然上人全集　第五版』（黒田真洞・望月信亨編、宗粋社刊）
・肥前国風土記…角川ソフィア文庫（ＫＡＤＯＫＡＷＡ刊）
▼教育資料
・学習指導要領（旧）…文部科学省『高等学校学習指導要領解説　国語編』（東洋館出版社、一九九九年）
・学習指導要領（現行）…文部科学省『高等学校学習指導要領解説　国語編』（教育出版、二〇一〇年）
・学習指導要領（新）…文部科学省『高等学校学習指導要領解説　国語編』（東洋館出版社、二〇一九年）
・中央教育審議会「幼稚園、小学校、中学校、高等学校及び特別支援学校の学習指導要領等の改善について（答申）」（二〇〇八年一月、www.mext.go.jp/b_menu/shingi/chukyo/chukyo0/toushin/__icsFiles/afieldfile/2009/05/12/1216828_1.pdf）（二〇二〇年二月確認）

※引用に際しては、読解の便宜上、表記など、私に改めたところがある。

▼辞書辞典類
・大津透ほか編『藤原道長事典』（思文閣出版、二〇一七年）
・大野晋ほか編『岩波古語辞典補訂版』（岩波書店、一九九〇年）
・大野晋編『古典基礎語辞典』（角川学芸出版、二〇一一年）
・角田文衛監修『平安時代史事典』（角川書店、一九九四年）
・中村元ほか編『岩波仏教辞典』（岩波書店、一九八九年）
・日本教材学会編『教材事典―教材研究の理論と実践―』（東京堂出版、二〇一三年）
・望月信亨『望月仏教大辞典』（世界聖典刊行協会、一九七四年）
▼単行本

・東浩紀・大澤真幸『自由を考える―9・11以降の現代思想―』（日本放送出版協会、二〇〇三年）
・阿部泰郎『中世日本の宗教テクスト体系』（名古屋大学出版会、二〇一三年）
・尼ヶ崎彬『花鳥の使―歌の道の詩学Ⅰ―』（勁草書房、一九八三年）
・尼ヶ崎彬『日本のレトリック』（筑摩書房、一九九四年）
・荒木浩『説話集の構想と意匠―今昔物語集の成立と前後―』（勉誠出版、二〇一二年）
・石原千秋ほか編『読むための理論―文学・思想・批評』（世織書房、一九九一年）
・伊藤聡『神道とは何か―神と仏の日本史―』（中央公論新社、二〇一二年）
・伊藤聡『神道の形成と中世神話』（吉川弘文館、二〇一六年）
・伊東玉美『宇治拾遺物語のたのしみ方』（新典社、二〇一〇年）
・伊東玉美『ビギナーズ・クラシックス　日本の古典　宇治拾遺物語』（ＫＡＤＯＫＡＷＡ、二〇一七年）
・内田隆三『ミシェル・フーコー―主体の系譜学―』（講談社、一九九〇年）
・宇野田尚哉ほか編『「サークルの時代」を読む―戦後文化運動研究への招待―』（影書房、二〇一六年）
・大澤真幸『ナショナリズムの由来』（講談社、二〇〇七年）
・大津透『日本の歴史06　道長と宮廷社会』（講談社、二〇〇九年）
・岡﨑真紀子ほか編『高校生からの古典読本』（平凡社、二〇一二年）
・小川豊生『中世日本の神話・文字・身体』（森話社、二〇一四年）
・小熊英二『〈民主〉と〈愛国〉―戦後日本のナショナリズムと公共性―』（新曜社、二〇〇二年）
・梶川信行編『おかしいぞ！　国語教科書―古すぎる万葉集の読み方』（笠間書院、二〇一六年）
・萱野稔人ほか『ナショナリズムの現在―〈ネトウヨ〉化する日本と東アジアの未来』（朝日新聞出版、二〇一四年）
・川崎修『ハンナ・アレント』（講談社、二〇一四年）
・辛島正雄『中世王朝物語史論　上巻』（笠間書院、二〇〇一年）
・辛島正雄『中世王朝物語史論　下巻』（笠間書院、二〇〇一年）
・河添房江編『アクティブ・ラーニング時代の古典教育―小・中・高・大の授業づくり―』（東京学芸大学出版会、二〇一八年）
・北岡誠司『現代思想の冒険者たち10　バフチン―対話とカーニヴァル』（講談社、一九九八年）
・倉本一宏『藤原道長の日常生活』（講談社、二〇一三年）
・倉本一宏『藤原道長の権力と欲望―『御堂関白記』を読む』（文藝春秋、二〇一三年）
・古田尚行『国語の授業の作り方―はじめての授業マニュアル―』（文学通信、二〇一八年）

・小峯和明『今昔物語集の形成と構造』（笠間書院、一九八五年）
・小峯和明『宇治拾遺物語の表現時空』（若草書房、一九九九年）
・小峯和明『説話の言説―中世の表現と歴史叙述―』（森話社、二〇〇二年）
・小峯和明編『歴史と古典　今昔物語集を読む』（吉川弘文館、二〇〇八年）
・小峯和明編『東アジアの今昔物語集―翻訳・変成・予言』（勉誠出版、二〇一二年）
・権安理『公共的なるもの―アーレントと戦後日本』（作品社、二〇一八年）
・齋藤純一『思考のフロンティア　公共性』（岩波書店、二〇〇〇年）
・齋藤純一『思考のフロンティア　自由』（岩波書店、二〇〇五年）
・齋藤純一『政治と複数性―民主的な公共性にむけて―』（岩波書店、二〇〇八年）
・坂本賞三『藤原頼通の時代―摂関政治から院政へ―』（平凡社、一九九一年）
・桜井哲夫『現代思想の冒険者たちＳｅｌｅｃｔ　フーコー―知と権力』（講談社、二〇〇三年）
・佐藤泉『戦後批評のメタヒストリー―近代を記憶する場』（岩波書店、二〇〇五年）
・佐藤泉『国語教科書の戦後史』（勁草書房、二〇〇六年）
・佐藤泉『一九五〇年代、批評の政治学』（中央公論新社、二〇一八年）
・佐藤弘夫『鎌倉仏教』（筑摩書房、二〇一四年）
・山東功『唱歌と国語―明治近代化の装置―』（講談社、二〇〇八年）
・山藤夏郎『〈他者〉としての古典―中世禅林詩学論攷―』（和泉書院、二〇一五年）
・下向井龍彦『日本の歴史07　武士の成長と院政』（講談社、二〇〇九年）
・末木文美士『日本仏教史―思想史としてのアプローチ―』（新潮社、一九九六年）
・関口敏美『柳田國男の教育構想―国語教育・社会科教育への情熱』（塙書房、二〇一二年）
・説話文学会編『説話から世界をどう解き明かすのか―説話文学会設立50周年記念シンポジウム［日本・韓国］の記録―』（笠間書院、二〇一三年）
・平雅行『日本中世の社会と仏教』（塙書房、一九九二年）
・平雅行『鎌倉仏教と専修念仏』（法蔵館、二〇一七年）
・平雅行『日本史ブックレット人028　法然―貧しく劣った人びとと共に生きた僧―』（山川出版社、二〇一八年）
・武久康高『枕草子の言説研究』（笠間書院、二〇〇四年）
・竹村信治『言述論―for 説話集論』（笠間書院、二〇〇三年）

・田近洵一『増補版　戦後国語教育問題史』（大修館書店、一九九九年）
・田近洵一『現代国語教育史研究』（冨山房インターナショナル、二〇一三年）
・立石和弘『男が女を盗む話―紫の上は「幸せ」だったのか』（中央公論新社、二〇〇八年）
・鶴見俊輔著、松田哲夫編『鶴見俊輔全漫画論１　漫画の読者として』（筑摩書房、二〇一八年）
・テッサ・モーリス‐スズキ著、伊藤茂訳『愛国心を考える』（岩波書店、二〇〇七年）
・鳥羽耕治『１９５０年代―「記録」の時代』（河出書房新社、二〇一〇年）
・苫野一徳『「自由」はいかに可能か―社会構想のための哲学―』（日本放送出版協会、二〇一四年）
・中岡成文『現代思想の冒険者たちＳｅｌｅｃｔ　ハーバーマス―コミュニケーション行為』（講談社、二〇〇三年）
・仲正昌樹『ハンナ・アーレント「人間の条件」入門講義』（作品社、二〇一四年）
・難波博孝『母語教育という思想―国語科解体／再構築に向けて―』（世界思想社、二〇〇八年）
・西尾光一『中世説話文学論』（塙書房、一九六三年）
・錦仁ほか編『偽書の生成―中世的思考と表現―』（森話社、二〇〇三年）
・ハルオ・シラネほか編『創造された古典―カノン形成・国民国家・日本文学』（新曜社、一九九九年）
・土方洋一『物語のレッスン―読むための準備―』（青簡舎、二〇一〇年）
・土方洋一編『古典を勉強する意味ってあるんですか？　ことばと向き合う子どもたち』（青簡舎、二〇一二年）
・平岡聡『浄土思想入門―古代インドから現代日本まで―』（ＫＡＤＯＫＡＷＡ、二〇一八年）
・廣田収『『宇治拾遺物語』の中の昔話』（新典社、二〇〇九年）
・本郷恵子『買い物の日本史』（ＫＡＤＯＫＡＷＡ、二〇一三年）
・本田義憲ほか編『説話の講座　第一巻　説話とは何か』（勉誠社、一九九一年）
・本田義憲ほか編『説話の講座　第二巻　説話の言説―口承・書承・媒体―』（勉誠社、一九九一年）
・本田義憲ほか編『説話の講座　第三巻　説話の場―唱導・注釈―』（勉誠社、一九九三年）
・本田義憲ほか編『説話の講座　第四巻　説話集の世界Ｉ―古代―』（勉誠社、一九九二年）
・本田義憲ほか編『説話の講座　第五巻　説話集の世界Ⅱ―中世―』（勉誠社、一九九三年）
・本田義憲ほか編『説話の講座　第六巻　説話とその周縁』（勉誠社、一九九三年）
・前田雅之『今昔物語集の世界構想』（笠間書院、一九九九年）
・前田雅之『記憶の帝国―〈終わった時代〉の古典論―』（右文書院、二〇〇四年）
・前田雅之『古典的思考』（笠間書院、二〇一一年）

・前田雅之『古典論考―日本という視座』（新典社、二〇一四年）
・前田雅之『なぜ古典を勉強するのか―近代を古典で読み解くために―』（文学通信、二〇一八年）
・前田雅之ほか編『〈新しい作品論〉へ、〈新しい教材論〉へ　古典編1―文学研究と国語教育研究の交差―』（右文書院、二〇〇三年）
・前田雅之ほか編『〈新しい作品論〉へ、〈新しい教材論〉へ　古典編2―文学研究と国語教育研究の交差―』（右文書院、二〇〇三年）
・前田雅之ほか編『〈新しい作品論〉へ、〈新しい教材論〉へ　古典編3―文学研究と国語教育研究の交差―』（右文書院、二〇〇三年）
・前田雅之ほか編『〈新しい作品論〉へ、〈新しい教材論〉へ　古典編4―文学研究と国語教育研究の交差―』（右文書院、二〇〇三年）
・桝井英人『「国語力」観の変遷―戦後国語教育を通して―』（溪水社、二〇〇六年）
・益田勝実著、鈴木日出男ほか編『益田勝実の仕事1　説話文学と絵巻』（筑摩書房、二〇〇六年）
・益田勝実著、鈴木日出男ほか編『益田勝実の仕事2　火山列島の思想』（筑摩書房、二〇〇六年）
・益田勝実著、幸田国広編『益田勝実の仕事5　国語教育論集成』（筑摩書房、二〇〇六年）
・丸山高司『現代思想の冒険者たち12　ガダマー―地平の融合』（講談社、一九九七年）
・松尾葦江編『ともに読む古典―中世文学編―』（笠間書院、二〇一七年）
・美川圭『院政―もうひとつの天皇制』（中央公論新社、二〇〇六年）
・美川圭『日本史リブレット人021　後三条天皇―中世の基礎を築いた君主―』（山川出版社、二〇一六年）
・三木紀人編『今昔物語集・宇治拾遺物語必携』（學燈社、一九八八年）
・明治書院編、全国高等学校国語教育研究連合会協力『高等学校国語科授業実践報告集　古典編1』（明治書院、二〇一四年）
・明治書院編、全国高等学校国語教育研究連合会協力『高等学校国語科授業実践報告集　古典編2』（明治書院、二〇一四年）
・明治書院編、全国高等学校国語教育研究連合会協力『高等学校国語科授業実践報告集　古典編3』（明治書院、二〇一四年）
・森正人『今昔物語集の生成』（和泉書院、一九八六年）
・森正人『場の物語論』（若草書房、二〇一二年）
・森正人『古代説話集の生成』（笠間書院、二〇一四年）
・山本幸司『日本の歴史09　頼朝の天下草創』（講談社、二〇〇九年）
・渡辺春美『戦後古典教育論の研究―時枝誠記・荒木繁・益田勝実三氏を中心に―』（溪水社、二〇〇四年）
・渡辺春美『「関係概念」に基づく古典教育の研究―古典教育活性化のための基礎論として―』（溪水社、二〇一八年）
・G・ジュネット著、花輪光ほか訳『物語のディスクール―方法論の試み』（書肆風の薔薇、一九八五年）
・G・プリンス著、遠藤健一訳『改訂　物語論事典』（松柏社、二〇一五年）
・H・アレント著、志水速雄訳『人間の条件』（筑摩書房、一九九四年）

・H・ガダマー著、轡田収ほか訳『真理と方法II―哲学的解釈学の要綱―』（法政大学出版局、二〇一五年）
・J・ハーバーマス著、細谷貞雄ほか訳『公共性の構造転換―市民社会の一カテゴリーについての探究―第2版』（未来社、一九九四年）
・M・バフチン著、新谷敬三郎ほか訳『ミハイル・バフチン著作集⑧ ことば・対話・テキスト』（新時代社、一九八八年）
・M・フーコー著、慎改康之訳『知の考古学』（河出書房新社、二〇一二年）
・M・フーコー著、慎改康之訳『言説の領界』（河出書房新社、二〇一四年）
・R・バルト著、花輪光訳『物語の構造分析』（みすず書房、一九七九年）

▼論文・授業実践報告・授業提案など

・阿部泰郎「〝日本紀〟という運動」（『解釈と鑑賞』第六四巻第三号、一九九九年三月）
・阿部泰郎「1200年前後―後白河院・後鳥羽院の時代」（『国文学』第四五巻第七号、二〇〇〇年六月）
・荒木浩「説話の形態と出典注記の問題―『古今著聞集』序文の解釈から―」（『国語国文』第五三巻第一二号、一九八四年一二月）
・荒木浩「異国へ渡る人びと―宇治拾遺物語論序説―」（『国語国文』第五五巻第一号、一九八六年一月）
・荒木浩「十訓抄と古今抄」（『国語国文』第五五巻七号、一九八六年七月）
・荒木浩「宇治拾遺物語の時間」（『中世文学』第三三号、一九八八年六月）
・荒木浩「「宇治大納言物語」享受史上の分岐―顕昭所引の佚文をめぐって―」（『説林』第三六号、一九八八年二月）
・荒木浩「〈次第不同〉の物語―宇治拾遺物語の世界―」（説話と説話文学の会編『説話論集第一集 説話文学の方法』所収、清文堂、一九九一年五月）
・荒木浩「ひらかれる〈とき〉の物語―『宇治拾遺物語』の中へ」（『国文学』第四〇巻第一二号、一九九五年一〇月）
・荒木浩「説話文学と説話の時代」（久保田淳ほか編『岩波講座日本文学史第五巻　一三・一四世紀の文学』所収、一九九五年一一月）
・荒木浩「書評　小峯和明著『宇治拾遺物語の表現時空』」（『立教大学日本文学』第八六号、二〇〇一年七月）
・荒木浩「書評　竹村信治著『言述論―for 説話集論』」（『説話文学研究』第四〇号、二〇〇五年七月）
・荒木浩「『宇治拾遺物語』再読とその方法―デジタル社会の中の説話文学研究―」（『説話文学研究』第四三号、二〇〇八年七月）
・池上洵一「説話集の序文」（『解釈と鑑賞』第四九巻第一一号、一九八四年九月）
・池上洵一「総説―〈説話文学〉を考える」（池上洵一ほか編『説話文学の世界』所収、世界思想社、一九八七年一一月）
・池上洵一「『宇治拾遺物語』序―「もとどりをゆひわけて」考―」（『日本文学』第四三巻第一〇号、一九九四年一〇月）
・市毛勝雄「文法抜きの音読指導を」（『教育科学国語教育』第六九六号、二〇〇八年八月）

・稲垣泰一「『宇治拾遺物語』の表現」(『説話』第八号、一九八八年六月)
・井上宗雄「六條藤家の盛衰―その歌壇的地位の考察―」(『国文学研究』第一五号、一九五七年三月)
・井上宗雄「真観をめぐって―鎌倉期歌壇の一側面―」(『和歌文学研究』第四号、一九五七年八月)
・井上泰「〈深い学び〉に向けた教材発掘(1)―古典学習を中心に―」(『中等教育研究紀要(広島大学附属福山中・高等学校)』第五九巻、二〇一九年三月)
・今井明「後嵯峨院歌壇成立の一側面」(『鹿児島短期大学研究紀要』第四五号、一九九〇年三月)
・今井明「続後撰和歌集に見る「新古今時代」―その撰歌と歌壇像―」(『香椎潟』第四六号、二〇〇〇年一二月)
・今井明「勅撰和歌集と天皇正統観―続後撰和歌集の場合―」(『文芸と思想』第六九号、二〇〇五年二月)
・今成元昭「説話文学試論」(三谷栄一ほか編『論纂説話と説話文学』所収、笠間書院、一九七九年六月)
・今成元昭「説話集の個性―編者の創意―」(『解釈と鑑賞』第四九巻第一一号、一九八四年九月)
・岩崎淳「学習指導要領の改訂と古典指導の方向」(『月刊国語教育』第二八巻第四号、二〇〇八年六月)
・岩崎淳「古典は人生を豊かにする―なぜ古典を学ぶのか―」(『教育科学国語教育』第七三三号、二〇一一年二月)
・岩津資雄「藤原為家の歌論」(『国文学』第三巻七号、一九五八年六月)
・有働玲子「古典の音読・朗読指導―声を聞き合う学習を作る―」(『月刊国語教育研究』第四八八号、二〇一二年一二月)
・大熊徹「楽しく繰り返す音読から暗唱へ」(『教育科学国語教育』第七三三号、二〇一一年二月)
・大槻和夫「新学習指導要領はどのような国語科教育実践を求めているのか―中学校の場合―」(『教育科学国語教育』第六九四号、二〇〇八年六月)
・大和田満里子「『徒然草』を四コマ漫画に」(『国語の授業』第二一八号、二〇一〇年六月)
・小川剛生「宗尊親王和歌の一特質―「六帖題和歌」の漢詩文摂取をめぐって―」(『和歌文学研究』第六八号、一九九四年五月)
・小川豊生「中世日本紀の胎動―生成の〈場〉をめぐって―」(『日本文学』第四二巻第三号、一九九三年三月)
・小川豊生「変成する日本紀―〈始まり〉の言説を追って―」(『説話文学研究』第三〇号、一九九五年六月)
・小川豊生「〈歌政〉と〈徳政〉―『十訓抄』をめぐって―」(『日本文学』第四五巻第二号、一九九六年二月)
・小川豊生「捏造される〈始まり〉―院政期の文化戦略―」(河添房江ほか編『叢書想像する平安文学1〈平安文学〉というイデオロギー』所収、勉誠出版、一九九九年五月)
・小田迪夫「伝統的な言語文化の学習を深める旧教材をふりかえる」(『月刊国語教育研究』第四五七号、二〇一〇年五月)
・小野牧夫「古典の教育―徒然草をめぐって―」(『日本文学』第三巻第一二号、一九五四年一二月)
・蔭山江梨子「中学・高校における古典指導の開発」(『教育科学国語教育』第七〇八号、二〇〇九年五月)

・金子直樹「古典との出会い（2）—中学1年「宇治拾遺物語」の授業から—」（『中等教育研究紀要（広島大学附属福山中・高等学校）』第五六巻、二〇一六年三月）
・鎌田政司「「古典B」における古文指導の工夫—「学習の手引」の活用を通して—」（『月刊国語教育研究』第四七八号、二〇一二年二月）
・川平ひとし「本歌取と本説取—〈もと〉の構造—」（和歌文学論集編集委員会編『和歌文学論集8　新古今集とその時代』所収、風間書房、一九九一年五月）
・川平ひとし「古典学のはじまり」（『岩波講座日本文学史第4巻　変革期の文学』所収、岩波書店、一九九六年三月）
・木村紀子「宇治大納言物語の語りと精神」（『奈良大学紀要』第一二号、一九八三年一二月）
・木村紀子「「かたり」および物語集の生成—宇治大納言物語から宇治拾遺物語へ—」（『国語国文』第五三巻第六号、一九八四年六月）
・久保田淳「為家と光俊」（『国語と国文学』第三五巻第五号、一九五八年五月）
・久保田淳「『宇治拾遺物語』の「都」」（『説話文学研究』第一二号、一九七七年六月）
・黒岩淳「俳諧連歌を理解させる「奥の細道」—芭蕉の発句をもとに「表八句」創作—」（『月刊国語教育』第二九巻第一号、二〇〇九年四月）
・小出素子「『宇治拾遺物語』の説話配列について—全巻にわたる連関表示の試み—」（『平安文学研究』第六七輯、一九八二年六月）
・小内一明「「宇治大納言物語」をめぐって—室町期の記録を中心に—」（『言語と文芸』第七五号、一九七一年三月）
・小林一彦「為家・為氏・為世—新古今の亡霊と定家の遺志」（『国文学』第四二巻第一三号、一九九七年一一月）
・小林強「後嵯峨院の詠作活動に関する基礎的考察」（『中世文芸論稿』第一六号、一九九三年三月）
・小林保治ほか「座談会　今昔・宇治拾遺—教材としての可能性」（『月刊国語教育』第七巻第二号、一九八七年二月）
・小峯和明「今昔物語集の語り—その構築性—」（『日本文学』第二九巻七号、一九八〇年七月）
・小峯和明「宇治拾遺物語」（『解釈と鑑賞』第四六巻八号、一九八一年八月）
・小峯和明「今昔・宇治成立論の現在—宇治大納言物語の幻影など—」（『国文学』第二九巻第九号、一九八四年七月）
・小峯和明「宇治拾遺物語の成立と宇治大納言物語」（小峯和明編『日本文学研究資料新集6　今昔物語集と宇治拾遺物語　説話と文体』所収、有精堂、一九八六年七月）
・小峯和明「世俗説話集の語り—『宇治拾遺物語』を中心に—」（日本文学協会編『日本文学講座三　神話・説話』所収、大修館書店、一九八七年七月）
・小峯和明「実語と妄語の〈説話〉史」（有精堂編集部編『日本文学史を読む—古代後期Ⅱ』所収、有精堂、一九九一年五月）

・小峯和明「説話研究の現在」(『説話文学研究』第二九号、一九九四年六月)
・小峯和明「説話と物語文学はどう違うのか」(『国文学』第四二巻第二号、一九九七年二月)
・小峯和明「中世説話と日本紀」(『解釈と鑑賞』第六四巻第三号、一九九九年三月)
・五味渕典嗣「高等学校国語科が大きく変えられようとしています（７）」(http://note.mu/ngomibuchi/n/ndc974a7e1ba3、二〇一八年八月)(二〇二〇年二月確認)
・サークル・いしずえ「書評　農文協の『洪水』と『風に立つ人』」(『日本文学』第三巻第七号、一九五四年七月)
・サークル・いしずえ「「生きる」をめぐって」(『日本文学』第三巻第一〇号、一九五四年一〇月)
・サークル・いしずえ「北多摩につたわる写し絵」(『日本文学』第四巻第二号、一九五五年二月)
・坂口智子「古典の世界を楽しもう―『徒然草』の実践を通して―」(『月刊国語教育研究』第四六〇号、二〇一〇年八月)
・斉藤歩「理想としての「後嵯峨院時代」」(『日本文学』第五一巻第二号、二〇〇二年二月)
・佐藤晃「『宇治拾遺物語』の和歌説話―主題の相互関連性の視点から―」(『日本文芸論叢』第二号、一九八三年三月)
・佐藤晃「『宇治拾遺物語』の説話配列における表現方法」(『日本文芸論叢』第三号、一九八四年三月)
・佐藤晃「『宇治拾遺物語』における言語遊戯と表現」(『日本文芸論叢』第四号、一九八五年三月)
・佐藤晃「『宇治拾遺物語』の表現機構」(『中世文学』第三二号、一九八七年五月)
・佐藤晃「演ずる主体―『宇治拾遺物語』の表現機構―」(『文芸研究』第一一九号、一九八八年九月)
・佐藤晃「読みを示唆するもの―『宇治拾遺物語』の序文・冒頭話、および目録―」(『弘前大学国語国文学』第一二号、一九九〇年三月)
・佐藤晃「十訓抄小考―「心」をめぐる言説―」(『山形女子大学紀要』第二五号、一九九三年三月)
・佐藤晃「書評　小峯和明著『宇治拾遺物語の表現時空』」(『国文学研究』第一三二号、二〇〇〇年一〇月)
・佐藤恒雄「続後撰集の当代的性格」(『国語国文』第三七巻第三号、一九六八年三月)
・佐藤恒雄「続後撰和歌集の撰集意識―集名の考察から―」(『言語と文芸』第五七号、一九六八年三月)
・佐藤恒雄「後嵯峨院の時代とその歌壇」(『国語と国文学』第五四巻第五号、一九七七年五月)
・佐藤恒雄「藤原光俊伝考―出家まで―（上）」(『中世文学研究』第八号、一九八二年八月)
・佐藤恒雄「藤原光俊伝考―出家まで―（下）」(『中世文学研究』第九号、一九八三年八月)
・佐藤恒雄「後鳥羽院―文学・政治・出家―」(『解釈と鑑賞』第六四巻第五号、一九九九年五月)
・佐藤恒雄「続古今和歌集の撰集について（再考）」(『香川大学教育学部研究報告（第一部）』第一二二号、二〇〇四年九月)
・佐藤恒雄「続古今和歌集の御前評定」(『国語と国文学』第八二巻第四号、二〇〇五年四月)

・佐野比呂己「古典教育の意義―古文を中心として―」（『解釈』第五四巻第五・六号、二〇〇八年六月）
・澤田浩文「古典世界との共通点を探る―自作歌物語と『伊勢物語』の比較を通して―」（『月刊国語教育研究』第四六六号、二〇一一年二月）
・塩苅有紀「「日本神話かるた」と「読み聞かせ」で日本神話を語り継ぐ―小学校二年　日本神話「くにうみ」―」（『教育科学国語教育』第七二三号、二〇一〇年六月）
・柴佳世乃「「能読」の道命阿闍梨―『宇治拾遺物語』第一話への一視角―」（『説話文学研究』第三三号、一九九八年七月）
・島津忠夫「宇治拾遺物語の序文」（『中世文学』第二八号、一九八三年一〇月）
・須貝千里「「一寸待って」と呼びかけて……―益田勝実の仕事―」（『日本文学』第五六巻第一号、二〇〇七年一月）
・須田実「言語文化に親しむ古典の授業改善―古典を通して日本人の「心の原点」や「言語の特質」を学び合う―」（『教育科学国語教育』第六九六号、二〇〇八年八月）
・世羅博昭「古典領域における実践研究の成果と展望」（全国大学国語教育学会編『国語科教育学研究の成果と展望』所収、明治図書、二〇〇二年六月）
・平雅行「鎌倉仏教論」（朝尾直弘ほか編『岩波講座日本通史8　中世2』所収、岩波書店、一九九四年三月）
・平雅行「黒田俊雄氏と顕密体制論」（『歴史科学』第一三八号、一九九四年一一月）
・平雅行「殺生禁断の歴史的展開」（大山喬平教授退官記念会編『日本社会の史的構造　古代・中世』所収、思文閣出版、一九九七年五月）
・平雅行「仏教思想史研究と顕密体制論―末木文美士氏の批判に応える―」（『日本史研究』第四二一号、一九九七年一〇月）
・平雅行「日本の肉食慣行と肉食禁忌」（脇田晴子ほか編『アイデンティティ・周縁・媒介』所収、吉川弘文館、二〇〇〇年八月）
・平雅行「神仏と中世文化」（歴史学研究会・日本史研究会編『日本史講座4　中世社会の構造』所収、東京大学出版会、二〇〇四年九月）
・平雅行「中世寺院の暴力とその正当化」（『九州史学』第一四〇号、二〇〇五年二月）
・平雅行「殺生禁断と殺生罪業観」（脇田晴子ほか編『周縁文化と身分制』所収、思文閣出版、二〇〇五年四月）
・平雅行「中世仏教における呪術性と合理性」（『国立歴史民俗博物館研究報告』第一五七集、二〇一〇年三月）
・高橋史樹「学習者の「ものの見方・感じ方・考え方」を再構築するための古典の授業―『伊勢物語』第六段「芥川」を学習材として―」（『月刊国語教育研究』第四七一号、二〇一一年七月）
・竹村信治「中世散文学と漢文学―十訓抄を中心として―」（和漢比較文学会編『和漢比較文学叢書第六巻　中世文学と漢文学2』所収、汲古書院、一九八七年一〇月）

・竹村信治「物語の場としての説話集―今昔物語集天竺部をめぐって―」（平安文学論究会編『講座平安文学論究第四輯』所収、風間書房、一九八七年六月）
・竹村信治「物語の場としての説話集―語りの空間から読みの空間へ―」（『日本文学』第三六巻第二号、一九八七年二月）
・竹村信治「連想と読み替え―十訓抄の表現（2）―」（『金沢美術工芸大学学報』第三一号、一九八七年三月）
・竹村信治「中世説話の表現形成（上）―説話主体の読みと表現―」（『香推潟』第三四号、一九八八年九月）
・竹村信治「中世説話の表現形成（下）―説話主体の読みと表現―」（『文芸と思想』第五三号、一九八九年一月）
・竹村信治「演習ノート　宇治拾遺物語　封じられた龍―二二同（静観）僧正、大嶽ノ岩祈失事―」（『香推潟』第三六号、一九九〇年一〇月）
・竹村信治「宇治拾遺物語論―表現性とその位相―」（『文芸と思想』第五五号、一九九一年二月）
・竹村信治「『今昔物語集』と編纂」（『説話文学研究』第二九号、一九九四年六月）
・竹村信治「説話研究の現在」（『国文学』第四〇巻第一二号、一九九五年一〇月）
・竹村信治「はなのはなし―説話と表現（1）―」（『国語教育研究』第三九号、一九九六年三月）
・竹村信治「説話と言表―説話と表現（2）―」（『論叢国語教育学』第四号、一九九六年三月）
・竹村信治「説話の言述―『宇治拾遺物語』から―」（説話と説話文学の会編『説話論集第七集　中世説話文学の世界』所収、清文堂、一九九七年一〇月）
・竹村信治「〝主体〈わたし〉〟考―説話と表現（4）―」（『国語教育研究』第四一号、一九九八年三月）
・竹村信治「〝主体〈わたし〉〟続考―説話と表現（5）―」（『国語教育研究』第四二号、一九九九年六月）
・竹村信治「〝主体〈わたし〉〟三考―説話と表現（6）―」（『論叢国語教育学』第五号、一九九九年三月）
・竹村信治「『今昔物語集』の「東国」語り」（『解釈と鑑賞』第六七巻第一一号、二〇〇二年一一月）
・竹村信治「『今昔物語集』の言述―世俗部（巻二六―三一）の位相―」（説話と説話文学の会編『説話論集第一二集　今昔物語集』所収、清文堂、二〇〇三年六月）
・竹村信治「書評　小峯和明著『説話の言説―中世の表現と歴史叙述―』」（『日本文学』第五三巻第八号、二〇〇四年八月）
・竹村信治「説話と通過儀礼」（小嶋菜温子編『平安文学と隣接諸学3　王朝文学と通過儀礼』所収、竹林舎、二〇〇七年一一月）
・竹村信治「パロディと中世―〝不成立〟問題にむけて―」（『中世文学』第五三号、二〇〇八年六月）
・竹村信治「〝伝統的な言語文化〟の摑み直し（上）―『伊勢物語』初段、『今昔物語集』「馬盗人」などを例に―」（『国語教育研究』第五三号、二〇一二年三月）
・竹村信治「〝伝統的な言語文化〟の摑み直し（下）―『伊勢物語』初段、『今昔物語集』「馬盗人」などを例に―」（『論叢国語

教育学』第八号、二〇一二年七月）
・竹村信治「古文学習の課題―学力評価問題パイロット調査から―（上）」（『論叢国語教育学』第九号、二〇一三年七月）
・竹村信治「古文学習の課題―学力評価問題パイロット調査から―（中）」（『国語教育研究』第五五号、二〇一四年三月）
・竹村信治「古文学習の課題―学力評価問題パイロット調査から―（下）」（『論叢国語教育学』第一〇号、二〇一四年七月）
・竹村信治「何を読むのか―教科書の中の古典「文学」―」（『日本文学』第六三巻第一号、二〇一四年一月）
・竹村信治「文学という経験―教室で」（『文学』第一五巻第五号、二〇一四年九月）
・竹村信治「研究者が国語教育を考えるということ―「言説の資源」をめぐる」（『リポート笠間』第五七号、二〇一四年一一月）
・竹村信治「教材発掘 No.6　宇治拾遺物語―序文を読む―」（『国語教育研究』第五七号、二〇一六年三月）
・竹村信治「読みのヴァージョン―パフォーマンス評価の観点―」（『中等教育研究紀要』第六二号、二〇一六年三月）
・竹村信治「読みのヴァージョンⅡ―語りのダイナミズムへ―」（『中等教育研究紀要』第六三号、二〇一七年三月）
・竹村信治「読みのヴァージョン（3）―作者 écrivain への接近―」（『中等教育研究紀要』第六四号、二〇一八年三月）
・竹村信治「読みのヴァージョン（4）―言説創造の現場へ―」（『中等教育研究紀要』第六五号、二〇一九年三月）
・竹村信治「遭遇と対話―境界で／境界から」（『アジア遊学』第一九七号、二〇一六年六月）
・竹村信治「『宇治拾遺物語』の〈空所〉（1）―序を読む―」（『論叢国語教育学』第一五号、二〇一九年七月）
・田中宗博「地蔵に遇った尼のこと―『宇治拾遺物語』第16話をめぐって―」（『人文学論集』第九・一〇号、一九九一年三月）
・谷口耕一「宇治拾遺物語における仲胤僧都の位置」（『中世文学』第一九号、一九七四年八月）
・鶴田清司「外的要因としての法改正と内的要因としての学力調査」（『教育科学国語教育』第七〇一号、二〇〇八年一二月）
・鶴田清司「古典学習における暗記・音読・暗唱を超えて」（『教育科学国語教育』第七〇六号、二〇〇九年五月）
・冨家淳夫「古典（韻文・漢詩）の優れた表現やリズムを読み味わう国語学習―文字カードや絵カードを用いた音読や暗唱を通して―」（『月刊国語教育研究』第四六二号、二〇一〇年一〇月）
・富山哲也「古典に一層親しませるために―古典の楽しみ方を指導する中学校国語の授業―」（『日本語学』第三七七号、二〇一一年四月）
・内藤一志「益田勝実の古典教育論についての検討」（『語学文学』第三一号、一九九三年三月）
・内藤一志「益田勝実氏の古典教育論再読」（『日本文学』第四五巻第九号、一九九六年九月）
・内藤一志「古典領域における実践研究」（全国大学国語教育学会編『国語科教育学研究の成果と展望Ⅱ』所収、学芸図書、二〇一三年三月）
・内藤一志「古典」（高木まさきほか編『国語科重要用語事典』所収、明治図書、二〇一五年八月）

・中川博夫「校本『篋河上』」（『国文学研究資料館紀要』第二二号、一九九六年三月）
・中川博夫「『篋河上』を読む」（『国語と国文学』第七四巻第一一号、一九九七年一一月）
・長嶋和彦「女房たちのうわさ話―源氏物語「光源氏の誕生」―」（『月刊国語教育』第二九巻第二号、二〇〇九年五月）
・中村春作「竹村信治著『言述論―for 説話集論』を「読む」こと」（『Problématique』第五号、二〇〇四年七月）
・鳴島甫「読書へとつなぐ伝統的な言語文化の指導」（『月刊国語教育研究』第四三七号、二〇〇八年九月）
・難波博孝「伝統は古くないから、こそ」（『教育科学国語教育』第七三三号、二〇一一年二月）
・西岡裕二「「徒然草」を使った授業―兼好法師も男だね！―」（『月刊国語教育』第三〇巻第九号、二〇一一年一〇月）
・信木伸一「〈他者〉と向き合う関係を成立させる学習をめざして―古文学習における可能性―」（『国語教育研究』第四四号、二〇〇一年三月）
・野本東生「宇治拾遺物語と評語」（『国語と国文学』第八五巻第七号、二〇〇八年七月）
・野本東生「宇治拾遺物語第九九話「大膳大夫以長前駆之間事」考：一古侍の路頭礼」（『東京大学国文学論集』第四号、二〇〇九年三月）
・長谷川みどり「古典の授業は不易である」（『教育科学国語教育』第七三三号、二〇一一年二月）
・廣田収「『宇治拾遺物語』の編纂と物語の表現」（『人文学』第一七〇号、二〇〇一年一二月）
・廣田収「『宇治拾遺物語』「世俗説話」の研究」（『人文学』第一七四号、二〇〇三年一二月）
・廣田収「『宇治拾遺物語』「小野篁広才事」考」（『同志社国文学』第六二号、二〇〇五年三月）
・深沢徹「散佚「宇治大納言物語」の幻影（上）―『宇治拾遺物語』序文の隆国伝説生成に関する一試論―」（『立教大学日本文学』第四〇号、一九七八年七月）
・深沢徹「散佚「宇治大納言物語」の幻影（下）―その実相解明と史的位置付け―」（『立教大学日本文学』第四一号、一九七九年一月）
・深谷仁「「単元『おくの細道』～芭蕉忍者説を追う～」―学習意欲の向上を目指して―」（『月刊国語教育研究』第四五九号、二〇一〇年七月）
・深谷幸恵「読み聞かせと音読を組み合わせる」（『教育科学国語教育』第六九六号、二〇〇八年八月）
・福田秀一「鎌倉中期歌壇史における反御子左派の活動と業績（上）」（『国語と国文学』第四一巻第八号、一九六四年八月）
・福田秀一「鎌倉中期歌壇史における反御子左派の活動と業績（下）」（『国語と国文学』第四一巻第一一号、一九六四年一一月）
・福田秀一「鎌倉中期反御子左派の古典研究―附、鎌倉中期歌壇史略年表―」（『成城文芸』第三九号、一九六五年五月）
・藤平春男「幽玄と有心」（『国文学研究』第四九号、一九七三年二月）

・藤平春男「日本の美論―中世歌論の追究したもの」（相良亨ほか編『講座日本思想5　美』所収、東京大学出版会、一九八四年三月）
・藤本宗利「古典教材としての唱歌―歌詞の中の「伝統的言語文化」」（『月刊国語教育』第三〇巻第二号、二〇一〇年五月）
・藤原かおり「「伝統的な言語文化と国語の特質に関する事項」の指導―音読で伝統的な言語文化の特性を体験する授業を―」（『教育科学国語教育』第七二九号、二〇一〇年一〇月）
・藤原正義「古典教育―徒然草を中心として―」（『日本文学』第四巻第二号、一九五五年二月）
・堀田悟史「高等学校における「伝統的な言語文化」について―「古文の理解」から「古文との対話」へ導く教材開発の観点―」（『月刊国語教育研究』第四五二号、二〇〇九年一二月）
・前田雅之「非在と現前の迫で―古今著聞集における京―」（『日本文学』第四二巻第七号、一九九三年七月）
・前田雅之「説話文学の流れ」（有精堂編集部編『時代別日本文学史辞典・中古編』所収、有精堂、一九九五年一月）
・前田雅之「「東」・「東国」への視線―〈見られた〉像を見ること―」（『説話文学研究』第三三号、一九九八年七月）
・前田雅之「説話研究の現在」（『国文学』第四六巻第一〇号、二〇〇一年八月）
・前田雅之「人文学総崩壊の時代と日文協」（『日本文学』第五六巻第四号、二〇〇七年四月）
・益田勝実「新しい芸術創造へのねがい―平家物語に関連して―」（『文学』第二一巻第二号、一九五三年二月）
・益田勝実「サークルの古代文学研究」（『日本文学』第二巻第二号、一九五三年三月）
・益田勝実「源氏物語のいのち」（『日本文学』第二巻第四号、一九五三年六月）
・益田勝実「今昔物語の問題点」（『日本文学』第三巻第七号、一九五四年七月）
・益田勝実「古典教育の反省」（『文学』第二二巻第七号、一九五四年七月）
・益田勝実「文学作品にささえられて―わたしたちの仲間づくり―」（臼井吉見編『現代教養全集14　読書』所収、筑摩書房、一九五九年一〇月）。初出は大田尭編『農村のサークル活動』（農山漁村文化協会、一九五六年一月）
・益田勝実「微牛足あれば―『徒然草』の一背景―」（『国語と国文学』第三五巻第二号、一九五八年二月）
・益田勝実「〝道徳教育〟賛同者である父母との連携について」（『日本文学』第七巻第三号、一九五八年三月）
・益田勝実「古代説話文学」（岩波書店編『岩波講座日本文学史1　古代Ⅰ』所収、岩波書店、一九五八年八月）
・益田勝実「説話文学の研究テーマ」（『国文学』第三巻第一一号、一九五八年一一月）
・益田勝実「古代説話文学における表現の問題」（『文学』第二六巻第一二号、一九五八年一二月）
・益田勝実「一つの試み―十年目の報告―」（『日本文学』第一〇巻第七号、一九六一年八月）
・益田勝実「祖国愛のふたつのコース」（『教育科学国語教育』第六二号、一九六四年一月）

・益田勝実「柳田国男の思想」（後藤総一郎編『柳田国男研究資料集成　第9巻』所収、日本図書センター、一九八六年六月）。初出は益田勝実編『現代日本思想大系29　柳田国男』（筑摩書房、一九六五年七月）
・益田勝実「物語」（藤井信男ほか編『新指導要領による高等学校国語教育実践講座第4巻　古文の指導と実践』所収、學燈社、一九六二年三月）
・益田勝実「歴史社会学的研究」（『解釈と鑑賞』第三一巻第一〇号、一九六六年八月）
・益田勝実「国語教育研究者の立場から〈二〉—国語授業と道徳授業との本質的な違いとはなにか2」（『教育科学国語教育』第九七号、一九六六年一一月）
・益田勝実「理論で文学作品が読めるか（西郷提案を読んで7）」（『教育科学国語教育』第一〇五号、一九六七年七月）
・益田勝実「歴史社会的方法から歴史社会的立場へ」（『日本文学』第一六巻第一〇号、一九六七年一〇月）
・益田勝実「神話教育復活をめぐって」（『日本文学』第一七巻第一〇号、一九六八年一〇月）
・益田勝実「新しい説話文学の教材」（『国語通信』第一一二号、一九六八年一二月）
・益田勝実「改訂案を改むるに憚ることなかれ—中学校新指導要領［中間発表］を読んでの意見6—」（『教育科学国語教育』第一二三号、一九六九年三月）
・益田勝実「ある日の「乙Ⅱ」から—「花山院の出家」—」（『国語通信』第一一六号、一九六九年五月）
・益田勝実「学校の命運」（『日本文学』第一八巻第一二号、一九六九年一二月）
・益田勝実「古典文学教育の曲り角で」（『国語通信』第一二七号、一九七〇年六月）
・益田勝実「経の説話—観音霊験譚の変貌」（『日本文学』第一九巻第七号、一九七〇年七月）
・益田勝実「この潮流のなかで」（『日本文学』第二〇巻第一号、一九七一年一月）
・益田勝実「煮え湯のこと」（『日本文学』第二〇巻第七号、一九七七年一月）
・益田勝実「古典の新しい相貌を」（『国語通信』第一七四号、一九七五年三月）
・益田勝実「古典の新しい相貌を（二）」（『国語通信』第一七五号、一九七五年四月）
・益田勝実「古典文学教育の場合」（『解釈』第二二巻第五号、一九七六年五月）
・益田勝実「古典教育とよばれるもの」（『文学』第四九巻第一〇号、一九八一年一〇月）
・益田勝美「「芋粥」の位置—『宇治拾遺物語』の作者像—」（『日本文学誌要』第二七号、一九八二年一二月）
・益田勝実ほか「座談会　文学教育をめぐって—その課題と方法—」（『日本文学』第二巻第七号、一九五三年九月）
・益田勝実ほか「座談会　国文学の世界」（『日本文学』第三巻第三号、一九五四年三月）
・益田勝実ほか「座談会　日本文学研究の歩み」（『文学』第二三巻第三号、一九五五年三月）

・益田勝実ほか「座談会　古典教育について―高等学校学習指導要領改訂草案を中心に―」（『文学』第二八巻第八号、一九六〇年八月）
・益田勝実ほか「座談会　今日における教育の仕事」（『日本文学』第一〇巻第三号、一九六一年三月）
・益田勝実ほか「座談会　今日における教育の仕事（2）」（『日本文学』第一〇巻第九号、一九六一年一〇月）
・益田勝実ほか「討論座談会　国語教育における古典と現代」（『言語と文芸』第二六号、一九六三年一月）
・益田勝実ほか「座談会　教育の〈底辺〉、〈底辺〉の教育」（『国語通信』第六二号、一九六三年九月）
・益田勝実ほか「シンポジウム　古典教材は現状でいいか」（『言語と文芸』第四一号、一九六五年七月）
・益田勝実ほか「座談会　古典と現代をどう継ぐか―古典教育の現状と問題点―」（『国語通信』第九九号、一九六七年九月）
・益田勝実ほか「座談会　文学研究への直言」（『日本文学』第一七巻第一号、一九六八年一月）
・益田勝実ほか「座談会　文学研究への直言」（『日本文学』第一七巻第二号、一九六八年二月）
・益田勝実ほか「座談会　事実と虚構―新しい文学教育の可能性」（『国語通信』第一〇六号、一九六八年五月）
・益田勝実ほか「座談会　〈文学と言語〉の瀬踏み」（『日本文学』第一八巻第四号、一九六九年四月）
・益田勝実ほか「鼎談　古代文学における言語の自立」（『日本文学』第一八巻第五号、一九六九年五月）
・益田勝実ほか「鼎談　古代文学における言語の自立（二）」（『日本文学』第一八巻第六号、一九六九年六月）
・益田勝実ほか「座談会　われわれの学問」（『文学』第三七巻第八号、一九六九年八月）
・益田勝実ほか「座談会　「古典」とはなにか―新版「古典」教科書をめぐって―」（『国語通信』第一四六号、一九七二年五月）
・益田勝実ほか「対談　国文学界の新しい状況と古典教育―「古典」教科書の編集を終わって―」（『国語通信』第一七六号、一九七五年五月）
・益田勝実ほか「座談会　古典研究の姿勢」（『文学』第四六巻第三号、一九七八年三月）
・益田勝実ほか「座談会　文学研究における戦後の出発」（『日本文学』第二七巻第一〇号、一九七八年一〇月）
・益田勝実ほか「座談会　国語教育への提言」（『文学』第四九巻第九号、一九八一年九月）
・益田勝実ほか「座談会　『文学』の五十年」（『文学』第五一巻第一号、一九八三年一月）
・松川利広「「伝統的な言語文化」の学習指導にグローバルな視点を」（『月刊国語教育研究』第四七四号、二〇一一年一〇月）
・松澤直子「「古典に親しむ素地」をつくる―国語総合『伊勢物語』における実践―」（『月刊国語教育研究』第四四〇号、二〇〇八年一二月）
・三木紀人「背後の貴種たち―宇治拾遺物語第一〇話とその前後―」（『成蹊国文』第七号、一九七四年二月）
・三木紀人「説話の霊鬼―源光の「勝利」など」（『国文学』第一九巻九号、一九七四年八月）

・三木紀人「無名人への眼―「女二人」の物語」（『国文学』第二九巻九号、一九八四年七月）
・三谷栄一「説話文学の冒頭第一話と農耕儀礼―イザナキ・イザナミのミトノマグハヒをめぐって―」（『国学院雑誌』第八四巻第五号、一九八三年五月）
・三田村雅子「〈記憶〉の中の源氏物語（9）後嵯峨院の源氏物語」（『新潮』第一〇二巻第三号、二〇〇五年三月）
・三田村雅子ほか「座談会　古典知―想起する力」（『文学』第七巻第三号、二〇〇六年五月）
・宮本正義ほか「関西大会　報告と感想　古典教育―徒然草を中心として―」（『日本文学』第四巻第一号、一九五五年一月）
・宮本由里子「古典を楽しむ―テーマで読む二つの古典―」（『月刊国語教育研究』第四五一号、二〇〇九年一一月）
・村山太郎「テキストの「批評」との出会いの場としての古文学習」（『日本語日本文学論叢』第一三号、二〇一八年二月）
・森川敦子「意図的、計画的に、昔話や神話の読み聞かせを行う必要性と目的」（『教育科学国語教育』第七一七号、二〇一〇年一月）
・森正人「編纂・説話・表現―今昔物語集の言語行為序説―」（『説話文学研究』第一九号、一九八四年六月）
・森正人「説話文学の文体」（『解釈と鑑賞』第四九巻第一一号、一九八四年九月）
・森正人「場の物語としての宇治拾遺物語」（『日本文学』第三六巻第二号、一九八七年二月）
・森正人「宇治拾遺物語の本文と読書行為」（有精堂編集部編『日本の文学　第五集』所収、有精堂、一九八九年五月）
・森正人「宇治拾遺物語の言語遊戯」（『文学』第五七巻第八号、一九八九年八月）
・森正人「説話の世界文学構想―今昔物語集」（久保田淳ほか編『岩波講座日本文学史3　一一・一二世紀の文学』所収、岩波書店、一九九六年九月）
・森正人「宇治拾遺物語瘤取翁譚の解釈」（『国語と国文学』第八〇巻第六号、二〇〇三年六月）
・安田徳子「反御子左派の撰集と「万葉集」―「万代集」の場合を中心として―」（『国語と国文学』第五五巻第六号、一九七八年六月）
・安田徳子「『続古今和歌集』賀部の考察―撰集意図との関わりをめぐって―」（『和歌文学研究』第四六号、一九八三年二月）
・安田徳子「続古今和歌集の一性格―その政教性をめぐって―」（『名古屋大学国語国文学』第五三号、一九八三年一一月）
・安田徳子「建長三年九月十三夜影供歌合について」（『名古屋大学文学部研究論集』第九一号、一九八五年三月）
・柳田国男「喜談日録（一）」（伊藤幹治編『柳田国男全集31　昭和18年～昭和24年』所収、筑摩書房、二〇〇四年）。初出は『展望』創刊号（一九四六年一月）
・山岡敬和「宇治拾遺物語成立試論―冒頭語の考察を中心として―」（『國學院雑誌』第八三巻第九号、一九八二年九月）
・山岡敬和「宇治拾遺物語増補試論―冒頭語による古事談・十訓抄関係説話の考察―」（『國學院雑誌』第八四巻第一号、一九八三年一月）

・山岡敬和「聖と俗への志向―宇治拾遺物語編者の採録意識をめぐって―」(『國學院雜誌』第八五巻第三号、一九八四年三月)
・山岡敬和『宇治拾遺物語』序文考―宇治をめぐる夢想―」(『國學院雜誌』第八九巻第一〇号、一九八八年一〇月)
・山岡敬和「古今著聞集における橘成季の方法―彼の言葉を手がかりにして」(『國學院雜誌』第九〇巻第一二号、一九八九年一二月)
・山岡敬和「〈歩く〉ものの物語―『宇治拾遺物語』を読むこととは―」(『國學院雜誌』第九三巻九号、一九九二年九月)
・山岡敬和「〈境界〉としての読書―『宇治拾遺物語』を読むこととは―」(説話と説話文学の会編『説話論集第七集　中世説話文学の世界』所収、清文堂、一九九七年一〇月)
・山口眞琴「道真と増命―『宇治拾遺物語』第三二話「柿木に仏現ズル事」私注―」(『Problématique』第六号、二〇〇五年一〇月)
・山口眞琴「真贋のはざまの「聖と猟師」―『宇治拾遺物語』第一〇四話「猟師、仏ヲ射事」考―」(『Problématique』第七号、二〇〇六年一〇月)
・山口眞琴「〈恥と運〉をめぐる人々―古事談と宇治拾遺物語の間―」(浅見和彦編『古事談を読み解く』所収、笠間書院、二〇〇八年七月)
・山口眞琴「説話集に織り込まれたリテラシー―『今昔物語集』『宇治拾遺物語』について―」(『日本文学』第六〇巻第一号、二〇一一年一月)
・山中恒己「古典教育の再構築に向けて―古典学習の系統化と教材の見直し・精選を―」(『月刊国語教育研究』第四六五号、二〇一一年一月)
・山中伸之「実用的な内容の文章を読む」(『教育科学国語教育』第六九六号、二〇〇八年八月)
・山本節「源光の説話(上)―偽仏の看破をめぐって―」(『文学』第五一巻二号、一九八三年二月)
・山本節「源光の説話(下)―偽仏の看破をめぐって―」(『文学』第五一巻四号、一九八三年四月)
・渡辺春美「古典学習指導の問題点―学ぶ意味への疑問に応えぬ学習指導―」(『教育科学国語教育』第六九六号、二〇〇八年八月)
・渡辺春美「古典学習材開発・編成の観点―古典学習材の開発・編成個体史を手がかりに―」(『月刊国語教育研究』第四四〇号、二〇〇八年一二月)
・渡辺真由美「『竹取物語』の魅力にせまる」(『月刊国語教育』第三〇巻第九号、二〇一一年一〇月)
・M・フーコー著、根本美作子訳「作者とは何か」(小林康夫ほか編『フーコー・コレクション2　文学・侵犯』筑摩書房、二〇〇六年六月)。初出は『フランス哲学協会会報』第六三巻第三号(一九六九年七月)
・P・ブルデューほか、石田英敬訳「セミナー　文学場の生成と構造―ピエール・ブルデューを迎えて―」(『文学』第五巻第一号、一九九四年一月)

あとがき

本書は二〇一九年一月に広島大学に提出した博士学位論文『宇治拾遺物語の表現性に関する研究―教材化にむけて―』に、大幅に加筆訂正を施したものです。本論文の審査には、竹村信治先生を主査として、副査に山元隆春先生、佐藤大志先生にご担当いただきました。本書がいくらかでも読むに値するものになっているとすれば、それは先生方のおかげです。厚く御礼申し上げます。もちろん、本書の誤りや不足の責任は、すべて筆者に帰します。

本書のねらいとしては、相互疎外状況にある古典教育と古典文学研究と架橋を提示すること、架橋した結果、古文テキストを教材化する、あるいは教材開発する際、どのような手順を踏めばよいかを示すこと、生徒たちの古典学習を豊かなものにするために、これまでのものをどう生かすことができるのか、あるいはこれからどのようなことが明らかにされていくべきなのかを示すことでした。このねらいを本書が十分に果たし得ているかはわかりませんが、少しでも読んでくださった皆様の役に立てば幸甚です。また、論を進めるにあたってやや批判的に取り上げた論考や実践報告もありますが、それらを少しでも乗り越えたいという思いが前提にあってのことです。

少し言い訳がましくなってしまうのですが、本書はわたしにとって終着点ではなく、出発点としてあります。それゆえ、課題は山積みなのですが、今後の展望を中心に、以下に述べていきたいと思います。

第一に、本書で述べたことが有効であるかどうかを検証するためには、本書をもとにした授業実践の報告が必要です。筆者は中等教育の現場に携わっているので、そこでの授業実践の報告や提案をしていきたいと思います。その際、教育方法論や評価論、学習論などの成果も踏まえながら提案をしていくことが必要でしょう。本書では「教材化」をうたいながら、これらの視点は抜けてしまっています。

第二に、「古典嫌い」の主たる原因として指摘される文法学習や言語障害についてです。これらに関して本書はまったく言及できていません。国語学の知見や心理学の知見などを援用しながら、これも授業実践の報告や提案、研究などを通して考えていきたいと思います。

第三に、益田勝実の国語教育論、古典教育論、文学研究の成果、などの見直しです。本書で言及した益田の論考や報告などはほんの一部に過ぎません。サークル活動についても、わずかに発表されている報告から推測したに過ぎない点も否めません。まだまだ視野に収めるべきものは数多くあります。その上で、多彩な相貌をもった益田の、多彩な相貌を持っていたがゆえの遺産の引き継ぎを行っていきたいと思います。

現代において指摘される古典教育の問題については、益田が生きていたころにほぼすべて出揃っています。そして益田をはじめとして諸氏がこれに自分なりの見解を提出したのですが、問題は今なお克服されていません。なぜ克服されていないのか、それは彼らの問題に対する見方が誤っていたのか、彼らの問題に対する見解をわれわれが誤って継承したのか、彼らが問題視していなかったことにわれわれも目が向けられていないのかなど、益田を中心として、戦後古典教育論の再考が必要だと思っています。

第四に、『宇治拾遺』の表現分析です。本書では、『宇治拾遺』の表現分析をするにあたって、近年の説話研究を十分に生かせているとは言えません。本論でも述べたように、説話集テキストを一つの窓とし、言語場の風景を眺め、そこからテキストの表現を捉え直すことは今なお必要なことであると思います。近年の説話研究が明らかにしてきた、またほかのジャンルの研究が明らかにしてきた成果を生かすことで、中世言語場に迫り、『宇治拾遺』の表現性を捉え直し、新たな『宇治拾遺』像や説話集テキストのメディア性などを示していければ、と考えています。

最後に謝辞を。

博士学位論文の審査員になってくださった竹村信治先生、山元隆春先生、佐藤大志先生に。竹村先生はわたしに学問の楽しさと厳しさ、教師とはどのような人であるのかを示してくださいました。竹村先生に学ばなければ今のわたしはありませんでした。山元先生は至らないわたしをいつも広い心で受け止めてくださり、励ましてくださいました。そして読むことの楽しさをいつも教えてくださりました。佐藤先生は、不真面目であった時のわたしを見捨てず、その時からいつも熱心に相談に乗ってくださりました。研究を楽しむ姿を示してくださったのも先生でした。先生方のおかげで何とか今に至っています。

大学の先生方に。自身が専門とされる領域にとどまることなく、あらゆる領域の学生の発表に、根本にかかわる御意見や御助言をくださりました。研究者としての姿、協働する教師の姿として、わたしがいつも思い描いているのは先生方です。

大学の先輩、同級生、後輩に。何もわかっていないわたしを見捨てることなく、いつも励ましてくださいました。特に大学院の時、資料作りの合間に異領域の学生が集まって、さまざまな話をしたこと、わたしにとってかけがえのない財産です。本書は、いつも話をしていた先輩、同級生、後輩との対話を経て、現在のわたしなりの応答としてあります。

職場の同僚に。以前の職場でも現在の職場でも、先生方の教育に対する熱意に励まされて、学ばせてもらっています。本書を担当してくださった岡田圭介さん、西内友美さんに。お二人がいなければ、この本が生まれることはありませんでした。

わたしの家族に。家族の励ましがなければ、ここに至ることはできませんでした。

わたしが唯一自慢できることがあるとしたら、皆様との出会いです。

皆様に厚く感謝申し上げます。

二〇二〇年二月　井浪真吾

事項索引

人名索引

書名索引

著　者　井浪真吾（いなみ・しんご）

1985年滋賀県生まれ。2009年広島大学教育学部第三類国語文化系コース卒業。2011年同大学院教育学研究科教科教育学専攻国語文化教育学専修修了。2019年同大学院教育学研究科教育学習科学専攻教科教育学分野国語文化教育学領域修了。神戸龍谷中学校高等学校講師、教諭を経て、2019年現在、奈良女子大学附属中等教育学校教諭。

古典教育と古典文学研究を架橋する

国語科教員の古文教材化の手順

2020（令和2）年3月23日　第1版第1刷発行

ISBN978-4-909658-26-5　C1037　© 2020 Inami Shingo

発行所　株式会社 **文学通信**

〒170-0002　東京都豊島区巣鴨1-35-6-201

電話 03-5939-9027　Fax 03-5939-9094

メール info@bungaku-report.com　ウェブ http://bungaku-report.com

発行人　岡田圭介

印刷・製本　モリモト印刷

ご意見・ご感想はこちらからも送れます。上記のQRコードを読み取ってください。

※乱丁・落丁本はお取り替えいたしますので、ご一報ください。書影は自由にお使いください。

文学通信の本

☞全国の書店でご注文いただけます

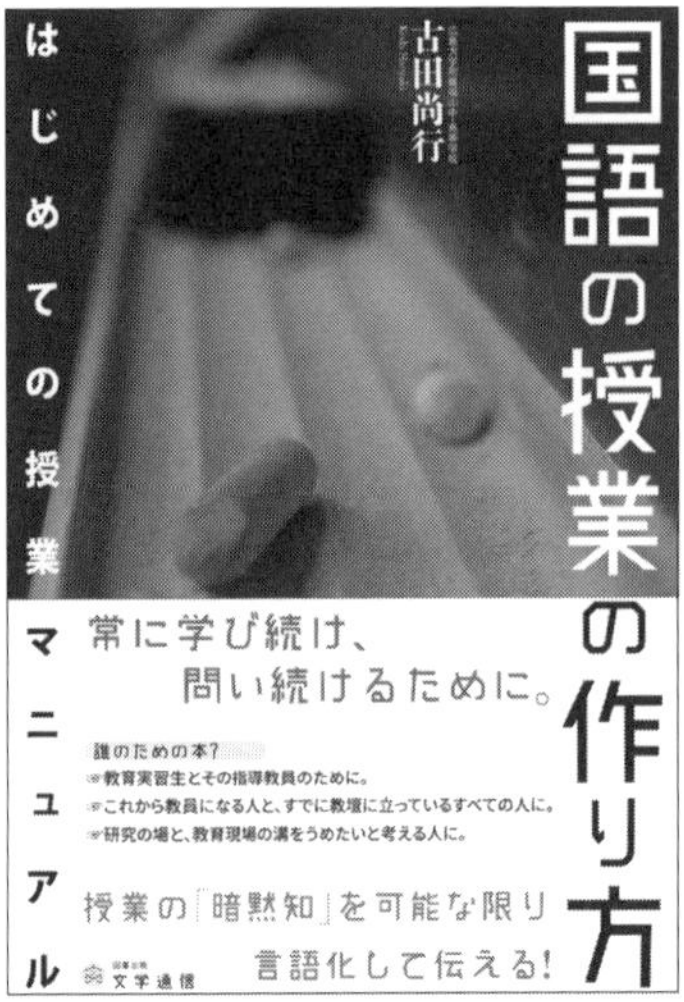

古田尚行

国語の授業の作り方
はじめての授業マニュアル

教育実習生とその指導教員のために。これから教員になる人と、すでに教壇に立っているすべての人に。

本書は、中学校・高等学校で初めて授業をすることになる教育実習生を念頭に、実際に国語の授業を組み立てていくノウハウを、授業を詰めていく過程や、振る舞い方や言葉遣い、それらを支える考え方や思想、またその意味など、いわゆる暗黙知とされている部分まで踏み込み、言語化して伝えます。

全体を「授業の前に」「授業中のこと」「授業の後に」「授業作りのヒント集」「授業作りで直面する根本問題」「授業の作り方・事例編」「教材研究のための文献ガイド」の7章で構成。

ISBN978-4-909658-01-2 | A5判・並製・320頁
定価:本体2,700円(税別) | 2018.07月刊

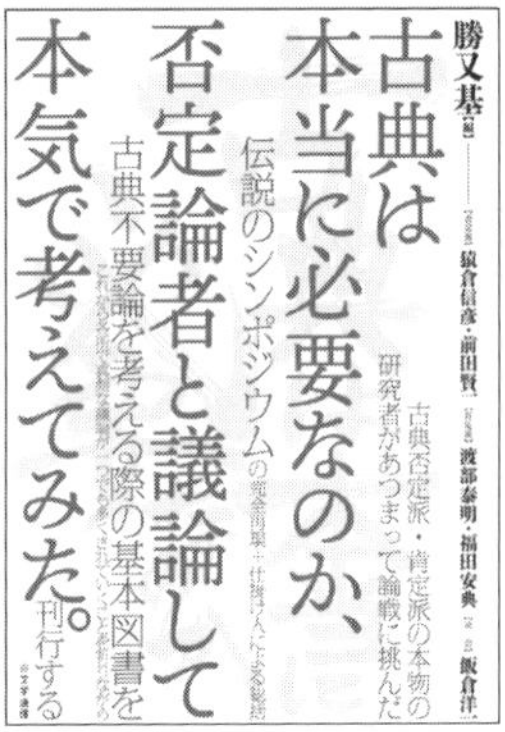

前田雅之

なぜ古典を勉強するのか
近代を古典で読み解くために

なぜ古典を勉強するのか。私たちが生きるこの時代は、古典的教養とは不要なものなのであろうか。過去とつながっている、今この時代を読み解く、実践的古典入門。

ISBN978-4-909658-00-5 | 四六判・上製・336頁
定価:本体3,200円(税別) | 2018.06月刊

勝又基 編

古典は本当に必要なのか、否定論者と議論して本気で考えてみた。

古典否定派・肯定派の本物の研究者があつまって論戦に挑んだ、2019年1月の伝説のシンポジウム「古典は本当に必要なのか」の完全再現+仕掛け人による総括。

ISBN978-4-909658-16-6 | A5判・並製・220頁
定価:本体1,800円(税別) | 2019.09月刊